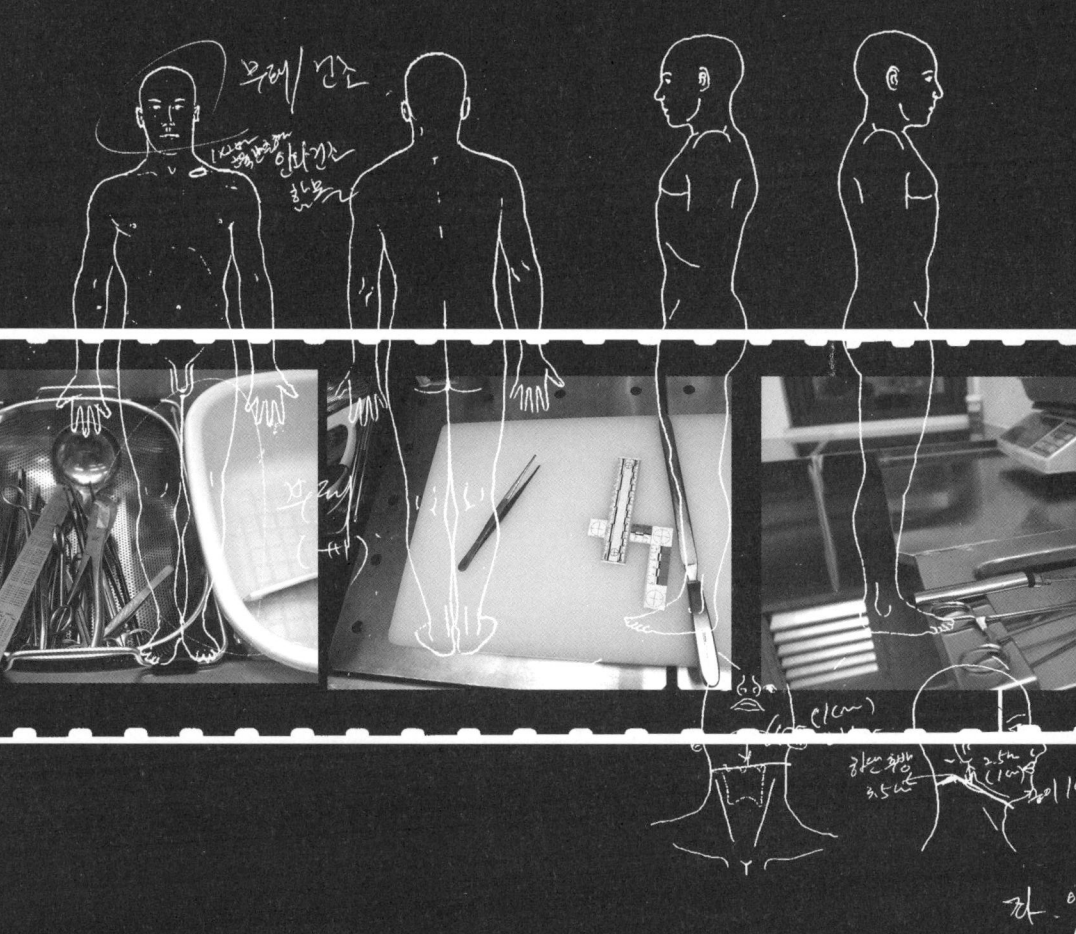

Temporal pole

Lateral
cerebral fissure

Ant. perforated
substance

Chiasma

Infundibulum
Mamillary body

Midbrain

Cerebellum

Spinal
cord

Traces of Homicide

범죄와 죽음의 현장에서 일어나는
생생한 사건들을 파헤친 법의학 논픽션

타살의 흔적

국립과학수사연구소 법의관들과 강신몽 지음

시공사

contents

010 서문 다시 한번 되짚어 봐야 할 죽음을 떠올리며
012 prologue 시체는 스스로 말하지 않는다

018 자신의 목을 졸라 죽다 _자교사와 자액사
024 총알이 빠져나간 흔적이 없다 _공포탄 사망 사건
028 지옥 같은 고통의 선택 _K씨 할복 사건
  법의학교실 | 자살

037 타살의 흔적 _단순변사로 처리된 살인
  법의학교실 | 부검 술식

045 죽은 자는 아는 진실 _금융감독원 국장 자살 사건
049 현대판 부관참시? _무덤 발굴 부검
052 사라진 시체 _대구 지하철 방화 사건
  법의학교실 | 소사와 화재사, 소사체와 탄화시체

058 피 한 방울 없는 추락사 _정몽헌 회장 투신 사건
065 허망한 죽음 _카페 코로너리 증후군

068 이 아이의 죽음은 과연 누가 책임을 _장롱 속 어린이 시체 사건

074 죽은 자의 귀가 _개인식별의 중요성

078 셜록 홈즈의 유혹 _시위농민 사망 사건
　　　　법의학교실 | 지나친 추리

088 미필적 고의에 의한 살인미수 _박근혜 대표 피습 사건
　　　　법의학교실 | 의도하지 않은 살인?

096 테러리스트와 워리스트 _알자르카위의 죽음

101 제왕의 죽음 _후세인의 교수형
　　　　법의학교실 | 사형의 역사

113 때론 물도 독이 된다 _물 중독사

118 명예라는 가면을 쓴 범죄 _명예살인

123 1만분의 1초에 갈린 운명 _낙뢰 사건

128 칼날의 양면, 판결의 양면 _갈빗집 사망 사건
　　　　법의학교실 | 자살인가, 타살인가

140 부검에 대한 불편한 마음 _김형곤 씨의 죽음에 대한 유감
　　　　법의학교실 | 해부와 부검

147 죽음의 통화? _핸드폰 폭발 사건

152 한 발씩 진행되는 죽음, 취권증후군 _최요삼 선수 사망 사건

158 의문이 가득한 중독사 _고속도로 변사 사건
   법의학교실 | 청산가리

166 역사 속 죽음, 현대 법의학의 해석 _조선 왕 독살사건
   법의학교실 | 시취(屍臭)

174 지진현장에서 생명을 앗아가는 제4의 함정 _중국 쓰촨 성 지진 사건
   법의학교실 | 구분하기 쉽지 않은 죽음의 원인들

181 한국에만 존재하는 미신, Fan Death _저체온증?

186 부검에 대한 단상 _최진실 씨 사망 사건

194 악마의 유혹, 약물 중독 _마이클 잭슨 사망 사건
   법의학교실 | 졸피뎀

202 목을 매고 걷는 시체? _자살 후 이동 사건

208 소금만으로도 가능한 살인 _소금 중독사

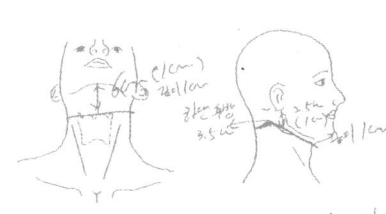

212 그녀는 정말 악마였을까? _서래마을 영아살해 사건
  법의학교실 | 영아살과 살인

219 과도한 환락의 결말 _알몸의 남녀 변사 사건

224 인체를 이용한 마약 밀수 _체내운반증후군

228 대변이 증언한 죽음 _트럭 운전사 변사 사건
  법의학교실 | 현장과 검시의사

235 죽음을 부르는 호기심 _기절놀이

240 치명적 급소의 실체 _원발성 쇼크사

246 열여섯 개의 칼자국 _음주폭행 사건
  법의학교실 | 원사인은 무엇인가?

252 성욕을 위해 목을 매는 사람들 _자기색정사
  법의학교실 | 정액은 성교 중 사망의 증거?

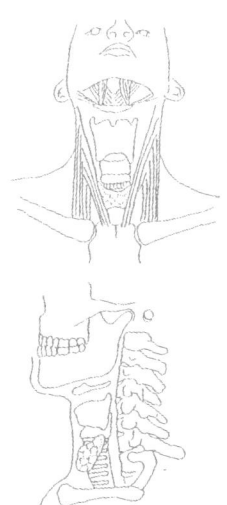

262 epilogue 1 법의학과 검시의학
266 epilogue 2 검시의학의 동료들

서문
다시 한번 되짚어 봐야 할 죽음을 떠올리며

　대한민국〈국립과학수사연구소(이하 국과수)〉의 선후배 법의관들이 의지와 정성을 모아『타살의 흔적』을 펴낸다. 이 책에 실린 글들은 필자가 10여년 전 국과수에서 가톨릭대학교 의과대학 법의학교실로 자리를 옮긴 후부터 국과수의 전·현직 법의관들과 함께 고민하면서 정리한 것들이다. 국내외의 많은 사례와 사건 중 우리 사회에 큰 반향을 불러일으켰던 것들을 중심으로 엮었다. 우리의 가슴을 아리게 한 안타까운 죽음, 엄숙한 죽음, 처참한 죽음, 의문의 죽음, 반드시 풀어야 할 죽음 등을 다시 한번 되짚어 보고자 한다. 그리고 죽음에 얽힌 이런저런 이야기들도 담았다.
　미리 밝히고 싶은 것은 이 책에 실린 사건들 중 일부는 인터넷을 비롯한 다양한 대중매체를 통해 이미 널리 알려져 있는 만큼 굳이 실명을 감추려 하지 않았다. 이 책의 목적은 죽음을 흥미 삼아 나열하자는 것이 아니라 죽음에 대한 우리들의 이해를 넓히고, 또 죽음을 통해 삶에 도움을 받기 위한 것이다. 다만 그 목적이 아무리 좋다 하더라도 떠나보낸 이들의 마음에 남아 있는 아픈 기억을 다시 떠올리게 하지 않을까 걱정이 앞선다. 넓고 깊은 이해를 바란다.
　한 가지 강조하고 싶은 점은 이 책의 여러 군데에서 지적하였듯이 우리나라는 변사사건을 처리하는 검시제도가 엉성하다. 그러다보니 변사사건이 명확히 처리되지 못하는 경우가 많으며 억울한 죽음이 묻히고 무고한 사람이 누명을 쓰게 된다. 하루 빨리 검시전문가가 국민의 죽음을 제대로 관리하는 장치가 이 나라에 만들어지기 바란다.

이 책을 내는 데 국과수 법의관들이 도움을 주었다는 말로 넘어가기에는 그 역할이 너무나 컸다. 국과수의 전·현직 법의관들은 변사 사건의 부검과 감정을 직접 담당했으며, 글과 논문 또는 의견을 통해 이 책의 소재와 자료를 제공했다. 이분들이 쓴 글의 전부 또는 일부를 정리하거나 그대로 전재한 경우도 있다.

이 책을 내는 데 수고를 아끼지 않은 가톨릭의대 법의학교실과 국과수 법의학과의 연구원들에게 감사의 마음을 전한다. 또한 이 책에 실린 이야기의 전문적 정보를 제공하여 주었을 뿐만 아니라 수많은 사건의 진실을 밝히기 위해 밤낮을 가리지 않는 국과수의 모든 연구원들과 직원들에게 크나큰 고마움을 표하고 싶다. 끝으로 이 책이 독자들을 만날 수 있도록 배려해 주신 시공사 사장님과 편집부에 깊은 감사를 드린다.

2010년 6월 思死舍에서
白岩 강신몽

prologue
시체는 스스로 말하지 않는다

　　병원에서 의사들이 환자를 치료하려면 먼저 환자의 몸에 무슨 이상이 있는지 알아내야 한다. 의사는 환자에게 언제부터 아팠고 어떠한 증상을 보였는지 또는 언제 어떻게 다쳤는지 등 현재의 병상(病傷)은 물론 과거에 앓았던 질병까지 물어본다. 그러고는 환자를 들여다보고, 만져 보고, 두들겨 보고, 들어 본다. 또 필요하다고 판단되면 영상의학검사나 임상병리검사 등 여러 가지 검사를 시행한다. 이 과정을 진찰(診察, medical examination)이라고 하며, 이러한 진찰의 결과를 종합해 진단(診斷, diagnosis)에 이른다. 즉 임상의료에서는 의사가 환자의 주관적 호소와 환자에 대한 객관적 조사를 근거로 진단하는 것이다. 변사사건도 이와 유사한 과정을 거친다. 검시의사는 죽음의 진실을 알아내기 위해 우선 변사체가 발견된 곳에서 시체와 현장의 상황을 조사한다. 또 목격자의 증언, 유가족이나 친지의 진술, 수사기관의 수사 내용은 물론 필요하다고 판단될 경우에는 의료기록을 비롯한 병력, 담당의사의 진술 등 죽음과 관계된 모든 정보를 수집한다. 그러고는 부검을 시행해 변사체에 나타난 형태학적인 변화를 조사하게 된다. 또 각종 검체를 대상으로 이화학적, 생화학적, 물리학적, 미생물학적 시험 등을 시행한다. 임상의 진찰에 해당하는 이러한 과정을 법의학에서는 '사후조사(死後調査, postmortem examination, postmortem investigation)' 또는 '검시(檢屍)'라고 한다. 즉 법의의사는 검시를 통해 수집된 정보를 종합해 진단, 즉 법의학적 판단(法醫學的 判斷, medicolegal decision)에 이르는 것이다. 다만 검시의학이 임상의료와 다른 점은 변사자의 주관적 호소가 없다는 것이다. 시체는 스스로 말하지 않으며 스스로 어떠한 표정도 짓지 않는다. 결국 산 사람이 시체의 이야기를 듣고 표정을 읽어 내야 하는 것이다. 이야기를 듣는 과정은 상황정보(狀況情報)를 수집하는 것이고 표정을 읽는 일은 시체정보(屍體情報)를 찾아내는 것이다. 이 두 정보가 제대로 수집되고, 종합된 결과를 올바로 해석할 때 비로소 신뢰도 있는 법의학적 판단이 가능한 것이다. 만일 어느 하나라도 생략되거나 철저하게 진행되지 못한다면 법의학적 판단을 그르치게 되며 결국 수사나 재판도 올바르게 진행될 수 없게 된다. 만일 상황에 대한 조사를 하지 않고 시체만으로 법의학적 판단을 하려 든다면 이것은 환자의 호소를 듣지 않고 진단하려는 것과 같으며, 시체를 소홀히 한 채 상황만으로 법의학적 판단을 내린다는 것은 환자의 호소에만 의존해 진단하려는 것과 같다. 그러나 아쉽게도 아직까지 우리나라에서는 검시제도(檢視制度)가 제대로 이루어지지 않아 상황정보는 주로 수사기관이, 시체정보는 주로 법의의사가 각자 따로 수집하는 기현상이 지속되고 있으며 그 과정에서 종종 중대한 결함이 나타나고 있다. 이러한 토양 아래에서는 변사를 둘러싼 사법정의(司法正義)가 제대로 실현될 수 없다. 물론 올바른 검시제도가 시행되려면 선결해야 할 여러 가지 문제가 있다. 그러나 올바른 검시제도를 시행하지 않기 때문에 생기는 법적, 사회적, 경제적 문제를 결코 간과해서는 안 된다.

그렇다면 현재 우리가 취해야 할 자세는 어떤 것일까? 수사기관은 검시의학을 이해하고 법의의사는 수사기관을 이해하며 서로 밀접하게 움직이는 것만이 최선의 길이다. 다시 말해 수사기관은 상황정보를 제대로 수집해 법의의사에게 제공하고 법의의사의 자료 요청에 성실히 응해야 할 것이며, 법의의사는 수사기관에 시체정보를 정확히 전달하고 수사기관의 협조 요청에 노력을 아끼지 말아야 한다는 것이다. 또 필요에 따라서는 검시의학을 이해시키고 상황정보를 제대로 수집할 수 있도록 적극 도움을 주고받아야 한다.

어떻게 진단하고 치료하느냐에 따라 환자의 병이 열흘 만에 낫기도 하고, 한 달 이상 길어지거나, 치료가 되었다가 다시 재발하기도 한다. 때에 따라서는 치료의 기회를 영영 놓치거나 사망에 이르기도 한다. 물론 치료 자체가 불가능한 병도 있다. 이것은 변사체의 경우에도 마찬가지여서 아무리 주의를 기울이고 모두가 노력해도 풀 수 없는 사건은 분명 존재한다. 다만 해결할 수 있는 문제, 밝혀낼 수 있는 사건을 검시의학과 수사기관이 서로 겉돌아 회복 불능의 상태에 빠뜨려서는 안 된다. 그러나 이것도 임시방편일 뿐이다. 제대로된 검시제도를 만들어야만 한다.

자신의 목을
졸라 죽다
_자교사와 자액사

2005년 7월 26일자 한 일간지에 〈해군 대령, 사무실에서 석연치 않은 죽음〉이라는 제목 아래 다음과 같은 기사가 실렸다.

2005년 7월 25일 아침 7시쯤 충남 계룡대 해군본부에서 비리 의혹을 받고 있던 감찰실 소속 장모 대령이 자신의 사무실 소파에서 숨져 있는 것을 행정병인 박모 상병이 발견했다. 박 상병은 사무실 문을 열어 보니 장 대령이 소파에 앉은 채 숨져 있었다고 말한 것으로 전해졌다. 해군은 장 대령이 전날 밤 10시 20분께 당직실에서 비상열쇠를 받아 자신의 사무실로 들어갔다고 설명했다. 해군은 또 장 대령의 사무실에서 가족들에게 미안하다는 말과 함께 비리와 관련된 내용이 담긴 A4 용지 6장 분량의 유서가 발견되었다고 밝혔다. 해군은 발견 당시 장 대령의 목에 자신의 허리띠가 걸려 있었고 유서를 남긴 점 등으로 미루어 장 대령이 허리띠로 스스로 목을 졸라 죽은 것으로 보고 있다. 그러나 소파에 앉아 허리띠로 목을 졸라 자살했을 것이라는 해군 측의 추정은 일반적인 자살의 경우와 비교해 쉽게 납득하기 어려운 점도 없지 않다. 또 해군은 장 대령이 숨진 채 발견된 이후에도 수시간 동안 정확한 사건 경위에 대한 설명은커녕 감추는 듯한 모습을 보였고 장 대령의 사망에 대한 의문을 풀어 줄 유서 내용에 대한 공개도 철저히 꺼려 의혹을 샀다.

이 사건에 대한 기사 내용을 요약해 보면 한 해군 대령이 자신의 집무실 소파에서 사망한 채 발견되었는데 자신의 허리띠가 목에 걸려 있었으며, 자살의 동기도 있고 유서도 발견되었다. 그래서 군 당국은 자살로 판단하고 있었다. 그러나 이 기사를 쓴 기자는 군당국의 미심쩍은 태도와 더불어 장 대령이 소파에 앉아 허리띠로 스스로 목을 졸랐다는 것은 쉽게 납득하기 어렵다는 것이다. 그렇다면 무엇보다 이 의문에 대한 답부터 알아보자. 스스로 자신의 목을 끈으로 졸라 죽을 수 있을까? 물론 가능하다. 그렇다면 자신의 손으로 자신의 목을 눌러 죽을 수 있을까? 이것은 불가능하다. 후자의 경우부터 알아보자. 손으로 자신의 목을 계속 누르면 시간이 지날수록 의식이 희미해진다. 의식 수준이 현저하게 떨어진 상태에서는 계속해서 손에 힘을 줄 수가 없다. 그렇기 때문에 자신의 손으로 스스로 목을 눌러 죽는 '자액사(自扼死)'라는 용어는 검시의학에서 찾아볼 수 없다. 끈의 경우도 마찬가지다. 만약 끈으로 자신의 목을 한번 두른 후 양쪽 끝을 한 손에 하나씩 잡고 조이면 어느 시점에서는 의식이 없어지며, 그렇게 되면 끈을 조이던 손아귀에서는 힘이 빠질 것이다. 따라서 이 방식의 자살은 불가능하다. 아마도 장 대령 사건을 취재한 기자는 완곡하게 표현했지만 '자기 목을 끈으로 졸라서 죽은 거라고?' 하면서 이런 상황을 떠올린 건 아닌지 모르겠다. 그러나 만약 끈으로 목을 조인 후 의식이 있을 때 매듭을 묶거나 다른 방법으로 고정해 버리면 이야기가 달라진다. 즉 그 힘이 그리 크지 않다고 하더라도 끈에 의한 압력이 목에 가해진 상태에서 충분한 시간이 흐르면 사망할 수 있다. 탄력성이 뛰어난 끈이라면 묶지 않고 단지 교차시킨 상태로 조여 놓기만 해도 마찬가지 효과를 나타낸다. 또 탄력성이 별로 없는 끈이거나 매듭을 만들지 않더라도, 끈으로 목을 반복해 감으면 피부와 끈, 끈과 끈이 서로 마찰해 끈이 풀어지지 않기 때문에 목에 지속적인 압력이 가해진다. 물론 매듭을 짓거나 탄력성이 있다면 그 효과는 더욱 커진다.

의학적으로 뇌에 혈액을 공급하는 경동맥이 완전히 폐쇄되더라도 10~15초 정도는 의식이 있기 때문에 이와 같이 매듭을 짓거나 여러 번 돌려 묶는 것이 가능하다. 때로는 끈을 매듭지어 느슨하게 목에 감고 막대기를 끈 사이에 넣거나 끈에 묶은 후 목에 압박이 가해질 때까지 돌리기도 한다. 의식이 없어지면 막대기가 조금 느슨해지기는 하지만 막대기의 한쪽 끝이 턱이나 어깨에 걸리기 때문에 끈이 목에 가하는 압박은 지속된다. 이 밖에도 자신의 목을 끈으로 묶어 죽는 방법은 몇 가지가 더 있다. 이렇게 스스로 자신의 목을 끈으로 졸라 죽는 것을 '자교사(自絞死)'라고 한다. 자교사에서 드러나는 시체소견은 타살의 경우와 비교해 비교적 뚜렷하게 대비된다. 다른 사람이 목을 끈으로 조를 때는 거의 대부분 죽일 수 있는 힘보다 훨씬 더 큰 힘을 가하고 피해자는 본능적으로 반항하게 된다. 따라서 끈이 남긴 자국은 깊고 불규칙적이며 불연속적으로 나타난다. 또 끈 자국 주변에는 가해자에 의한 손상 또는 피해자가 목에 가해지는 압박을 제거하고자 힘쓰면서 생긴 손상을 자주 볼 수 있다. 경부의 연조직에서는 다양한 위치에서 다양한 크기의 출혈을 볼 수 있고, 설골이나 후두연골이 골절되어 있는 경우도 있다. 반면 자신의 목을 스스로 묶은 경우에는 죽을 수 있을 정도의 압력만 가하는 것이 일반적이기 때문에 자국이 얕고 규칙적이며 연속성을 띤다. 또 목에서 끈자국 외에는 다른 소견을 볼 수 없으며, 목을 열어 보아도 설골이나 갑상연골의 골절은 물론 경부 연조직에서 출혈이 나타나지 않는 경우가 대부분이다.

자교사는 앞서 설명한 바와 같이 사망 상황이나 부검소견이 특이하기 때문에 판단이 그리 어렵지 않다. 그러나 특히 우리나라 같이 검시제도가 미비한 상황에서 법의의사는 자교사의 가능성을 제시할 수 있을 뿐 최종적인 판단을 내리기는 어렵다. 나는 40대의 남자를 부검한 후 자교사라는 취지로 감정서를 작성해 통보한 적이 있었다. 그런데 담당 수사관은 유가족이 자꾸 이의를 제기한다며 나에게 확실히 자살이 맞는지를 확인해 달라고 몇 번이나 요청했다. 그때마다 나의 대답은 한결같았다.

"최종적인 판단은 수사기관의 몫입니다."

아주 오래된 일이다. 어느 시골에서 노할머니와 환갑을 넘긴 며느리 단둘이 살고 있었다. 병이 깊어 여생이 얼마 남지 않은 며느리는 자신이 죽고 나면 돌봐 줄 사람이라곤 전혀 없는 시어머니를 그대로 두고 죽을 수 없었다. 며느리는 시어머니의 목에 기다란 천 조각을 몇 번 돌려 목을 조른 후 매듭을 묶었다. 시어머니의 죽음을 확인한 며느리는 같은 방법으로 이승에서의 생을 마감했다. 그러나 부검을 하자 며느리는 물론 시어머니에게서 볼 수 있는 소견도 자교사 바로 그것이었다.

장 대령 사건의 전말에 대해 확실히 알 수는 없지만 자신의 허리띠로 목을 묶은 후 고정해 사망한 듯했다. 하지만 장 대령이 다른 사람에게 이러한 행동을 부탁했을지, 부검만으로는 단정 지어 말할 수 없다. 이런 죽음 뒤에 감춰진 사연을 밝히거나 배제하는 것은 수사기관의 몫일 수밖에 없다.

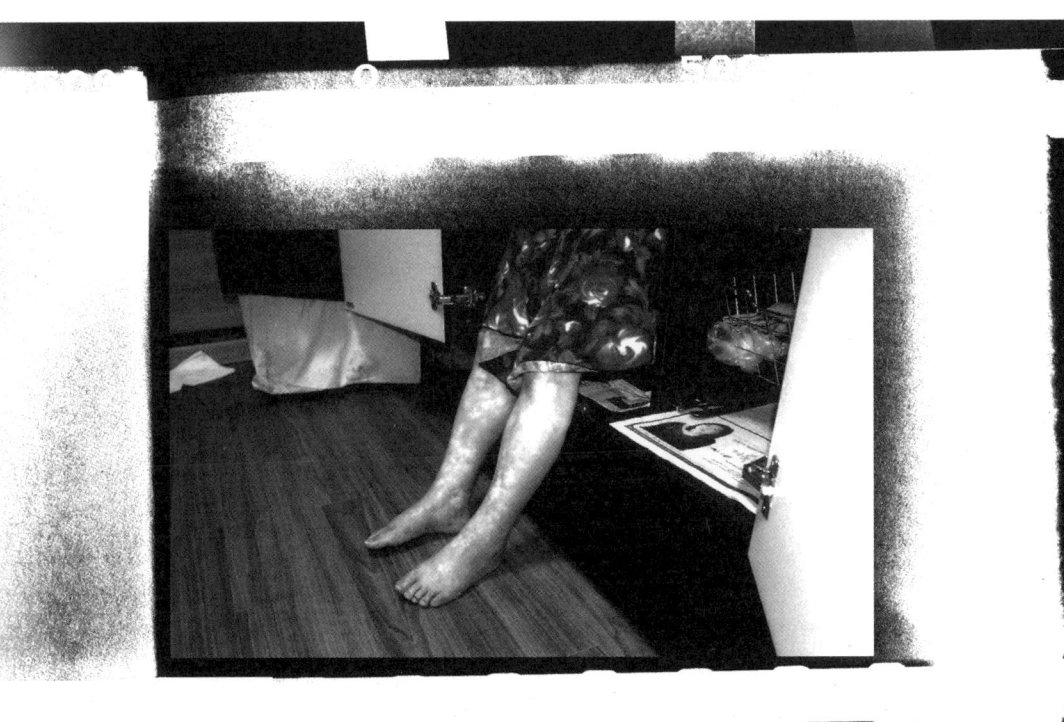

총알이 빠져나간
흔적이 없다
_공포탄 사망 사건

    1994년 5월 3일 오전, 경기도 북부에 위치한 한 육군부대의 예비군 훈련장. M16 소총을 휴대한 예비군들은 진압군과 대항군으로 나뉜 채 한창 시가지 전술훈련을 하고 있었다. 예비군 당국은 훈련의 효과를 높이기 위한 목적으로 진압군 3명에게 공포탄 1발씩을 지급하고, 훈련 도중 모두 발사하도록 했다. 그런데 훈련이 시작된 지 얼마나 지났을까. 대항군으로 한창 훈련 중이던 24세의 J가 갑자기 쓰러졌다. 훈련은 즉시 중지되었으며 J는 인근의 군병원으로 긴급히 후송되었지만 안타깝게도 이미 사망한 후였다. 군의관들이 J의 시체를 살펴보니 왼쪽 겨드랑이 앞쪽 부위에 지름이 5.0mm 정도 되는 구멍이 나 있었는데 그 모양으로 볼 때 총알에 의해 형성된 사입구로 판단되었다. 그런데 문제는 J의 신체 어느 곳에서도 총알이 빠져나간 사출구는 보이지 않았던 것이다. 결국 흉부 방사선사진까지 찍었지만 아무런 이물도 찾아낼 수 없었다. 실탄이 아닌 공포탄을 쏘았는데 몸에는 총알에 의한 것으로 보이는 구멍이 나 있고, 총알구멍은 있지만 총알은 어디서도 보이지 않으니 군관계자들은 당황하지 않을 수 없었다. 훈련소 측에서는 궁여지책으로 공포탄의 발사 충격에 의해 사망했을 가능성을 조심스럽게 내비쳤다. 하지만 훈련에 참가했던 예비군들은 당시 대항군과 진압군 사이의 거리가 최소 30m 이상 떨어져 있었기 때문에 공포탄의 충격으로 사망했을 가능성은 없다고 단언하고 나섰다. 사고 직후 진행된 군수사기관의 조사 결과 그날 훈련에는 공포탄만 지급되었다는 사실이 다시 한번 확인되었으며, 공포탄의 탄피 3개는 이미 회수된 상태였다. 군수사기관은 인근 사격장에서 넘어온 유탄에 의해 사건이 일어났을 가능성을 열어 둔 채 수사해 봤지만 당시 주변 사격장에서는 훈련이 전혀 없던 것으로 확인되었다.

결국 J의 시체는 그날 저녁 국립과학수사연구소로 이송되었다. J의 왼쪽 겨드랑이 앞쪽 부분에는 도착 직전 전달받은 대로 최소 지름 5.0mm 정도의 타원형 창구(創口: 무기나 물리적 공격에 의해 생긴 구멍)가 하나 있었다. 그리고 그것이 유일한 흔적이었다. 충격에 의해 생긴 사입구는 대개 탄두의 지름과 같거나 다소 작게 형성되므로 구경이 5.56mm인 M16의 탄두에 의한 사입구로 보아도 무방했다. 손상은 좌측 제5번 늑골의 하연, 좌폐 상엽의 하단, 심장의 좌심실, 심낭의 하면, 간의 좌엽과 우엽을 지나 우측 후복벽의 피하지방층으로 이어졌다. 그리고 그 위치에서 마침내 탄두를 찾아낼 수 있었다. 발견된 탄두의 지름은 5.56mm였다. 서 있는 자세를 기준으로 볼 때 총창은 좌상(左上)에서 우하(右下) 방향으로 약 45°, 전방에서 후방으로 약 10°의 각도를 이루고 있었다. 군병원에서 방사선사진을 찍었는데도 나타나지 않았던 탄두가 부검을 통해 우측 후복벽에서 발견된 이유는 당시 사입구만 놓고 판단해 탄두가 가슴 속에 남아 있을 것으로 생각하고 가슴 사진만 찍었기 때문이었다.

발사된 것은 모두 공포탄이었는데 대체 어떻게 탄두가 J의 몸속으로 들어갈 수 있었을까? 이 희귀한 사건의 단서를 찾기 위해 국과수 관계자들은 시간 가는 줄도 모르고 다양한 이론을 교환하며 조사를 진행했다. 일반적으로 M16 소총의 실탄에서 발사된 탄두의 밑바닥은 발사 당시의 폭압에 의해 완만하게 함몰된다. 그런데 J의 몸속에서 발견된 탄두의 밑바닥은 중심부가 크게 함몰되어 있었고 그 주변으로는 주름처럼 펼쳐진 채 생성된 꽃잎 모양의 특이한 흔적이 식별되었다. 공포탄은 탄두가 있어야 할 탄피의 입구가 7개의 주름으로 접힌 상태로 막혀 있으며 격발되면 화약이 연소되면서 이 주름이 펼쳐지게 되어 있다. 결국 J의 몸에서 발견된 탄두는 밑바닥의 모양으로 보아 공포탄 앞에 장전되어 있는 상태에서 격발된 것으로 보였다. 그래서 추정한 대로 5.56mm의 탄두를 M16 소총 약실에 넣은 후 그 뒤쪽에 공포탄을 장전해 격발할 때 과연 탄두가 발사되는지 실험해 보았다. 실험 결과 약실에 있던 탄두는 역시 발사되었으며, 그 탄두의 밑바닥에는 J의 몸속에서 발견된 탄두와 똑같이 특이한 흔적이 형성되어 있었다. 또 정상적으로 발사된 공포탄의 주름은 5.0~5.3mm 정도로 벌어지지만 탄두를 넣은 상태에서 격발된 공포탄은 4.2~4.5mm 정도로 다소 좁게 벌어진다는 사실도 실험을 통해 알게 되었다. 사건 당시 발사된 공포탄 중 나머지 탄피 2개는 벌어진 입구의 너비가 5.0mm 정도였지만 탄두를 발사시킨 공포탄의 탄피는 4.3mm 정도였다. 결국 이 총기는 누군가 약실에 탄두를 넣어 놓은 상태였고, 나중에 그 총에 공포탄을 장전하고 격발하자 약실에 들어 있던 탄두가 발사된 것이다. 당시의 상황을 재현하고, J가 쓰러져 있던 정황을 되짚어 보니 J는 허리를 구부린 채 돌격하는 자세에서 총격을 받은 것으로 판단되었다.

지옥 같은
고통의 선택
_K씨 할복 사건

1998년 3월 21일 새벽 4시 40분. 고위공직자 출신인 K씨가 검찰 조사 중 할복하는 사건이 있었다. 이 할복 사건의 전말은 다음과 같다. 20일 밤 9시경, 검찰청에서 조사를 받던 K씨는 성경책 속에 넣어두었던 길이 약 10cm의 문구용 칼(커터 칼)을 꺼내서 감췄다. 다시 시작된 조사는 다음 날 새벽 4시 30분에야 끝이 났다. 오랜 조사가 끝난 후 K씨는 화장실로 들어갔다. 잠시 후 화장실에서 이상한 소리가 들려오자 밖에서 대기하고 있던 수사관이 황급히 안으로 뛰어 들어갔다. K씨는 복부에서 피를 흥건히 흘리며 화장실 바닥에 엉거주춤 앉아 있는 상태였다. K씨는 오전 5시 20분경 인근 병원의 응급실에 도착했다. 당시 의식은 또렷했으며 바로 봉합수술을 받았다. 병원 관계자는 "K씨는 배를 각각 20cm, 25cm, 30cm씩 세 차례 칼로 그었다. 이 중 하복부에 난 20cm 길이의 절창이 가장 깊어 하복부의 복막이 절개되고 복벽의 동맥이 절단되었다. 이로 인해 병원에 도착할 당시 출혈량이 많았지만 다행히 장기손상은 없었다. 수술을 받고 위험한 고비는 넘겼으며 생명에는 지장이 없다"고 밝혔다.

이 사건을 두고 K씨가 진정으로 자살을 시도했는데 미수에 그친 것인지, 아니면 계산된 자해로 소동을 부린 것인지에 대해 다양한 의견이 엇갈렸다. 자해 소동으로 보는 쪽에서는 "문구용 칼날로 배를 상처 내는 자살기도란 있을 수 없다", "문구용 칼날을 이용하더라도 치명적일 수 있는 손목이나 목 같은 부위를 택하지 않고 복부를 택했다", "진짜 자살을 원했던 거라면 소환되기 전에 이미 단행했을 것이다" 등등을 주장했다. 반면 자살미수로 보는 쪽에서는 "강압적인 분위기에서 일방적으로 자백을 강요당하자 순간적으로 자살충동을 일으켰을 것이다. 자신의 뜻을 마지막까지 관철하려다가 실패하자 조사가 끝난 뒤 감정을 억제하지 못해 순간적으로 이성을 잃은 것으로 보인다"라고 주장했다. 수술을 집도한 의사는 "가장 큰 상처는 깊이가 5㎝에 달했다. 이로 인해 복막근과 복벽혈관이 끊어졌고 출혈이 심해 2,500cc의 피를 수혈했다. 이 정도면 굉장히 많은 양이며 이성을 잃지 않고는 스스로의 몸에 이 정도의 가해를 할 수는 없다"며 자살 의도가 엿보인다는 뉘앙스를 풍겼다. 한 정신과의사는 "세 번이나 가해를 한 점, 상처의 크기 등으로 미루어 적어도 그 순간만큼은 자살을 결심한 것으로 보인다"라고 밝혔다. 물론 당사자가 아닌 이상 당시 그가 어떤 의도를 갖고 있었는지에 대해서는 정확히 답할 수 없다. 게다가 밖으로 드러난 현상만으로는 사람의 속뜻을 알 수 없을 때도 많은 법이니까.

이 사건을 계기로 '할복'에 대해 짚어 보고자 한다. 할복은 일본의 무사(사무라이)들이 적에게 잡혔을 때 혹독한 고문을 피하기 위해 주로 이용하던 자살 방법으로 알려져 있다. 그리고 세월이 지나면서

할복은 사형선고를 받은 귀족이나 무사들이 명예로운 최후를 마칠 수 있도록 하는 의미에서 선택되곤 했다. 그러다 보니 오랫동안 귀족사회에서는 할복이 사형과 같은 의미로 쓰였고, 쓰메바라(つめばら, 詰め腹, 할 수 없이 하는 할복)라는 이름으로도 불렸다. 이들이 행하던 전통적인 할복은 아랫배 왼쪽에 칼을 꽂은 후 오른쪽으로 평행하게 자르다가 위쪽으로 방향을 바꾸어 L자형으로 베어 나갔다고 한다. 그런데 이때 복강 내 장기에 손상을 입을 정도로 깊게 가르지는 못하기 때문에 이 방법은 당연히 고통은 극에 달하고 목숨은 금세 끊어지지 않아 곁에 있던 사람이 가이샤쿠(かいしゃく, 介錯, 할복하는 사람의 목을 쳐 고통 없이 죽도록 하는 것)를 해 줘야만 했다. 할복은 일본에서 시작되고 흔히 행해지던 방법이라 세계적으로 하라키리(はらきり, 腹切)라고 알려져 있으며 핫뿌꾸(はっぷく, 割腹) 또는 셋뿌꾸(せっぷく, 切腹)라고도 한다. 동서양을 막론하고 일반인이 할복을 선택하는 경우는 매우 드물고 설사 실행에 옮긴다 하더라도 전통적인 일본의 할복과는 달리 횡으로 긋는 경우가 많다. 일반적으로 자살의 방법으로 칼을 택하는 이유는 대개 심장을 찌르거나 커다란 혈관을 자름으로써 대량의 출혈을 일으켜 고통 없이 빨리 죽기를 원하기 때문이다. 그런데 할복은 배 속으로 깊이 베도 커다란 혈관을 자르거나 장기에 손상을 입히기가 쉽지 않다. 그래서 이런 경우 다른 자살 사례와 마찬가지로 치명상 주변에서 미수손상(trial cuts: 같은 자리에 여러 번 상해를 가한 상처)을 볼 수도 있으며 목이나 가슴 또는 팔목 등에 또다시 손상을 가하기도 한다.

법의학교실

자살

자살이란 무엇인가? 사전적 의미로는 '자기의 의지에 따른 자기의 행위로 자기 자신의 목숨을 끊는 행위'를 말한다. 자살은 자폐(自斃) 또는 자진(自盡)이라고도 하는데 사전적 의미로 '자폐'는 자기 스스로 몸을 상하게 하거나 독을 마심으로써 자기의 목숨을 끊는 것이고, '자진'은 자기 스스로 죽을 것을 마음먹고 음식을 먹지 않거나 병이 들어도 약을 먹지 않아 저절로 죽게 하는 것(death by refusing food or medicine)이다. 자폐는 적극적인 자살이고 자진은 소극적인 자살로 볼 수 있다. 자살을 영어로는 suicide 라고 하는데 라틴어로 '자신'이란 뜻을 가진 sui와 '죽이다'라는 뜻의 caedere가 합해진 단어로 'to kill oneself'를 의미한다. 자살을 하는 이유는 대부분 정신의학적 문제로서 우울증이 공통분모라고 한다. 그 외에 피할 수 없는 육체적 통증, 정신적 공포나 좌절, 사랑하는 사람과의 사별, 범죄로 인한 법적 처벌의 회피, 따돌림, 실연, 학대(성적, 육체적 및 정신적), 실직, 빚, 궁핍, 정신질환, 육체적 손상, 허무주의 등이다.

자살을 하는 방법으로는 죽음에 이를 수 있는 거의 모든 수단이 동원되는데 사회·문화적 배경이 많이 작용한다. 총기 소지가 자유로운 미국에서는 총기에 의한 자살이 전체의 50%를 넘게 차지한다. 목을 매는 의사, 약물이나 독물에 의한 중독, 높은 곳에서 몸을 날리는 추락, 물속에 뛰어드는 익사, 열차나 차량과의 충돌이나 역과, 손목이나 목의 혈관을 칼과 같은 예기(銳器)로 절단해 발생하는 실혈, 심장이나 큰 혈관을 찌르는 행위, 할복, 화상, 감전, 단식, 폭발물 등 모두가 자살의 수단으로 쓰인다.

자살과 밀접한 관련이 있는 용어들로는 자살미수, 자살기도, 자살극, 자해, 허위자살, 위장자살, 조력자살, 타살후자살, 단체자살, 동반자살, 인터넷자살, 대량자살, 모방자살 등이 있다. 자살미수(parasuicide or near-suicide)는 자살을 시도했지만 죽음에 이르지 못한 상태다. 목적에 성공한 자살기수(completed suicide)는 남자에게 많은 반면 자살미수는 여자에게 많다고 한다. 또 어떤 보고에 따르면 자살미수의 경험이 있는 사람은 그렇지 않은 사람보다 23배나 더 자살기수에 이른다고 한다. 자살미수는 자살기도와 자살극으로 나누어 볼 수 있다. 자살기도(suicidal attempt)는 스스로 목숨을 끊으려고 실행에 옮겼으나 그 뜻을 미루지 못한 경우다. 반면 자살극(suicidal gesture)은 죽을 의사는 없지만 주변의 관심을 끌기 위한 수단으로 행해지며 대부분 치명적이지 않은 수단을 강구한다. 그러나 때로는 치명적인 수단을 쓰면서 구조되거나 타인이 개입해 자살을 실제로 이루지 못하게 되기를 기대하기도 한다. 그렇기 때문에 자살극이 자살기수로 이어질 수도 있으며, 이러한 죽음은 사고성 자살(accidental suicide)에 속한다고 할 수 있다. 자살기도와 자살극은 시도자가 자살할 의지가 진실로 있었는지 여부에 따른 구분이므로 실제로 구별하기 어려운 경우도 있다. 따라서 자살미수라는 용어를 사용하는 것이 객관적이라고 할 수 있다. 자해(self-harm)는 자살미수와는 구별되는 개념으로 자살을 할 생각은 물론 사망과는 거리가 먼 손상을 가하는 행위를 말한다. 그러나 자해의 정도가 심해 자살미수와 구별하기 어려운 경우가 없는 것은 아니다. 영어권에서는 DSH(deliberate self-harm)라는 용어를 자살미수와 같은 개념으로 쓰기도 한다. 허위자살

(fake suicide)이란 실제로는 죽지 않았으면서 자살했다고 알려지게 하는 것으로 대개 물에 빠져 죽었기 때문에 시체를 찾지 못한 것이라며 주변 사람들이 둘러댄다. 위장자살(disguised suicide)이란 자살이 아닌데 자살로 판명되도록 스스로 또는 주변에서 조작하는 경우다. 자살이 아닌 사건을 수사당국이나 사법당국이 잘못해 자살로 판단하는 것과는 그 개념이 다르다. 위장자살은 위장살(pseudocide)의 하나로서, 위장살에는 위장타살(disguised murder), 위장병사(disguised natural death) 및 위장사고사(disguised accidental death)도 있다. 조력자살(assisted suicide)이란 자살할 의사를 가지고 있지만 이를 실행에 옮길 수 있는 신체적 능력이 없는 경우 주변인의 도움으로 사망에 이르는 것이다. 안락사는 의료조력자살(medically assisted suicide)로서 조력자살의 전형적인 형태다. 타살후자살(murder-suicide)은 먼저 다른 사람을 죽이고 자살하는 경우다. 여기에는 크게 두 가지가 있는데 다른 사람을 악의로 죽이는 경우와 선의(?)로 죽이는 경우가 있다. 원수를 죽이고 자살했다면 전자에 속할 것이고, 자기가 죽으면 돌보아 줄 사람이 없기 때문에 어린 자식을 먼저 죽이고 자살했다면 후자에 속할 것이다. 흔히 부모와 어린 자식이 함께 죽는 경우를 동반자살이라고 부르는데 어린 자식들은 자신의 의지에 따라 죽는 것이 아니므로 뒤에서 설명할 동반자살이라는 용어는 합당하지 않다. 단체자살(group suicide)은 두 사람 이상이 합의된 자살계약(suicide pact)에 따라 동시에 또는 가까운 시간 내에 실행에 옮기는 형태다. 전통적인 단체자살은 대개 부부, 연인, 가족 또는 친구 사이와 같이 절친한 관계에서 이루어지는 동반자살(joint suicide)로 나타난다. 동반자살의 경우 대부분 사랑하는 남녀 한 쌍이 저지르므로 lover's suicide 또는 double suicide라고도 한다. 그런데 요즈음은 서로 알지도 못하는 사람들이 이른바 자살카페라는 인터넷모임

을 통해 모이는 인터넷자살(internet suicide, cybersuicide, cybercide)이 간혹 발생한다. 대량자살(mass suicide)은 단체자살과 개념이 약간 다르다. 대량자살은 거의 대부분 종교적, 정치적 또는 군사적 집단에서 이루어진다. 대표적인 종교적 대량자살 사건으로는 인민사원 사건(1978년, 914명 사망)과 천국의 문 사건(1997년, 39명 사망)이 있으며 우리나라에서는 아직도 논란의 여지가 있기는 하나 오대양 사건(1987년, 32명 사망)이 있다. 낙화암의 삼천궁녀는 대량자살의 전설로 전해지고 있다. 우리나라 말로 적절하게 번역하기 어려운 'suicide by cop(police-assisted suicide)'이란 것이 있는데 자살을 하고 싶은 사람이 경찰을 자극해 자신을 사살하도록 하는 것을 말한다. 모방자살(copycat suicide)은 유명인이 자살한 방법을 그대로 따라 하는 행태로서 베르테르(Werther) 효과라고 한다. 사형의 형태를 취하고 있지만 스스로 목숨을 끊게 하는 사약이나 자결은 강요된 자살(forced suicide)에 속한다. 그리스의 철학자인 소크라테스의 독배(BC 399)와 고대 로마의 극작가이자 정치가인 세네카의 자결(AD 65), 그리고 조선시대의 문장가인 송시열의 사약(1689) 등이 여기에 속한다고 할 수 있다. 가족이나 소속집단의 명예를 지키기 위해 자행되는 이른바 명예살인(honor killing) 중 스스로 목숨을 끊게 하는 명예자살(honor suicide)도 역시 강요된 자살로 이슬람권 국가의 여자들에게 아직도 흔히 자행되고 있다고 한다. 전술적 자살 공격으로는 2차대전 중 일본군이 행한 가미카제가 널리 알려져 있으며, 근래 중동 국가에서는 자살폭탄 공격이 흔히 일어나고 있다.

　　마지막으로 한마디를 덧붙인다면 죽음은 크게 자살, 타살, 사고사, 병사로 나누지만 그 경계가 항상 명확한 것은 아니다. 자살이 타살이나 사고사 또는 병사와 겹치는 부분이 있을 수 있다는 이야기다. 예를 들어 앞에서 설명한 조력자살이나 강요된 자살은 타살로 분류할 수도 있으며 사고성 자살이나 의사(義死)는 사고사에 가깝다. 심각한 심장병을 앓고 있는 사람이 죽을 수도 있다는 것을 알고 추운 겨울날 새벽길을 뛰다가 사망했다면 병사로 처리될 가능성이 많다. 우울증을 앓는 사람이 자살했을 때 자살이 아니라 우울증이라는 질병으로 사망했다는 주장도 아주 틀린 말은 아니다.

타살의 흔적
_단순변사로 처리된 살인

2000년 7월 17일자 일간지에 다음과 같은 기사가 실렸다.

살인을 자연사로 처리······ 범인 자수로 드러나

경찰이 살인 사건을 지병으로 인한 단순변사 사건으로 수사 종결했던 사실이 범인의 자수로 한 달 만에 밝혀졌다. 이에 따라 경찰이 장기 미제(未濟)사건화해 부담이 될 것을 우려, 의도적으로 사건을 축소한 것이 아니냐는 의혹이 제기되고 있다. 서울 종암경찰서는 지난달 6일 오전 10시 20분쯤 高모(38.무직) 씨가 서울 성북구 하월곡동 자택에서 속옷 바람으로 숨진 채 발견되자 지병에 의한 단순 자연사로 단정, 수사를 끝냈다. 경찰은 "당시 高 씨의 시신에 외상이 없고 외부인이 침입했다는 증거가 없는 데다 간경화를 앓아 왔다는 가족들의 말에 따라 자연사로 처리했다"고 말했다. 그러나 지난 14일 오전 10시 30분쯤 부산진경찰서에 金모(43.무직) 씨가 高 씨를 전선으로 목 졸라 살해했다고 자수해 왔다. 金 씨는 경찰에서 "술친구로 지내 온 高 씨가 일자리를 소개해 주겠다는 약속을 지키지 않아 소주 두 병을 들고 가서 함께 마시던 중 화가 치밀어, 술 취해 잠든

高 씨의 목을 전깃줄로 졸랐다"고 진술했다. 金 씨는 현장에 전선을 두고 왔다고 했지만 경찰은 없었다고 밝혀, 허술한 수사 자세를 드러냈다. 경찰은 "검안의가 타살의 흔적이 없다는 소견을 냈고 高 씨 부모들이 부검을 원치 않아 단순변사로 마무리했다"고 해명했다. 그러나 高 씨의 유가족은 "정확한 사망 원인을 밝히기 위해 부검을 하자고 주장했으나 묵살당했다"고 주장했다. 당시 경찰은 "부검을 해 봐야 달라질 것이 없을 것"이라며 유족을 설득, 부검 포기 의사를 받아 낸 것으로 알려졌다. 타살 흔적이 미약했던 것은 金 씨가 라면 박스를 피해자 목에 대고 목을 졸랐기 때문인 것으로 밝혀졌다. 경찰은 16일 金 씨에 대해 살인 혐의로 구속영장을 신청했다. 그는 "양심의 가책을 느껴 자수했다"고 밝혔다.

이 사건에서 검시의학적인 문제점을 들추기 시작하면 끝이 없겠지만 꼭 짚고 넘어가야 할 부분은 다음의 두 가지 요소인 것 같다.

'경찰은 당시 高 씨의 시신에 외상이 없고'
'검안의가 타살의 흔적이 없다는 소견을 냈고'

두 글을 연결해 보면 '시체에 외상이 없었으니 이는 타살이 아니라는 하나의 근거가 된다'라는 말이 된다. 그러나 이것은 진실과는 동떨어진 말이다. '외상이 있으면 타살의 가능성이 있다'는 말은 옳을 수 있지만, 반대로 '외상이 없으니 타살은 아니다'라는 말은 성립되지 않는다. 누군가의 배를 발로 세게 걷어차면 그 사람의 배에 긁힌 상처 하나 남기지 않고도 간이나 대소장, 장간막 또는 비장 등을 파열시켜 사망에 이르게 할 수 있다. 심지어 겨울철에 수십 미터 되는 고층건물에서 눈밭으로 떨어지면 내부장기가 터지고 뼈가 부러져도 죽은 사람의 피부에는 상처 하나 없는 경우까지 볼 수 있다. 앞서 고 씨의 사건에서 보듯이 누군가의 목에 부드러운 물체를 대고 압박하거나 입과 코를 베개나 쿠션같이 부드러운 물체로 누르면 얼굴이나 목에 멍이 들거나 피부에 상처가 생기지 않게 하면서도 얼마든지 살해할 수 있는 것이다. 또한 사망 직후에 검안하면 피부에 상처가 생겼다 하더라도 충분히 건조되지 않기 때문에 뚜렷이 드러나지 않을 수도 있으며, 멍이 들었다 하더라도 피부를 통해 비칠 만큼 충분하지 않은 경우도 있다.

우리나라는 변사체를 검안하는 체계가 제대로 갖춰져 있지 않아 일반 의사들도 검안을 하게 되는 문제점을 안고 있다. 그렇다고 검안을 의사 이외의 직종에 맡길 수도 없는 노릇이다 보니 의사들은 불가피하게 자기의 전문 영역도 아니고, 충분한 교육도 받지 못한 상태에서 시체 검안에 임하게 되는 것이다. 하지만 그렇다고 수사기관이 자칫 잘못 판단할 수 있는 빌미를 제공해서는 결코 안 된다. 기사에 적힌 그대로 당시 검안의가 "타살의 흔적이 없다"라고 했는지는 의문이지만 상처가 없다는 이유만으로 '타살의 흔적이 없다'고 단정 지어서는 안 된다. 이런 상황에서 정답이라고 할 만한 판단은 과연 무엇일까? 그것은 '검안을 했지만 외부에서 상처를 찾을 수는 없었다. 그러나 사인이 무엇인지 또 병사인지 타살인지 아니면 자살인지는 검안만으로는 명확하게 구별할 수 없다' 정도가 아닐까 싶다. 병으로 죽었다고 판단하려면 누구라도 납득할 수 있는 충분한 입증자료가 있어야 한다. 간경화를 앓았다는 전력만으로는 입증자료가 턱없이 부족한 것이다. 또 검안의사가 검시 전문가가 아니라면 명확한 타살의 흔적이 남아 있어도 그 흔적을 발견하지 못한 채 지나칠 수 있다.

법의학교실
부검 술식

부검은 칼로 몸을 잘라 보는 해부뿐만 아니라 칼을 대지 않은 상태에서 관찰하는 검안과 시체에서 떼어 낸 조직이나 혈액 등의 체액에 대한 검사까지 모두 포함하는 개념이다. 다시 말해 시체에 대한 사후조사(死後調査)라고 할 수 있다. 부검을 하는 방법은 다양하고 법의의사 나름대로 선호하는 방법이 있으며 또 사안에 따라 부검의 순서나 정도와 범위 또는 방법이 달라지기도 한다. 여기서는 내가 일반적으로 시행하는 부검 술식을 간단히 소개하고자 한다.

부검을 할 때는 자기 나름대로 정해진 순서에 따라 시행하는 것이 중요하다. 그래야만 소견을 빠짐없이 관찰하고 기록할 수 있다. 사인과 관계되거나 관계될 수 있는 중요한 소견은 사진을 찍는다. 우선 몸무게와 키를 측정한다. 체온과 경직된 정도를 검사해야 하지만 우리나라와 같이 냉장한 후 부검실에서 재거나 관찰하는 체온과 시강(屍剛)은 거의 의미가 없기 때문에 특별한 경우를 제외하고는 시행하지 않는다. 다음으로 누워 있는 상태에서 머리부터 발끝까지 아래위로 한 번 훑어 전반적인 상태를 관찰한 후 몇 부분으로 나누어 자세히 살핀다. 먼저 머리카락을 포함해 얼굴과 머리를 살펴본 후 아래위의 눈꺼풀을 뒤집어 보고 콧구멍 속을 검사한 다음 입술을 벌려 치아와 구강의 점막 상태 등을 살피고 귓구멍과 귓바퀴를 검사한다. 콧구멍이나 입 주변에서는 냄새를 맡아 본다. 다음으로 목의 앞쪽과 양쪽 측면을 살피고, 가슴과 배의 앞쪽과 측면을 본 후 팔을 벌려 관찰한다. 팔을 살필 때는 손바닥과 손등은 물론 손가락을 모두 벌려 보고 손톱도 관찰한다. 이어서 다리의 앞쪽과 양쪽 측면을 살피고 발등과 발톱 그리고 발바닥을 관찰한다. 다음으로 다리를 벌려 넓적다리 안쪽과 생식기와 항문을 관찰한다. 이로써 시체의 앞쪽과 옆쪽에 대한 관찰이 끝난다. 그 후 시체를 좌측으로 90° 세워 역시 한 번 죽 훑어본다. 이때 시반의 정도와 색깔, 그리고 전반적인 이상을 관찰한다. 그러고는 다시 몇 부분으로 나누어 머리부터 발끝까지 관찰한다. 즉 뒤통수, 목덜미, 등과 어깨, 허리, 엉덩이, 다리의 순서이며 필요한 경우 항문의 상태를 다시 살핀다. 뒤통수를 검사할 때는 반드시 머리카락을 헤치면서 살핀다. 만약 몸의 뒤쪽에 이상이 있거나 오랫동안 살펴야 할 필요가 있을 때는 시체를 완전히 엎어 놓고 관찰한다. 절개해 보아야 할 필요가 있을 때는 엎어 놓은 상태에서 시행한다. 필요하면 척추를 열고 척수를 검사할 때도 있다. 뒤쪽을 절개했을 때는 특별한 경우를 제외하고는 다시 바로 눕히기 전에 먼저 꿰맨다.

    뒤쪽에 대한 검사가 끝나면 시체를 다시 바로 눕히고 가슴으로부터 불두덩(생식기 주위의 불룩한 부분) 바로 위까지 절개한다. 다음으로 가슴의 피부와 근육을 벗겨 흉곽을 노출시킨 후 흉골과 함께 갈비뼈의 연골을 역V자로 잘라 떼어 낸다. 그러면 가슴과 배 속이 다 열린 셈이다. 장기를 떼어 내지 않은 상태에서 위로부터 한 번 죽 관찰한 후 다시 헤쳐 가면서 가슴 속과 배 속을 살핀다. 그런 후 심장, 좌폐, 우폐, 간, 비장, 양측 부신과 신장,

췌장의 순서로 떼어 무게를 잰 후 늘어놓는다. 흉선과 방광이나 남녀 생식기는 필요한 경우 떼어낸다. 다음으로 머리를 연다. 머리 피부는 양쪽 귀 뒤쪽을 연결해 절개한 후 벗겨 낸다. 두피 안쪽과 두개골 바깥쪽을 관찰한 후 두개골의 일부를 잘라 내고 뇌를 떼어 낸다. 뇌를 떼어 낸 후에는 경막과 두개골 안쪽의 상태를 살펴본다. 떼어 낸 장기는 차례대로 절개해 검사한다. 때로는 사인과 밀접한 관계가 있는 장기를 제일 먼저 또는 제일 나중에 검사하기도 한다. 위도 떼어 내어 위내용물과 위벽의 상태를 관찰하고 냄새도 맡아 본다. 소장이나 대장은 사인과 관계되는 경우가 별로 없기 때문에 일반적으로는 절개하거나 검사하지 않지만 필요하다고 판단될 경우에는 검사를 진행한다. 목에 대한 검사는 제일 나중에 시행한다. 즉 가슴과 배, 그리고 머리를 열어서 장기를 떼어 내어 피를 배출시킨 후 목을 절개하고, 피부와 근육을 벗겨 가면서 검사하고 목의 장기를 혀와 같이 떼어 내어 검사한다. 이때 목을 지나가는 혈관과 신경에 대한 검사를 병행한다. 그러고는 비어 있는 목을 통해 입속을 다시 한번 살핀다. 이것이 일반적으로 부검을 시행하는 과정인데 필요한 경우는 내장 전체를 한 덩어리로 또는 계통별로 떼어 내기도 한다.

장기를 절제하기 전 또는 도중에 혈액, 안방수(眼房水), 오줌, 위내용물 등 이화학검사나 배양검사에 필요한 검체를 채취하고 조직검사가 필요한 장기는 그 일부를 채취한다. 검체는 해당 검사실로 보낸다. 사인과 관계되지 않는 검체 또는 검사라도 부검을 의뢰하는 기관이 부검의뢰서에 명기하거나 부검 현장에서 요청하는 경우는 채취하여 검사한다. 예를 들어 질액의 채취 및 검사, 모발검사, 혈액형검사, DNA검사, 손톱 밑의 조직이나 혈흔검사 등이 여기에 해당한다.

모든 장기에 대한 육안검사는 부검 당시에 시행하는 것이 원칙이다. 그러나 예외가 있다. 결핵에 감염된 장기를 곧바로 절개하면 부검을 직접 시행하는 사람은 물론이고 참관하는 사람에게도 위험할 수 있다. 또 뇌는 일반적으로 현장에서 검사하는 데 문제가 없으나 워낙 정교한 장기이므로 전문가에게 의뢰해야 하는 경우도 있다. 또 뇌는 약간 부패되거나 부어오르면 마치 연두부처럼 되어 현장에서 절개하면 자세한 소견을 놓치기 십상이다. 따라서 이러한 경우는 장기를 10% 포르말린에 고정한다. 때로 에이즈와 같은 감염증이 있거나 의심되는 경우에는 부검 자체를 상당한 기간 미뤄야 할 필요도 있다. 아무리 사안이 급하다 하더라도 살아 있는 사람의 건강과 안전에 우선하지는 못한다. 해부가 끝나면 잘라낸 뼈와 장기를 각자 제 위치에 놓는다. 물론 절개해서 제 모양을 잃어버린 장기를 원위치에 반듯하게 놓기는 불가능하지만 가능한 한 그 부근에 놓아 준다. 그러고는 절개한 가슴과 배 그리고 머리의 피부를 꿰맨다. 창상(創傷)도 마찬가지다. 꿰맨 후에는 시체를 물로 깨끗이 닦는다. 이상이 일반적인 부검의 진행 수순이다. 부검이 끝난 시체는 부검 전보다 아름다워야 한다.

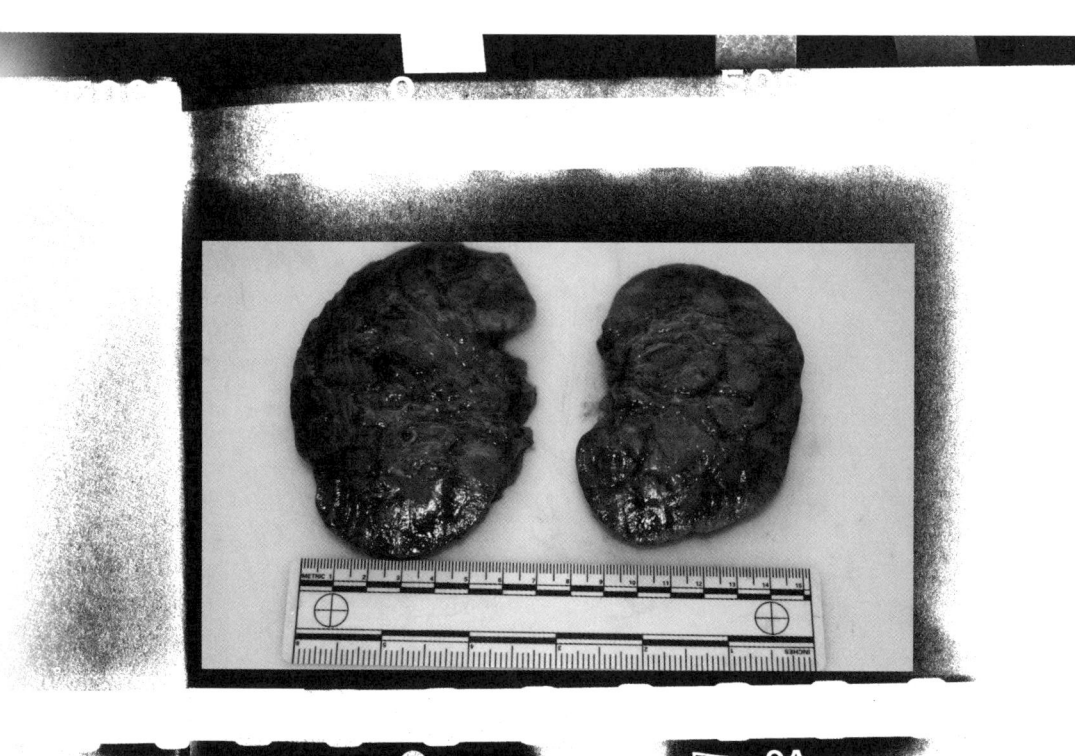

죽은 자는
아는 진실
_금융감독원 국장 자살 사건

  2000년 10월 31일. 관악구 봉천동에 있는 한 여관의 객실 화장실에서 금융감독원 국장이었던 사람이 수건걸이에 목을 맨 채 숨져 있는 것이 발견되었다. 당시 객실 탁자에는 8쪽에 달하는 유서 외에도 편지를 비롯한 여러 종류의 문서가 남아 있었다. 유서에는 "(내 죽음은) 자살이다. 내가 죽으면 장모 옆에 묻어 달라"는 등의 내용이 적혀 있었다. 수사기관은 다음 날 곧바로 국립과학수사연구소에 부검을 의뢰했고, 부검 결과 타살의 흔적이 발견되지 않았으며, 여러 가지 정황과 증거를 종합적으로 고려한 결과 그의 죽음은 자살이라는 결론을 내렸다. 그런데 바로 그다음 날 한 국회의원이 "162㎝ 높이에 목을 매달았다는 점을 볼 때 그의 사망 원인을 자살이라고 결론짓는 것은 성급한 판단이며 오히려 타살의 가능성이 높은 것으로 봐야 하는 게 아니냐"고 주장했다. 그 국회의원뿐만 아니라 당시 내 주변 사람들 중 일부도 "건장한 남성이 162㎝ 높이에 목을 매달았다는데 어떻게 자신의 키보다 낮은 높이에 목을 매고 죽을 수 있느냐, 그 국회의원의 주장처럼 타살인 게 아니냐"며 흥미를 보였다.

일반적으로 자신의 키보다 낮은 곳에 목을 매면 끈이 목을 압박하지도 않을 것이고, 설사 압박한다고 해도 쉽게 일어설 수 있기 때문에 죽지는 않을 거라고 생각할 수도 있다. 또 그런 판단에는 우리의 뇌리 속에 박혀 있는 선입견도 어느 정도 작용을 한다. 여름철이면 각 TV 방송국에서는 어김없이 납량특집 프로그램을 방영하는데 흔히 안방이나 헛간의 문을 열면 허공에 대롱대롱 떠 있는 여인의 버선발이 보이곤 한다. 이런 장면을 한번 보게 되면 으레 사람이 목을 매고 죽은 경우에는 몸 전체가 허공에 매달려 있을 것으로 생각하기 마련이다. 영화나 드라마 속 장면처럼 몸이 완전히 공중에 뜬 상태로 목을 매고 죽은 경우를 '완전의사(完全縊死)'라고 한다. 이때는 사망자의 체중 전체가 끈에 전달되어 목을 강하게 압박한다. 이와 달리 몸의 일부분이 벽이나 바닥에 닿아 있는 경우는 '불완전의사(不完全縊死)'라고 한다. 이때는 체중의 일부만 목을 압박하는 데 작용한다. 일단 끈으로 목을 매면 다른 현상도 나타나지만 무엇보다 심장에서 목을 지나 머리로 가는 커다란 혈관, 그리고 허파에 공기를 전달하는 숨통이 막혀 사망하게 된다. 그런데 호프만이란 사람에 따르면 혈관이나 숨통을 막아 의식을 소실시킬 수 있는 압력은 놀라울 정도로 낮다고 한다. 끈이 좌우 대칭으로 작용했을 때 혈관은 일반성인 체중의 1/10~1/15 정도, 숨통은 1/3~1/5 정도의 압력만 가해져도 폐쇄된다는 것이다. 즉 몸무게 전체가 끈에 걸려야 혈관과 숨통이 막히는 것이 아니며 지극히 일부만 목에 가해져도 사망할 수 있는 것이다. 또한 단시간 내에 사망할 정도의 강력한 힘이 아니라 하더라도 오랜 시간 지속되면 결국 사망하게 된다. 누구나 자신의 옷깃을 조금은 강하게 조여 본다면 그 느낌을 알 수 있을 것이다.

법의실무의 사례들을 볼 때 일단 '의사(縊死, 목을 매 죽는 것)' 사건은 거의 대부분 불완전의사이며 오히려 완전의사는 드문 편이다. 그러면 불완전의사에서 나타나는 자세는 어떤 게 있을까? 선 채로 발만 바닥에 닿아 있는 상태, 벽에 기대어 서 있는 상태, 무릎을 구부린 상태, 무릎까지 바닥에 닿아 있는 상태, 엉덩이가 들려 있는 상태, 엉덩이가 닿아 있는 상태 등등 목을 매 죽은 불완전의사 시체의 자세는 너무나 다양하다. 심지어 앉은 상태에서 등을 벽에 기대거나 아주 드물긴 해도 누운 채 발견되는 경우도 있다. 즉 어떠한 자세이건 간에 목에 적절한 압박을 가할 수 있고, 그 상황을 상당 시간 지속시킬 수 있다면 거의 모든 자세에서 '의사'는 성립하는 셈이다. 따라서 목을 맨 시체가 발견되었을 때에 끈을 맨 높이나 시체의 자세를 문제 삼는 것은 큰 의미가 없다.

물론 목을 매었다고 해서 반드시 자살인 것은 아니다. 다른 사람이 목을 매는 경우도 있기 때문이다. 대표적인 것으로는 사형의 일종인 의수형(縊首刑 : 보통 교수형이라고 한다)이 있고 드물지만 타살인 경우도 있다. 상식적으로 다른 사람의 목을 매달아 살해하는 경우는 드물지만 자살을 가장하는 좋은 수단이 될 수 있으므로 그 가능성에 대해서만큼은 항시 주의를 게을리하지 말아야 한다. 다만 이런 사례는 정상적인 성인을 대상으로 한 경우는 극히 찾기 힘들고 희생자 대부분은 어린이, 노약자, 불구폐질자(몸의 일부분이 정상이 아니거나 치료하기 힘든 병을 지닌 환자), 약물중독자, 알코올중독자, 의식소실자 등으로 그 대상자가 한정되어 있다. 또한 목을 매달아 살해하는 범행을 단독으로 수행하기는 매우 어렵다. 즉 가해자가 여러 명이 아닌 경우에는 가해자와 피해자의 체력 차이가 현저하게 벌어져야 하기 때문이다. 간혹 정상적인 성인이면서도 항거할 수 없는 위협 속에 목이 매달리거나 스스로 목을 매는 경우도 있다. 위장의사란 것이 있지만 이것은 다른 방법으로 살해한 후 목을 매어 죽은 것처럼 매달아 놓는 것이므로 엄밀히 볼 때 실제 사인은 의사가 아니다.

앞서 언급한 국장의 경우 그가 완전한 자의에 의해 목을 맸는지, 다른 사람들은 알 수 없는 또 다른 상황이 존재했는지는 수사기관이 판단할 몫이다. 그러나 162㎝ 높이에 목을 매달았다는 것이 타살의 가능성을 시사하는 단서가 될 수는 없다. 설령 62㎝ 높이에 목을 맸다 하더라도 크게 달라질 바 없다.

현대판
부관참시?
_무덤 발굴 부검

사망 당시에는 별문제가 없는 것 같아 그냥 묻었는데 세월이 지나면서 죽음을 둘러싸고 의문이 생긴 경우, 또 부검을 하기는 했는데 그때와는 다르거나 몰랐던 새로운 정보 또는 설득력 있는 주장이 제기된 경우, 수사를 담당하는 경찰이나 검찰은 물론 사인에 의심을 품는 유가족은 (재)부검을 해 보고 싶어 한다. "그런데 아무래도 많이 썩었을 테니 별 소득이 없을 것 같은데 부검하면 뭐가 좀 나올까요?" 법의부검을 하는 의사라면 이런 질문을 한 번쯤은 받아 보았을 것이다. 특히 우리나라에서는 시체를 발굴해 부검한다면 부관참시(剖棺斬屍)를 하는 것으로 느끼기 때문인지 결정하기까지 쉽지 않은 과정을 거치게 된다. 무덤을 파헤치고 관을 열어 시체를 갈라서도 새로 얻는 것이 없다면 그야말로 안 하느니만 못하다는 생각 때문일 것이다.

55세의 P라는 남자가 자기 집에서 밥을 먹다가 갑자기 신음 소리를 내며 쓰러져 죽었다. 검안을 담당한 의사는 사인을 확실히 알 수는 없지만 아마도 심장질환이나 뇌혈관질환으로 갑자기 사망한 것 같다는 소견을 내놓았다. 유가족은 당시 아무런 의문을 제기하지 않았다. 수사기관에서도 죽음에 의심할 만한 점이 없었기 때문에 부검을 의뢰하지 않았다. P의 가족은 시신을 그대로 매장했다. P는 슬하에 자식이 없었고 아내와 사별한 후 몇 년 전 재혼했기 때문에 재산은 자연히 후처에게 돌아갔다. 그런데 후처는 P가 죽은 지 1년이 채 안 되어 다시 결혼했다. P의 형제들은 아무래도 후처가 P를 독살한 것 같다는 의심이 생겨났다. P의 형제들은 직접적인 증거는 없지만 의문을 풀기 위해 백방으로 노력했다. 이 사건을 담당한 경찰관이 내게 물어 왔다. "부검을 하면 뭐가 나올까요?"

결국 우여곡절 끝에 시체를 파내어 부검을 하게 되었다. 몇 년이 지난 시체였지만 P의 외관은 그런대로 잘 유지되어 있었다. 심장은 많이 썩었지만 관상동맥을 잘라 보니 3개의 분지가 모두 칼이 들어가지 않을 정도로 딱딱했다. 관상동맥에 죽종(퇴행 변성을 일으킨 동맥 내막에 쌓이는 반점 덩어리)이 쌓이고 이 죽종은 석회화가 되어 있었던 것이다. 각종 검체를 채취해 독물 검사를 해 봤지만 아무것도 나오지 않았다. 물론 몇 년이 지난 시체에서 독물이 검출되지 않았다고 해서 중독사가 아니라고 말하지는 못한다. 그렇다 하더라도 사인이 되기에 충분한 심장질환을 찾아낸 것은 큰 소득이었다.

무덤에 고이 묻혀 있는 시체를 파낸다는 것은 유가족에게 심한 정신적 충격을 줄 수 있을 뿐만 아니라 관계자들의 수고나 경비 면에서도 간단한 일이 아니다. 또 매장을 하면 당연히 부패와 백골화, 시랍화, 미라화 등이 진행되기 때문에 부검을 해서 얼마나 유용한

정보를 얻어 낼 수 있을지 의심하는 것은 당연하다. 그러나 시체가 수개월 또는 수년간 매장되어 있었다고 하더라도 그런대로 잘 보존되어 많은 정보를 얻을 수 있는 경우도 드물지 않다. 보존 상태는 많은 요인에 의해 달라지지만 무엇보다 토양이나 수분 등 매장지의 환경이 가장 중요한 역할을 한다. 중금속은 매장된 시체에서 수년간 검출될 수 있으며 유기화학물도 오랫동안 남아 있을 수 있고 매장된 지 7년이 지난 시체에서 바르비투르산염이 분석된 경우도 있다. 중독이 의심되는 사례라면 시체 자체에서는 물론 수의를 비롯한 관내의 내용물과 시체에서 흘러나온 수액 등도 채취해 검사해야 한다. 또한 매장지와 그 주변에서 충분한 대조물을 채취해 검사하는 것이 좋다. 관의 바로 위에 있는 흙, 관의 양쪽 옆과 아래쪽에서도 흙을 채취하고 묘지의 다른 지역에서도 채취한다. 이렇게 해야 하는 이유는 어떤 물질이 환경적 요인으로 인해 사인과 무관하게 시체에서 검출될 수 있기 때문이다. 발굴해서 부검을 해도 아무런 소견을 얻지 못하는 경우가 많은 것은 사실이다. 그렇다 하더라도 특별한 소견이 없다는 것 역시 중요한 정보이며, 백골화된 경우에도 골절과 같은 손상의 유무는 상당한 가치가 있다. 발굴부검은 산 자가 죽은 자를 파괴하기 위해 시행하는 부관참시와 겉모양은 비슷할지 몰라도 목적과 의의는 완전히 다르다.

사라진 시체
_대구 지하철 방화 사건

　　2003년 2월 18일 오전 9시 13분. 처참한 대구 지하철 방화 사건이 일어났다. 그리고 일주일이 지난 시점, 당시 사고대책본부는 543명에 대한 실종자 신고를 접수했고, 사망자와 부상자 그리고 이중신고자 등에 대한 확인 과정을 거쳐 순수 미확인 실종자는 304명이라고 발표했다. 이 수치는 수습되지 않은 시신이 남아 있는 상황이고, 또 실제로 이 사건과 관계없는 실종자를 감안한다 해도 상당히 많은 수의 시신이 사라졌을 가능성을 내비치고 있었다. 실제 화재 현장에서 시신이 감쪽같이 사라질 수 있을까?

　　화재 현장의 불길이 곧바로 잡히면 문제가 없겠지만 화재가 심각해 불길이 오래 지속되면 사람의 시체는 불과 열기 때문에 지속적으로 탄화(목재가 연소되고 난 후 숯이 만들어지는 등 유기물이 가열되어 비결정성 탄소를 생성하는 현상)된다. 실제로 불 속에서 탄화된 시체와 동물실험을 통해 볼 때 탄화되는 과정은 대개 다음과 같다. 제일 먼저 옷과 피부의 표면이 부분적으로 탄화되기 시작하면서 모발이 소실된다. 다음으로는 옷과 피부가 소실되면서 신체 곳곳에서 골격근이 노출된다. 이어 사지의 말단부가 타서 떨어져 나가며 복강 안에는 수증기 가스가 발생해 복압이 올라가기 때문에 배가 파열되고 장관의 일부가 터진 피부를 통해 탈출한다. 장골(長骨)은 골수강 안에 발생된 수증기의 압력에 의해 파열되고 그 주위의 연조직은 탄화로 파괴된다. 사지는 대개 상박부 하단과 대퇴부 하단에서 분리되므로 몸통만 남게 되는데 이를 동체시(胴體屍: 불에 타 팔다리가 떨어져 나간 시체)라고 한다. 일반적인 화재에서는 이 정도까지의 소손(燒損)시체가 제일 많다. 만약 화재 상황이 더 진행되면 복벽 대부분은 소실되고 복강 내 장기가 탄화된다. 흉벽도 일부 소실되며 흉강 내 장기에도 같은 열 변화가 가해진다. 결국에는 머리도 부서지고 흉복부가 완전히 변형되어 인체의 원형을 잃게 된다. 일반 가옥의 화재에서는 이 정도를 한계로 보아도 좋다. 그러나 더욱 높은 온도에 시간까지 길어지면 신체의 거의 모든 조직이 탄화하고 무기물로 이뤄진 뼈와 이만 남는다. 오랫동안 높은 온도로 가열하면 인체는 완전히 회화(灰化)된 뼛조각으로 변하는데 이는 화장터에서 800~1,000℃의 온도로 1시간 내지 1시간 반을 가열한 후 변화된 시체의 최후 상태를 통해 확인할 수 있다.

    화장로처럼 집중적이고 지속적이며 일정한 온도의 불길을 가할 수 있는 특수한 환경과 달리 화재로 인해 시체가 완전히 회화되려면 성인을 기준으로 할 때 일반적으로 1,000℃의 온도에서 2~3시간이 지나야 한다. 나이가 많지 않은 어린이 시체의 경우라면 더욱 짧은 시간 내에 재로 변할 수 있고 신생아의 경우에는 약 500℃에서 2시간 정도 지나면 완전히 회화될 수 있다.

또 이렇게 회화에 필요한 시간을 결정하는 화염의 온도는 연소되는 물질의 종류에 따라 달라진다. 화학물질에 의한 화염은 수천℃에 달할 수도 있지만 일반 가옥의 화재에서는 700℃를 넘는 경우가 드물다. 따라서 일반 화재에서 성인의 시체가 흔적을 남기지 않을 정도로 완전히 소각되는 경우는 드문 것이다. 가끔 자신의 범행을 감추고 시체를 없애려는 목적에서 방화를 하는 경우가 있지만, 이 시도가 거의 성공하지 못하는 이유는 일반 가옥에서 그 정도의 고열을 끌어내기가 쉽지 않기 때문이다.

그러면 대구 지하철 방화 사건의 경우는 어땠을까? 초유의 사건이었던 당시 상황에 대해 미루어 판단하기는 어렵지만, 현장의 소재나 환경에 의해 1천℃ 이상의 고열이 지속되었다면 일부 시체는 형체를 알아볼 수 없을 정도로 분해 또는 변형되고 완전히 회화된 뼈만 남았을 수 있다. 또 이렇게 회화된 시체의 작은 파편이나 부스러지기 쉬운 뼈는 화재로 인해 발생하는 강한 바람이나 화재 진압에 사용되는 고압의 물줄기 또는 사람의 발에 밟혀 여기저기로 흩어지고 부서져 버렸을 것이다. 게다가 어린이일수록 이러한 가능성은 더 커진다. 이렇게 되면 유골을 수습하기 어렵고, 수습한다고 해도 완전히 타 버린 숯 조각처럼 변해 뼈의 주인이 누구인지 알아내기란 거의 불가능하다. 그야말로 현장에 남아 있던 시체가 감쪽같이 사라지는 것이다.

소사와 화재사, 소사체와 탄화시체

법의학을 전공하거나 검시(檢屍) 분야에 관심이 많은 사람들은 화재사(火災死)라는 용어에 많이 익숙해져 있다. 하지만 일반인은 물론 일부 임상의사나 수사관조차 아직도 '소사(燒死)'라는 말을 많이 쓰고 있다. '燒'자는 '불사르다'(燒却: 불살라 없앰), '불에 타다'(燒失: 불에 타서 없어짐) 또는 '불이 나다'라는 등의 의미로 새기고 있다. 따라서 '소사'를 '불이 나 죽는 것'이라고 해석할 수도 있지만 우리가 '소사'라고 할 때는 '불이 나 죽는다'라는 뜻이 아니라 '불에 타 죽는다'는 의미로 이해하는 게 옳을 것이다. 국어사전에도 '소사'는 '불에 타 죽는 것'으로 나와 있다.

불이 나서 사람이 죽음에 이르게 될 때는 대개 세 가지 치명적 요인이 작용한다. 첫째, 화염이 몸에 직접 닿거나 불길에 휩싸여 화상을 입는 것은 물론 불에 의해 뜨거워진 물체나 공기에 의해서도 화상을 입게 되는 경우다. 둘째, 물체의 불완전연소로 발생하는 일산화탄소를 비롯해, 건축이나 장식에 사용된 합성건자재, 화학섬유 및 도료가 타면서 생성되는 청산, 염소, 암모니아, 포스겐, 질소화합물 등 각종 유독가스를 흡입하는 경우다. 마지막으로 대형 건조물이나 선박 등에 대화재가 발생하거나 소화재(小火災)라 하더라도 밀폐된 공간 또는 공기가 잘 통하지 않는 장소에 불이 나서 산소가 급격히 소진되어 산소결핍으로 인한 질식 상태에 빠지는 경우다. 즉 불이 나면 화상과 가스중독, 그리고 산소결핍이라는 다양한 기전이 작용하며 이들 중 한 가지나 두 가지, 때로는 모두의 복합작용에 의해 사망하게 되는 것이다. 어떤 경우는 열작용이 강하고, 어떤 경우는 연기나 유독가스, 또 어떤 경우는 산소결핍의 영향이 강할 수 있다. 즉 화재는 건물의 재료와 구조, 화염의 강약, 연기나 유독가스의 발생 정도 또는 소화작업 등에 의해 각양각색으로 인체에 영향을 미친다. 희생자의 위치나 체위에 따라서도 인체가 받는 장애는 달라진다. 만약 화재 현장에서 사망했지만 불길이 닿지 않는 곳에서 일산화탄소를 마시고 죽었다면 화상을 전혀 입지 않을 수도 있는 것이다. 이러한 전형적인 기전 이외에도 불길이나 뜨거워진 공기를 흡입하면서 즉사할 수도 있으며, 이로 인한 기도부종(인후부 화상으로 인한 성문부종과 폐부종 등)으로 구출된 후 몇 시간 내에 사망할 수도 있다.

다시 말해 불이 나면 위에서 설명한 바와 같은 기전에 의해 사망하는 것이지 '몸이 불에 타는 것이 원인이 되어' 죽는 게 아니다. 우리가 시체를 발견했을 때 불에 타 있는 현상은 오히려 죽은 후 화염과 열이 계속 가해져 생긴 것이다. 이렇게 볼 때 의학이 발달하지 않은 옛날부터 써 온 '소사'라는 말은 현대의 의학용어로서는 적절하지 못하다는 결론에 이른다. 이러한 모든 기전을 종합적으로 설명할 수 있는 용어로는 '화재로 인한 사망(death due to fire)'이 옳을 것이며, 이를 줄여서 화재사(火災死)라고 한다.

덧붙여 보면 화재 현장에서 발견된 시체를 소사체(燒死體)라고 하는데 여기에는 두 가지의 잘못된 점이 있다. 첫째는 이미 설명한 바와 같이 소사라는 용어 자체가 적절하지 못한 것이며, 둘째는 설사 소사라는 용어가 옳다고 가정해도 그 시체가 과연 불에 타 죽은 것인지, 아니면 죽은 후에 불이 나서 탄 것인지는 완벽한 법의학적 조사가 끝나기 전까지는 단정할 수 없기 때문이다. 따라서 소사체라는 용어 역시 의학적으로 부적합하다. 그러므로 화재 현장에서 탄 채로 발견된 시체는 탄화시체(炭化屍體, charred body)라고 표현하는 것이 적절하며, 소훼시체(燒燬屍體) 또는 소손시체(燒損屍體)라고 해도 무방하다.

피 한 방울 없는
추락사
_정몽헌 회장 투신 사건

2003년 8월 4일 새벽. 정몽헌(鄭夢憲) 현대 회장이 사옥 앞에서 사망한 채 발견되었다. 최초 보도에 의하면 시신이 그의 사무실 바로 앞쪽 방향에서 발견되었고 창문이 열려 있었으며, 유서가 남아 있고 또 그간 그를 둘러싼 정황으로 보아 자살임이 분명해 보였다. 그런데 한 호기심 많은 친구가 전화를 걸어 왔다. 어디서 들었는지 "사람이 12층에서 떨어졌는데 상처가 없고 시체에서 피도 나지 않았다는데 이거 타살 아니야?"라면서 진담 반 농담 반으로 질문을 던져 왔다. 그러자 예전에 누군가에게서 비슷한 질문을 받았던 기억이 떠올랐다. 어느 날 자기 아파트 15층에서 투신자살한 사람이 있는데 마침 현장 근처에 있던 터라 달려가 떨어진 사람을 봤다고 했다. 119가 출동했지만 투신자는 이미 사망한 후였다면서 그는 내게 "어떻게 사람이 15층에서 떨어져 죽었는데 피가 한 방울도 안 날 수가 있죠?" 하면서 놀라워했다. 2003년 4월, 홍콩의 유명 배우가 호텔 24층에서 투신한 사건에서도 역시 추락 현장에 흘러내린 핏자국이 없다는 이유로 자살 자체에 의문을 제기한 사람이 많았다.

'출혈'이란 피가 핏줄 밖으로 새어 나오는 것인데 일반적으로 다음과 같은 세 가지의 경우가 있다. 첫째는 몸 안의 공간으로 피가 흘러 들어가는 경우다. 간이 터지면 혈관이 함께 터져 배 속에 피가 고이며, 폐가 터지면 가슴 속에 피가 고인다. 둘째는 신체조직 사이에 피가 맺히는 것이다. 누구에게 얻어맞거나 어디에 부딪혔을 때 잘 생기며 보통 멍들었다고 말한다. 멍은 피부뿐만 아니라 몸속 깊이 있는 장기나 조직에도 생긴다. 마지막은 몸 밖으로 피가 흘러나오는 것이다. 여기에는 다시 두 가지가 있다. 하나는 몸 안에 흐른 피가 입이나 코와 귀같이 몸에 나 있는 구멍으로 흘러나오는 것이고 다른 하나는 피부가 찢어지면서 피가 몸 밖으로 흐르는 것이다. 우리가 보통 '피가 났다'고 하는 것은 대개 마지막의 두 경우를 말한다. 일반적으로 사람이 높은 곳에서 떨어지면 큰 충격을 받게 되기 때문에, 몸이 여기저기 찢어져 현장에는 피가 흥건하고 내장이 터져 밖으로 흘러나와야 할 것처럼 생각하는 것도 무리가 아니다. 그러나 우리의 예상과 실제 현장에서 벌어지는 일이 항상 일치하지는 않는다.

  출혈을 제대로 이해하기 위해 먼저 피부에 대하여 좀 더 알아보자. 피부는 다양한 세포들과 독특한 구조로 이루어져 있으며, 건강과 생존에 매우 중요한 기능을 수행하는 역동적인 기관이다. 피부의 총면적은 성인의 경우 1.5~2.0㎡ 정도이며 바깥으로부터 표피, 진피, 피하지방층, 이렇게 3개의 층으로 구성되어 있다. 성인의 피부는 표피와 진피를 합한 부피가 2.4~3.6l, 무게는 4kg 이상 된다. 표피와 진피의 두께는 부위, 연령 및 성별에 따라 다르고 피하지방층도 그 차이가 크다. 표피는 3개의 층 중 가장 얇으며 특히 눈꺼풀은 0.04㎜로 가장 얇고 손바닥은 1.6㎜로 부위에 따라 차이가 많으나 평균적으로는 0.1㎜ 정도라고 보면 된다. 진피의 두께는 표피의 15~40배에 달해 표피와 진피를 합하면 대개 2.0㎜ 정도 된다. 목의 앞쪽보다는 뒤쪽이, 배보다는 등 쪽이, 팔다리의 안쪽보다는 바깥쪽이 두껍고, 여성보다는 남성이, 그리고 어린이보다는 성인이 두껍다. 표피는 여러 층의 평편하고 각화된 상피세포로 구성된다. 진피는 피부의 대부분을 차지하며 교원섬유 및 탄력섬유로 이루어지는 결체조직과 특별한 형태가 없는 기질로 구성된다. 그 속에는 신경, 혈관, 림프관, 근육 등이 들어 있으며 그 외에도 다양한 세포가 존재한다. 교원섬유는 진피의 주성분으로 피부 건조중량의 75%를 차지하며 피부에 장력을 제공해 준다. 탄력섬유는 진피 건조중량의 3%를 차지하며 주요 기능은 가해진 힘에 의해 변형된 피부가 원래의 모습으로 돌아오기 위한 탄성을 제공하는 것이다.

검시실무를 하다 보면 피부, 특히 교원섬유와 탄력섬유로 이루어진 결체조직의 강인성에 놀라는 경우가 많다. 추락 사례들을 보면 온몸의 뼈들이 여기저기 부러지고 온갖 장기가 형편없이 터져 있는데 피부는 한 군데도 찢어지지 않은 경우가 드물지 않다. 물론 피부 밑에 있는 근육이나 늑골처럼 탄력성이 뛰어난 구조물도 충격을 흡수하는 데 큰 역할을 한다. 추락사 현장에서 많은 피가 발견되지 않는 이유는 한두 가지가 더 있다. 설사 피부가 찢어진다 하더라도 높은 곳에서 추락하는 사람은 바닥에 부딪히면서 즉사하는 경우가 흔하기 때문에 많은 피가 흘러내릴 시간적 여유가 없다. 심장이 뛰지 않으면 피가 솟구치지 않기 때문이다. 또한 옷도 한몫을 한다. 옷은

제2의 피부로 피부의 역할을 보완할 뿐만 아니라 흐르는 피를 흡수해 몸 밖으로 흘러내리는 것을 막는다. 하지만 이런 시체를 검시하기 위해 옷을 벗기고 이리저리 움직이거나 뒤척이면 코나 입 또는 찢어진 피부를 통해 피가 흘러내릴 때가 있다. 어쨌든 수십 층이나 되는 건물에서 지면으로 떨어지는 것과 같은 어마어마한 충격에도 피부가 견뎌 내는 것을 보면 정말 놀라울 따름이다. 단, 비교적 평탄한 곳에 떨어져야 한다는 조건이 있기는 하다.

이러한 사례도 있었다. 청량리역에서 15km 정도 떨어진 철로 옆 배수로에서 시체 한 구가 발견되었다. 시체를 조사해 보니 아마도 구덩이에 떨어지면서 생겼음직한 가벼운 상처와 등 쪽에 아래위로 약 30cm 길이, 폭은 5cm 정도로 피부가 압박된 듯한 손상 이외에는 아무 흔적도 찾을 수 없었다. 하지만 막상 해부를 하자 양쪽 늑골은 거의 전부, 그것도 모든 늑골 하나하나가 완전히 산산조각 나 있었으며, 척추도 여러 군데에 골절과 탈구가 있었는데 이런 처참한 상태는 좌골, 천골, 요골도 마찬가지였다. 심지어는 양쪽 폐와 간, 비장도 모조리 터져 있었다. 이쯤 되면 이 시체는 달리던 기차가 등 뒤를 충격하여 사망했다고 보는 데 별문제가 없었다. 고층빌딩에서 추락해 죽었지만 상처 없는 시체, 달리는 기차에 부딪혔지만 특별한 외상을 찾을 수 없는 시체. 양쪽 모두 일반 상식으로는 납득하기 힘든 사례인데, 이러한 점을 해결하는 것이 바로 검시를 수행하는 법의관들의 몫이 아닌가 싶다.

그럼 다시 정몽헌 회장 사건으로 돌아가 보자. 사건이 나고 몇 년이 지나 한 일간지는 〈고 정몽헌 전 현대 회장 타살일 수도……풀리지 않는 미스터리〉라는 제목의 기사를 실었다. 그 기사의 내용을 읽고 나면 대략 다음과 같은 시나리오가 떠오르게 된다.

당시 정 회장은 구속될 처지에 놓여 있었다. 그런데 어떤 특정인 또는 특정 세력이 정 회장을 제거할 음모를 꾸몄고 그들은 정 회장이 구속을 면하는 방편으로 자살 소동을 제시한 후 유서의 내용을 작성해 정 회장으로 하여금 유서를 옮겨 쓰게 했다. 그리고 그들은 정 회장을 진짜로 죽음에 몰아넣었거나 살해했다.

그야말로 면밀하게 구성된 한 편의 추리소설과 같은 줄거리다. 하지만 법의학적인 관점에서 볼 때 한 사람이 빌딩 근처의 지상에서 죽은 채 발견되었다면 어떠한 상황을 가정할 수 있으며 어떻게 판단해야 할까? 첫 번째로는 과연 빌딩에서 추락한 것인지 여부를 판단하는 것이다. 빌딩 근처에서 발견되었다 해도 추락과는 무관한 죽음일 가능성도 있기 때문이다. 추락은 강력한 에너지로 낙하하던 인체가 지면에 의하여 급격히 정지됨으로써 파괴되는 현상이다. 손상의 정도는 추락한 높이, 추락하는 자세, 지면의 특성, 중간 장애물의 존재 등등에 따라 달라진다. 그러나 다양한 추락사건의 부검 사례를 토대로 볼 때 추락사 시체의 대부분은 장기가 여기저기 터지고 뼈도 여러 군데가 부러지게 된다. 결론적으로 높은 위치에서 추락하는 것은 다른 이유로는 설명하기 어려울 만큼 인체에 심각한 다발성 손상을 일으킨다. 정 회장의 부검을 맡았던 이원태 당시 국립과학수사연구소 법의학부장은 사망 원인이 추락사에서 보이는 전형적인 다발성(多發性) 손상에 의한 것이라고 말했다. 물론 심각한 다발성 손상을 받았지만 추락이 아닌 경우도 있다. 대표적인 것이 앞서 언급한 청량리 철로변 사례처럼 차량에 의한 충격이다. 즉 교통사고로 인한 사망 사건으로 사고 현장에 빌딩이 있거나 사고 직후 빌딩 근처에 유기된 경우다. 일반 변사 사건이라면 반드시 고려해 볼 사항이지만 정 회장은 그럴 가능성은 없어 보였다. 또 '추락으로 보기에는 외상(몸 밖에서 보이는 상처)이 거의 없다'는 이유로 제기되었던 의혹에 대한 것도 앞서 설명한 것처럼 사람을 비롯한 동물의 피부는 탄력성이 크고 질기기 때문에 추락과 같은 강력한 둔력에 의해 내장이 터지고 뼈가 부러지더라도 피부는 잘 찢어지지 않는다는 점에서 설명이 가능하다.

추락사 사건에서 두 번째로 살펴야 하는 부분은 혹시 사후(死後)에 아래로 던져졌을 가능성은 없는가 하는 점이다. 다른 방법으로 사람을 죽인 후 자살을 가장하려고 빌딩 밖으로 던지는 경우를 알아내기 위함이다. 이때는 추락 이외에 사인이 될 수 있는 다른 소견을 보여야 한다. 하지만 정 회장은 이러한 소견을 보이지 않았다. 세 번째는 살아 있을 때 추락한 것이라면 자의로 떨어졌는가, 누가 밀거나 던졌는가, 아니면 사고인가를 판단하는 것이다. 정 회장의 경우는 누군가 기절시킨 후 창밖으로 떨어뜨렸을지 모른다는 가능성을 제기하는 사람들이 있다고 했다. 더욱이 정 회장이 투신했던 현대사옥 12층의 창문은 가로 95cm, 세로 54cm의 반(半)개폐식으로 어른 한 사람이 겨우 빠져나갈 수 있을 정도였기 때문에 이러한 의혹은 다소 설득력이 있어 보였다. 그러나 이한영 당시 국립과학수사연구소 법의학과장은 건장한 성인을 기절시키려면 폭행을 하거나 약물 등을 써야 하는데, 폭행의 흔적이나 검출된 약물이 전혀 없었다고 밝혔다. 물론 건장한 성인이라 하더라도 어떤 이유에서 반항하지 않았을 수 있고, 여러 사람이 범행에 가담했다면 굳이 기절시키지 않더라도 밀거나 떨어뜨렸을 수 있다. 하지만 이러한 상황 설정은 법의학적 판단에서 벗어나는 부분으로 수사기관의 몫이다. 마지막으로 빼놓을 수 없는 것이 바로 현장 상황이다. 추락한 곳으로 보이는 현장의 상태와 지면으로부터의 높이, 중간 장애물의 존재 여부와 그 상태, 최초로 부딪친 지면의 상태, 변사체가 건물로부터 떨어져 있는 거리, 변사자의 발견 당시 자세, 변사자 주변의 상황, 변사자의 의복에 대한 과학적 검토 등은 위와 같은 사항을 판단하는 데 중요한 자료를 제공한다.

결국 당시 고인에 대한 안타까움 또는 사회적 위치와 상징성 때문에 여러 가지 생각이나 의견이 교차했을 수 있다. 하지만 법의학자의 관점에서 봤을 때 당시 제기되었던 의혹이나 다양한 주장보다는 현장을 조사하고, 시체를 부검한 전문가들의 판단을 따라야 한다는 점을 강조하고 싶다.

허망한 죽음
_카페 코로너리 증후군

    2004년 9월 13일 오후 7시. 성우 장정진 씨는 서울 강서구 등촌동 88체육관에서 한 오락 프로그램을 녹화하던 도중 소품용 가래떡을 먹다가 쓰러졌다. 장 씨가 참여한 게임은 진행자가 "무궁화꽃이 피었습니다"라고 열 번 외치는 동안 참가자가 도시락에 감춰진 가래떡을 먹어치우는 것이었다. 그런데 떡을 너무 급하게 먹던 장 씨의 기도(氣道)에 떡이 걸려 약 10분 이상 제대로 호흡을 하지 못하는 상황에 처했던 것이다. 곁에 있던 출연자들이 떡을 빼내려고도 해 보고 심장마사지와 인공호흡까지 시도했지만 모두가 허사였다. 사고 직후 장 씨는 이대목동병원으로 긴급 후송되어 응급처치를 받은 후 다행히 호흡을 되찾았지만 의식은 잃은 채 중환자실로 옮겨졌다. 당시 병원 측은 기도가 막혀 뇌에 산소가 제대로 공급되지 못한 상황이었다고 발표했다. 장 씨는 그 후 계속 의식불명 상태에서 산소호흡기에 의존한 채 사경을 헤매다 결국 한 달쯤 지나 사망하고 말았다. 병원에서 공식적으로 밝힌 사인은 '기도폐색에 의한 저산소성 뇌경색'이었다. 나는 그 프로그램을 직접 시청해 본 적은 없지만 보도대로라면 방송사는 이런 사고가 일어난 것이 조금도 이상하지 않을 만큼 위험한 게임을 진행한 거라고 이야기하고 싶다.

이러한 사고가 그리 드문 것은 아니다. 미국의 한 레스토랑에 건장한 중년 남자가 들어와 비프스테이크를 주문했다. 한적한 곳에 위치한 그 레스토랑은 마침 점심시간도 훨씬 지난 후라 손님이라곤 그 남자 하나뿐이었다. 종업원은 손님에게 수프에 이어 스테이크를 날라다 주었고 식사가 거의 끝났으리라고 생각될 즈음 디저트를 주문받기 위해 그 테이블로 갔다. 그런데 그 남자가 의자에 앉은 채 고개를 떨구고 있는 것을 발견하고는 바로 911에 전화를 걸었다. 응급구조대가 황급히 출동했지만 그는 이미 사망한 후였다. 그 남자가 앉아 있던 자리는 종업원이 있던 곳에서 잘 보이지는 않는다 해도 무슨 일이 생기면 금방 알아차릴 수 있을 만큼 가까운 거리였다. 그 남자의 나이는 55세로 체중은 평균을 훨씬 넘어서는 체구였다. 사건 내용으로 보아 제일 먼저 생각해 볼 수 있는 사인은 관상동맥 경화증이었다. 그런데 부검을 해 보니 뜻밖에도 인후두(咽喉頭) 부위에 커다란 고깃덩어리가 막혀 있었다. 이 사람은 음식을 먹던 중 고깃덩어리가 목에 걸려 사망한 것이었다. 미국에서는 오래 전부터 이와 비슷한 사건이 드물지 않게 일어난다는 것을 파악하고 음식점(cafe)에서 식사 도중 마치 관상동맥(coronary)경화증 환자와 유사하게 급격히 사망한다는 의미에서 '카페 코로너리 증후군(cafe coronary syndrome)'이라는 이름을 붙이게 되었다.

일반적으로 사람이 숨을 쉴 때는 후두개(喉頭蓋)가 열려 있어 공기가 기도로 들어가지만, 음식을 삼킬 때는 후두개가 닫혀 음식이 기도로 넘어가는 것을 막아준다. 그러나 후두개가 열려 있는 상태에서 음식을 흡입하듯 삼키면 음식은 기도로 잘못 들어갈 수 있으며 상황에 따라 장 씨나 미국 남성처럼 사망할 수도 있다. 카페 코로너리 증후군으로 사망한 사람들을 부검해 보면 원인이 고기인 경우가 가장 많고 삶은 달걀, 과일, 야채, 떡, 빵과 같은 음식물 덩어리가 인후부를 막고 있는 경우가 대다수다. 그런데 음식물 덩어리가 목에 걸리면 왜 죽음에까지 이르게 될까? 가장 먼저 떠오르는 원인은 당연히 기도폐색에 의한 호흡장애일 것이며 장 씨의 경우도 그렇게 사망했다고 보도되었다. 그러나 음식물이 목에 걸리면 호흡장애가 아니라 음식물이 후두부 또는 인두부 점막을 자극하고 부교감 신경계가 과도하게 항진되어 반사적으로 심장이 서 버리는 것으로 알려져 있다. 이를 '미주신경반사' 또는 '반사적 심정지'라고 한다. 건장한 체구의 남자가 음식이 목에 걸리는 순간 제자리에서 아무런 도움도 청하지 못한 채 즉시 허탈 상태에 빠졌던 것으로 볼 때 이 사망 기전은 꽤 설득력이 있어 보인다. 장 씨도 가래떡이 목에 걸리는 순간 반사적으로 심장이 정지해 버렸고 소생술 등에 의해 심장박동이 돌아오긴 했어도 이미 너무 많은 시간이 지나 되돌릴 수 없는 뇌손상이 일어나지 않았을까 하는 판단이다. 이런 유형의 사건은 대부분 노인이나 정신이상자에게 일어나지만 어느 연령층, 누구에게나 일어날 수 있다. 넘치면 모자라느니만 못한 것처럼, 아무리 맛있는 음식이라도 어떻게 대하고 어떻게 먹느냐에 따라 영양을 공급하는 약이 될 수도 있고, 순식간에 목숨을 앗아 가는 '독'이 될 수도 있다는 사실을 보여 주는 사례들이다.

이 아이의 죽음은
과연 누가 책임을
_장롱 속 어린이 시체 사건

　　2004년 12월 18일 오전 11시 40분. 대구시 동구 불로동에 사는 한 영세민 부부의 어린 아들이 안방 장롱 속에서 죽은 채 발견된 사건은 우리 사회에 적지 않은 파장을 일으켰다. 당시 그 지역 성당의 사회복지부장인 구모 씨는 39세의 김모 씨 집을 찾았다. 구 씨는 김 씨의 아내에게 김치와 쌀을 건네준 뒤 3남매 중 평소 건강이 좋지 않은 네 살 난 아들의 안부를 물었다. 그러자 아이의 엄마는 안방에 있는 장롱 문을 열어 보였는데 아이는 바싹 말라 숨진 채 장롱 안에 들어 있었다. 김 씨의 두 살 난 딸도 영양실조로 아사 직전에 있는 것을 발견한 구 씨는 즉시 아이를 병원으로 옮겼다. 경찰이 아이의 시체를 살펴보니 외상과 같은 타살의 흔적은 없었지만 아이는 그야말로 '피골이 상접한' 상태였다. 이틀 후인 12월 20일, 아이의 시체에 대한 부검이 진행되었다. 부검을 마친 후 법의학팀이 밝힌 내용은 다음과 같다.

　　김 군의 주검을 정밀하게 검안하고 부검한 결과 김 군의 신장이

88.5㎝에 불과한 점, 체중이 같은 또래 정상 어린이의 1/3정도인 5㎏밖에 안 되는 점 등 여러 정황을 미루어 볼 때 장기간 굶어서 죽은 기아사(飢餓死)인 것으로 추정된다.

김 군의 사인(死因)이 기아사로 추정됨에 따라 경찰은 김 군의 부모에 대한 정신감정을 실시하고 양쪽 부모 가운데 한 사람이라도 정상인으로 판명되면 '유기치사' 혐의로 형사 입건할 방침이라고 밝혔다. 사인이 '아사'로 추정된다는 발표는 언론에 의해 다시 증폭되었고, 김 군의 부모는 물론 이웃 주민과 구청 등 관련 행정기관에까지 세상의 비난이 봇물처럼 쏟아졌다.

그런데 부검 결과 발표가 있고 난 바로 다음 날, 김 군의 사인이 기아사가 아니고 희귀 난치병 중 하나인 '선천성 척수성 근위축증'일 수도 있다는 의견이 제기되었다. 약 3년 전부터 김 군 가족의 치료를 맡았던 소아과 전문의가 다음과 같이 밝힌 것이다. "김 군이 병원을 처음 찾았을 때는 걷지도 못하고 앉지도 못하는 등 이미 선천성 척수성 근위축증 증세를 보이고 있었다. 이 병은 항염색체 열성 유전 질환으로 5번 염색체의 이상에 의해 발생하며 2만 5,000명당 1명씩 나타나는 것으로 조사되어 있다. 이 병을 앓는 사람은 척추세포가 괴사하고 근육이 실처럼 가늘어지며 늘어져 목과 팔다리를 제대로 가눌 수 없는 상태에 이른다. 환자들은 대부분 음식을 제대로 먹지 못하고 움직이기조차 힘들어 결국 호흡곤란, 섭식장애 등으로 사망하며 현재까지 특별한 치료법은 없다. 이 병은 두 가지로 분류되는데 1번 타입은 태어날 때부터 증상이 나타나 만 2세가 되기 전에 호흡곤란 등의 증세가 발생하여 사망하며, 2번 타입은 근육 위축 시간이 1번 타입보다 느리고 약간의 음식물 섭취가 가능해 생명은 좀 더 연장되지만 대부분 10세 이전에 숨지게 된다. 김 군의 두 살 난 여동생도 같은 질병을 앓고 있으며, 두 아이 모두 '2번 타입'에 해당돼 10세가 되기 전 사망할 것으로 추정되는 상태였다."

그는 부검 결과 나온 '영양실조'라는 소견에 대해 "김 군의 병은 말기가 되면 정상적인 어린이들보다 몸무게가 적어지는 것은 물론, 뼈가 앙상하게 드러나기 때문에 기아로 인해 숨진 것으로 보일 수도 있다"는 견해를 밝혔다. 그는 또 "김 군의 부모는 3년여 동안 병원을 드나들면서 아이들로 하여금 치료를 받고 예방접종을 맞게 하는 등 다른 부모들과 별반 차이 없이 아이들에게 정성을 쏟아 왔다"고 덧붙였다. 이러한 이야기가 알려지자 부검을 맡았던 법의학팀은 김 군이 '선천성 척수성 근위축증'을 앓았다는 사실이 확인될 경우, 최종적인 사인을 내놓기 전 다각적인 검토가 필요하다며 이러한 질병은 부검으로는 확인할 수 없고 병력 등 다양한 자료를 종합적으로 분석해야 알 수 있을 것이라고 밝혔다.

그날 오후, 김 씨는 아들의 사망 과정을 기자들에게 비교적 상세히 털어놓았다. 그는 "굶겨서 죽었다는 것은 절대로 있을 수 없는 일이다. 게다가 장롱 안에 유기했다는 이야기까지 나오니 너무 억울했다. 구체적인 병명은 몰랐지만 아들이 몸이 말라 가는 병에 걸렸다는 것은 알았다. 혼자서 걷지도 못하고 성장도 느리기는 했지만 2004년 5월경에는 15kg 정도 되었다. 그러던 아이가 10월을 넘어서면서부터 음식을 제대로 소화시키지 못하자 몸무게가 급격히 줄기 시작했고 죽기 일주일 전부터는 죽을 쒀서 줘도 삼키지 못할 만큼 상태가 악화됐다. 하지만 이 병이 아이를 죽게 만들 거라는 건 결코 몰랐다"라고 말했다. 왜 주위의 도움을 받거나 희귀병에 대한 의료보험 혜택을 제대로 알아보지 않았느냐는 기자의 질문에는 다음과 같이 대답했다. "지금 생각하면 너무나 후회가 된다. 월 250만 원이나 드는 병원비를 감당할 재간이 없어 제대로 병원 치료를 받게 할 수 없었다. 주위 사람들에게 어떻게든 도움을 구했어야 하는데……. 내가 아직 젊고 일도 할 수 있어 의료보험 혜택이나 정부 지원을 받기가 여의치 않을 것 같아 신청을 하지 못했다. 아는 사람도 제대로 없어 딱히 누구에게 도움을 청할 수 없었다. 거기다 아내까지 정신이 온전하지 못하고 막내딸도 둘째와 같은 병을 앓다 보니 최근 들어서는 거의 정신을 차릴 수 없는 지경이었다. 어떻게 해야 할지 아무것도 생각할 수 없었다." 아이가 숨진 후 며칠이 지나도록 시신을 방치했고 그것도 장롱 안에 아이를 넣어 뒀다는데 어떻게 된 것이냐는 질문에 대한 김 씨의 답변은 다음과 같았다. "아들이 죽었다는 것을 안 것은 16일 밤 10시쯤이었다. 정신을 차리지 못했다. 앞으로 장례나 장례비 등은 어떻게 해야 하나 고민했다. 그 와중에 아무것도 모르는 아이들이 혹시라도 시신에 손을 댈까 걱정돼 장롱 안에 둔 것이다. 그러다 18일 아침에 찾아온 성당 사람들에게 아내가 아들의 시신을 보여 준 것이다."

모든 정황과 조사 결과 등을 요약해 보면 선천성 질병을 앓던 아이가 치료도 제대로 받아보지 못한 채 사망한 안타까운 사건이었다. 물론 이 아이의 죽음에 부모나 사회의 책임이 전혀 없다고 할 수는 없을 것이다. 그러나 부모와 사회가 한 어린아이를 오랫동안 굶겨서 죽였다는 것과는 완전히 차원이 다른 문제다. 그렇다면 왜 이런 해프닝이 벌어지고 사회적으로 큰 파장을 일으켰던 걸까? 그것은 바로 아이의 사망 원인 조사 과정에서 병력을 신중하고 철저하게 파악하지 않았기 때문이다. 그렇다면 아이의 죽음으로 또 다른 상처를 입어야 했던 김 씨 부부의 억울함에 대한 책임은 누가 져야 할까? 경찰관? 아니다. 경찰관에게 변사자의 병력까지 철저하게 파악하라는 것은 무리이며 그들의 전문 분야도 아니다. 그러면 부검을 담당한 의사일까? 역시 아니다. 우리나라에서는 부검의사가 이런 조사를 할 의무도 없고 아무런 권한도 없다. 그러면 모든 책임을 부모가 스스로 져야 할까? 자식 잃은 부모에게 이런 책임까지 지울 수는 없을 것이다. 그렇다면 법적 검시 책임자인 검사가 책임을 지는 것이 맞을 수도 있다. 하지만 법적으로 검시의 책임자일 뿐 실제적으로는 검시에 문외한인 그들에게 이러한 책임을 지운다는 것은 비현실적이다. 그렇다면 개선책은 과연 무엇인가? 무엇보다 검시 전문가에게 검시의 법적 책임을 맡기고 이러한 사건이 벌어졌을 때 그들에게 책임을 제대로 물어야 하는 것이다. 그런데 이 사건에서 가족과 이웃에게 덮어씌워진 누명과 비난에 대해 아무도 책임을 지지 않는다. 아니, 어찌 보면 우리가 처한 현실에서 누군가에게 책임을 지운다는 자체가 또 다른 희생양을 만들어 내는 것일지도 모르겠다.

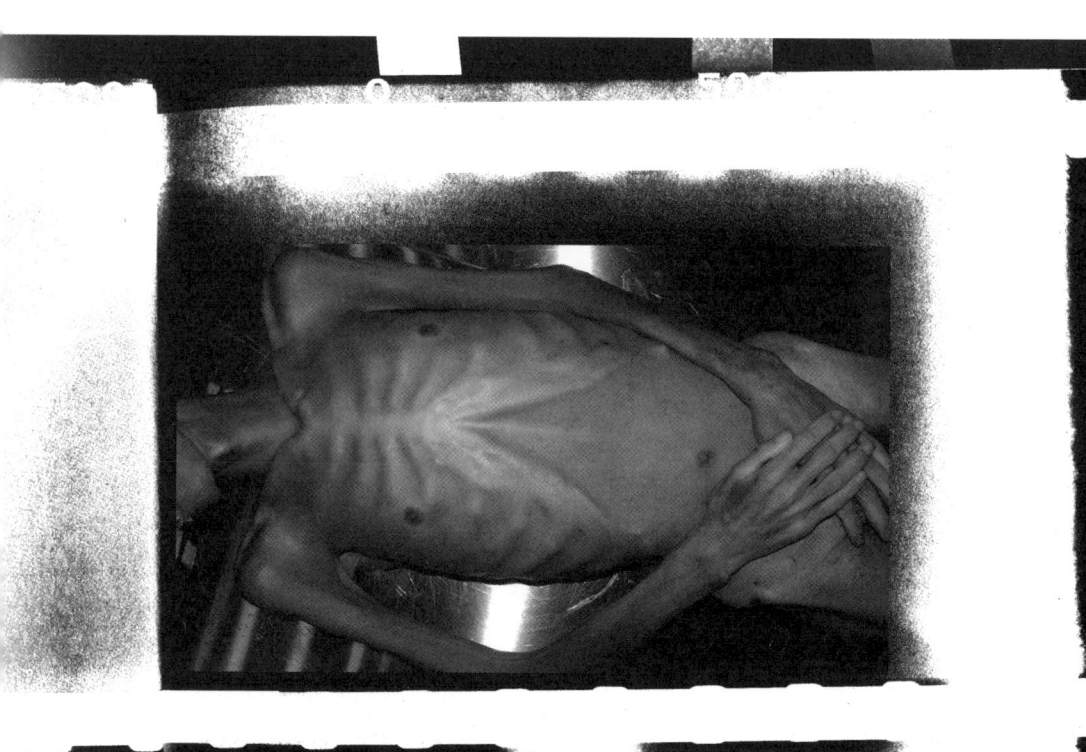

죽은 자의 귀가
_개인식별의 중요성

2005년 5월, 한강 양화대교 북단 50m 지점에서 표류하던 60대 남자의 시신이 발견되었다. 시신은 곧바로 인양되었지만 그의 신원을 확인할 만한 단서는 아무것도 발견할 수 없었다. 경찰은 시신을 병원에 안치한 후 신고된 가출자 및 실종자 중 인상착의가 비슷한 10여 명의 가족에게 신원확인을 요청했다. 그 결과 5월 초 가출한 것으로 신고된 김모(67) 씨의 가족을 찾을 수 있었다. 연락을 받고 달려온 부인 최모(64) 씨는 시신을 보고 자신의 남편이 틀림없다며 통곡을 했다. 함께 온 두 아들과 딸, 며느리와 사위까지 자신들의 아버지가 확실하다는 확인을 해 주었다. 이렇게 가족의 확인 절차를 거치고 장례까지 치른 김 씨가 6월 10일 오후 가족들 앞에 나타났다. 부인 최 씨는 송장이 현관문을 열고 들어오는 걸 보고 기절할 뻔했다면서도 남편이 살아 있어 다행이라며 가슴을 쓸어내렸다. 경찰 관계자는 시신이 심하게 부패되지 않아 충분히 신원을 확인할 수 있는 상태인 데다 모든 가족이 김 씨의 시신이 맞다고 주장해 따로 지문을 채취할 필요성을 느끼지 못했다며 결국 매장된 시신에 대한 압수

수색영장을 발부받고 지문과 DNA를 확보해 변사자의 신원확인에 나서야 했다.

살아 있는 사람의 경우도 크게 다르지 않지만 죽은 사람이 누구인지 알 수 없을 때 그 신원을 확인하는 작업을 검시의학에서는 '개인식별'이라고 한다. 개인식별은 범죄수사의 측면에서나 사회적 또는 인도적인 견지에서 그 죽음과 관련된 상황을 매듭짓는 첫걸음이 된다. 예를 들어 신원을 알 수 없는 변사체가 야산에 유기되어 있다면, 그 사람이 누구인지 밝힘으로써 수사의 기초가 마련될 것이며, 그 사람의 재산이나 법적 지위의 상속, 보험, 배상, 배우자의 재혼과 같은 민사적 절차도 차례로 진행될 수 있을 것이다. 또한 많은 사람의 생명을 동시에 앗아 가는 대형 재난 현장 등지에서 시신을 찾아 유가족에게 돌려주는 것은 인도주의적인 측면에서 특히 중요한 의미를 갖는다.

개인식별의 방법은 크게 '과학적 분석'과 '인지(認知)' 두 가지로 나누어 볼 수 있다. 과학적 분석이란 변사체에서 시체(屍體)정보를 뽑아내 특정인의 생전(生前)정보와 비교하는 것이다. 그런데 시체정보는 시체의 상태에 따라 달라질 수밖에 없다. 시체는 온전할 수도 있고 심하게 부패되거나 뼈만 남아 있을 수도 있기 때문이다. 또 물리적인 손상이나 탄화 또는 사후손괴 등에 의해 파괴되었을 수도 있다. 심지어 사람을 죽인 후에 신원확인을 방해하거나 시체를 간편하게 처리할 목적으로 시체를 토막 내거나 아예 분쇄해 버리는 경우도 있다. 이러한 시체의 상태에 따라 피부문리검사, 외표검사, 법의병리학적 검사, 치과학적 검사, 방사선학적 검사, 인류학적 검사, 생물학적 검사, 혈액형검사, DNA검사, 슈퍼임포즈검사 등을 통해 시체 정보를 얻게 되며, 유류품에 대한 조사도 빼놓을 수 없다. 생전정보는 특정인의 가족과 친지들의 진술, 생전에 찍은 사진을 비롯한 영상물, 의료기록, 건강기록 및 방사선사진, 치과기록, 치과기공물 및 치과 방사선사진, 그리고 혈액형 등의 검사소견, 고용기록, 경찰기록 등에서 뽑아낸다.

이렇게 복잡하고 시간이 걸리는 과정을 거치지 않고 변사체가 누구인지 확인하는 방법이 바로 '인지'다. 인지란 가족이나 친지가 죽은 사람의 용모와 체격을 비롯해 문신이나 과거의 수술 흔적과 같은 신체적 특징, 옷이나 신발, 소지품, 장신구 등의 유류품, 그리고 복안법을 통해 두개골을 기초로 복원된 얼굴 등을 보고 변사체의 신원을 구분해 내는 것이다. 그러나 인지라는 방법을 통한 개인식별에는 극복할 수 없는 맹점이 있음을 명심해야 한다. 인지의 경우 대개 얼굴을 보고 식별하게 되는데, 비록 부패가 진행되지 않은 상태라고 하더라도 시체의 얼굴은 생전에 보던 근육의 긴장이 완전히 풀려 있고, 어느 정도 건조와 변색이 나타날 수 있으며, 대개는 눈을 감고 누워 있기 때문에 비슷한 외형을 가진 사람이라면 자칫 가족들마저도 잘못 알아볼 수 있다. 또 인지하는 사람의 감정적 동요, 시신을 찾아야 한다는 강박관념으로 인해 잘못 식별하거나, 드문 경우지만 배상, 보상 및 보험 등 돈을 노리고 거짓으로 인지하는 경우도 있다.

위의 사건에서 경찰이 확보하겠다는 두 가지 결정적 자료인 지문과 DNA. 비록 이것들을 이용한 감식법이 개발된 것은 1세기의 간격이 있지만 이 두 가지는 기본적으로 만인부동이기 때문에 개인식별의 총아가 될 수밖에 없다. 그런데 한 세기 뒤에 개발된 DNA감식법은 첨단과학의 산물이긴 해도 변사자의 신원을 확인하려면 범죄자를 비롯하여 DNA가 등록된 사람을 제외하고는 먼저 유가족이라고 주장하는 사람이나 유가족들의 검체를 채취해야 하는 등 상대적으로 많은 경비와 시간이 든다. 또한 다행히 검사 결과가 일치하는 것으로 나오면 모르겠지만 일치하지 않는 것으로 나온다면 또 다른 유가족이 나타날 때까지 기다리는 수밖에 없다. 그러나 한 세기 전에 개발된 지문감식법은 좀 다른 면이 있다.

인권침해라는 논란이 있지만 우리나라 사람들은 17세가 되어 주민등록증을 발급받을 때 무조건 열 손가락의 지문을 모두 등록해야 하고 이 정보는 고스란히 경찰청의 데이터베이스에 입력된다. 그 목적은 바로 범죄수사와 개인식별의 두 가지다(범죄수사라는 목적도 따지고 보면 결국 개인식별이다). 그렇기 때문에 변사자의 신원확인에 관한 한 우리나라는 가히 천국이라고 해도 과언이 아니다. 지문은 2004년 12월에 일어난 동남아시아의 쓰나미를 비롯해 우리나라에서 일어난 수많은 대형 재해에서 그 효력을 남김없이 증명했다. 비교적 최근에 일어난 동해 군부대 초소 강도 사건도 고속도로 티켓에 남겨진 용의자들의 지문으로 해결한 만큼 지문 활용의 좋은 사례다. DNA 감식법은 변사체의 신원확인에도 기여하지만 강력 범죄, 친생자 감별 등에서 그 진가를 유감없이 발휘하고 있다.

셜록 홈즈의
유혹
_시위농민 사망 사건

2005년 11월 15일 오후. 쌀 관세화 유예협상에 대한 국회비준이 임박한 이때 여의도의 문화마당에서는 〈쌀 협상 국회비준 저지 전국 농민대회〉가 개최되었다. 그런데 대회에 참석했던 1만여 명의 농민과 이를 진압하던 경찰이 충돌해 양측에서 130여 명이 중경상을 입는 사태가 발생했다. 그리고 농민대회에 참석했던 43세의 전모 씨는 충남 보령의 집으로 돌아온 후 이상을 느껴 병원에 입원해 머리수술까지 받았지만 결국 사망하고 말았다. 당시 부검은 대전에 위치한 국과수 중부분소에서 담당했는데, "후두부에 충격을 받고 그로 인해 전두부에 뇌출혈이 생겨 사망한 것"이라는 결론에 다다랐다. 또 이러한 머리의 손상은 뒤로 넘어지면서 생긴 것으로 판단되었다 (이런 경우를 대측충격이라고 한다. 즉 넘어지면서 뒷머리에 충격을 받으면 뇌의 앞쪽인 전두엽을 중심으로 멍이 든다). 그 외에도 그의 몸 이곳저곳에는 크고 작은 멍이 들어 있었지만 왼쪽 팔뚝 바깥쪽에 나타나 있는 손바닥 반만 한 피멍이 주목을 끌었다.

처음에는 전 씨가 과연 농민대회에서 머리를 다친 것인지, 아니면 그 이후에 다친 것인지가 문제의 핵심이었다. 그런데 증언에 따르면 농민대회가 끝나고 나서 전 씨가 횡설수설했고 차에 올라타자마자 의자에 드러누운 채 제대로 정신을 못 차렸다고 했다. 또 보령으로 내려오다가 들른 휴게소에서는 화장실에 계속 앉아 있는가 하면, 볼일을 본 후 차량까지 돌아오는 도중에 제대로 걷지 못하고 한 차례 주저앉는 일까지 있었다고 했다. 보령에 도착한 전 씨는 동료들과 마을 청년회관에 머물렀는데 하루 지난 다음 날부터 증상이 더 심해졌다고 한다. 전 씨는 밥을 조금만 먹어도 구토를 했으며 계속 머리가 아프다고 호소했다. 결국 그다음 날인 17일에는 잘 앉지도 못하고 몸이 자꾸 한쪽으로 기우는가 하면 누운 채로 소변을 볼 지경이었다. 농민회원들은 그제야 전 씨의 상태가 심각하다고 판단했으며 오후 7시 50분쯤 병원으로 데려갔다고 했다. 이러한 증언은 상당히 합리적이었으며, 그 후에는 농민대회 현장에서 쓰러져 후송되는 전 씨의 사진도 공개되었다.

만일 전 씨가 농민대회 현장에서 머리를 다쳐 사망했다면 다친 상황이 중요한 문제가 될 수밖에 없다. 만약 경찰이 가격하거나 밀어 넘어뜨렸다면 타살이 될 것이며, 시위 와중에 밀고 밀리다가 넘어졌다면 사고사일 것이다. 그렇다 보니 자연히 시선은 왼쪽 팔뚝에 있는 멍 자국으로 쏠렸다. 그런데 국과수는 11월 25일 열린 기자회견에서 경찰의 강경한 진압으로 전 씨가 넘어졌을 가능성을 묻는 질문에 "전 씨가 강한 가격을 받고 전도됐다는 증거를 제시하기 어렵다"고 답변했다. 하지만 이러한 견해에 반해 법의학계의 일각에서는 "왼쪽 팔에 생긴 상처는 외력에 의해 생긴 흔적으로 보인다"며 "결국 이것이 전 씨가 넘어진 원인이 될 수도 있다"고 주장했다. 신문에서는 이러한 소견을 전 씨가 넘어진 것이 발을 헛딛는 것 같은 자신의 실수가 아니라 경찰이 진압 과정에서 폭력을 행사했을 가능성을 제기하는 것이라고 해석했다.

그러면 팔뚝의 멍은 과연 어떻게 생긴 것일까? 국과수의 견해는 '팔뚝의 멍이 다른 사람의 가격에 의해 형성되었다거나 이 가격에 의해 전 씨가 넘어졌다고 판단할 만한 증거가 없다'는 뜻이었을 것이다. 당연한 이야기다. 멍이란 때려서 생기기도 하지만, 넘어져서도 생기고 누가 잡고 눌러도 생긴다. 또 시위 현장에서라면 무의식 중에 다른 사람과 부딪히면서 생겼을 수도 있다. 또 출혈성 성향이 있는 사람의 경우에는 혈압을 측정하는 등의 각종 의료처치 같은 경미한 압력에 의해서도 곧잘 멍이 든다. 결국 이런 멍은 뚜렷한 특징을 보이는 경우를 제외하고는 사후(事後)에 어떻게 생겼다고 판단하는 것이 불가능한 경우가 많다. 또 설사 팔뚝의 멍이 가격에 의해 생겼다고 한들 그 가격에 의해 넘어져 머리를 다친 거라고 판단할 수도 없는 것이다. 그러나 국과수의 의견에 대해 온갖 해석이 분분하면서 혼란의 소지가 일자 국과수에서는 "부검 결과로 경찰의 구타가 없었다는 것을 입증할 수는 없다. 전 씨가 넘어지는 과정에서 어떠한 외부의 힘이 가해졌는지는 수사를 통해 풀어야 할 사항이다"라고 밝혔다.

반면 "왼쪽 팔에 생긴 상처는 외력에 의해 생긴 흔적으로 보이며 전 씨가 넘어진 원인이 될 수도 있다"라는 주장은 문장의 흐름으로 보아 타인의 가격에 의해 멍이 생겼다는 뜻인 듯한데 이를 뒷받침할 수 있는 근거가 없고, 넘어진 원인이 '될 수도' 있다는 말은 '아닐 수도' 있다는 말과 같은 뜻일 뿐이다. 과학자들은 간혹 과학적으로 입증되지 않는 것을 과학이라는 이름으로 포장하려는 유혹에 빠진다. 탐정이 되려는 것이다. 그래서 검시의학의 선인들은 "셜록 홈즈가 되려고 하지 마라(Don't be Sherlock Holmes)"라는 경구를 후인들에게 남겼다.

그런데 그해 연말, 내가 펼쳐 든 신문의 1면에는 〈허준영 경찰청장 결국 사퇴〉라는 제목과 함께 다음과 같은 내용의 글이 실려 있었다.

허 청장은 시위농민 사망 사건과 관련하여 12월 29일 사표를 제출하였으며 청와대는 이를 수리하였다. 허 청장은 27일 사퇴하지 않겠다고 기자회견에서 공식적으로 밝혔지만 여러 가지 사정이 얽혀 이틀 만에 사표를 제출했다. 그러면서도 허 청장은 농민 사망 사건이 공권력의 상징인 경찰청장이 물러날 사안이 아니라는 판단에는 변함이 없다고 밝혔다.

여기서 말한 '농민 사망 사건'이란 2005년 11월 15일 서울 여의도에서 열린 〈쌀 협상 국회비준 저지 전국농민대회〉에 참가했던 농민 두 사람이 시위 도중 다쳐 숨진 사건이다. 그중 하나가 앞서 이야기한 전 씨 사건이고, 또 다른 사건은 경추에 손상을 입어 신경마비와 호흡곤란 및 폐렴 증상을 보이다가 한 달여 만에 사망한 홍모 씨 사건이다. 그런데 두 농민의 죽음에 대한 조사를 벌이던 국가인권위원회는 12월 26일, 두 농민이 경찰의 진압 과정에서 다친 후 사망한 것이라는 결론을 내놓았다. 결국 대통령이 대국민 사과를 하고 서울경찰청장이 책임을 지고 사퇴하는 상황에까지 이른 것이다.

나는 그 전까지 두 농민이 사망한 사건에 대해 검시의학을 공부

하는 사람으로서 어떠한 상황에서 그러한 손상을 입었을까 하는 관심을 가지고 있었다. 다만 시위와 진압이라는 극히 혼란스러운 상황 속에서 벌어진 일을 명확하게 결론 내기는 어렵지 않을까 하는 생각을 하고 있었다. 그런데 국가인권위원회가 비교적 구체적인 결론을 내놓은 것으로 신문에 보도되었기에, 그 위원회가 〈농민사망사건, 검찰 수사의뢰 및 서울청장 등 책임자 경고 권고〉라는 제목의 보도자료에서 밝힌 두 농민의 죽음에 관한 내용을 읽어 보았다. 위원회는 우선 전 씨의 사망 원인을 시위 도중에 발생한 대측충격에 의한 두부손상으로 추정했다. 그러면서 대측충격 손상은 전 씨가 전국농민집회 당일 18:17경 여의도의 문화마당 내 국기게양대에서 국회 방향으로 15m 정도 떨어진 지점에 서 있었던 중 매점 앞 부근에서 정렬하고 있던 기동대가 매점 앞쪽에서 무대 뒤 1문 쪽으로 뛰어 이동하는 과정에서 떠밀려 뒤로 넘어져 후두정부에 강한 충격을 받아 발생한 것으로 '추정'했다. 또 홍 씨의 사망과 관련해서는 외력에 의해 경추손상을 입고 그 손상이 폐렴에 따른 패혈증으로 발전해 사망했다고 밝히면서, 경추손상은 홍 씨가 전국농민집회 당일 17:00경 여의도 포스코 공사장 부근 도로에서 6문으로 진입해 온 경찰을 피해 달아나다 미처 피하지 못하고 6문 화단 자전거도로 부근에서 경찰의 방패에 뒷목 등을 가격당해 발생한 것으로 '추정'했다.

  이런 결론은 나의 기대치를 훨씬 넘어서는 구체적인 내용이었다. 그러나 두 사건 모두 손상을 입게 된 상황을 '추정'했을 뿐, '근거'는 제시하지 않았다. 물론 국가인권위는 같은 문서에서 "사건 당일 현장을 촬영한 각종 언론사의 영상자료, 피해자의 진술 등 자료에 의하면 진압대원들이 방패를 옆으로 휘두르거나 방패를 들어 올려 수평으로 세워 시위대를 가격하는 등 방패를 방어용으로 사용하는 데 그치지 아니하고 공격용으로 사용한 사례가 자주 나타나고 있고, 특히 목 이상의 안면부나 뒷머리를 가격당한 부상자가 다수 발생한 사실이 인정된다. 또 단순가담자나 저항을 포기하고 도주하거나 쓰러진 사람들에 대해 발길질을 하거나 방패와 곤봉을 이용해 공격하는 사례도 있었으며, 여의도공원 문화마당 내에 설치된 본무대 앞에서 다친 농민들의 임시 응급처치 등을 목적으로 대기하고 있던 여성 및 노인들을 방패로 가격한 행위가 인정된다"며 두 농민이 다치게 된 정황증거를 밝히고 있다. 또한 "2005년 11월 29일 진정 접수 후 10인으로 구성된 조사팀을 꾸려 2005년 12월 23일까지 서면 진술 요구 등 관련 기록 조사, 진압기동대 실지 조사, 목격자 등 참고인 조사, 각 방송사 취재자료 입수 및 사실조회, 수차에 걸친 현장조사(여의도공원) 및 검증(기동대 참여) 등 종합적인 조사를 벌였고, 12월 26일 전원위원회에서 심의 의결하였다"며 광범위한 조사가 이루어졌고 여러 사람이 참여해 공정하게 판단했음을 밝혔다.

그런데 아무리 광범한 조사가 이루어졌고 정황증거가 그러하며 전원위원회가 심의 의결했다고 하더라도, 이런 결과는 정작 두 농민이 경찰이 떠밀어서 넘어져 다치고 또 경찰이 방패로 목을 때려서 다쳤다는 '근거'가 되지는 못한다. 농민의 시위와 경찰의 진압 와중에 귀한 생명이 둘이나 희생되어 온 국민의 눈과 귀가 집중된 사건에서, '추정'한 결론으로 대통령이 국민에게 사과하고 경찰의 최고위 간부가 둘이나 물러났다면 나와 같은 자연과학자의 눈에는 이상하게 보일 수밖에 없다. '추정'은 근거가 거의 확실하지만 단정할 수는 없을 때 쓸 수도 있지만 근거가 박약할 때도 사용할 수 있는 용어이다. 그리고 말하는 사람의 의도와 받아들이는 사람의 느낌은 천양지차일 수 있다. 어쩌면 경찰청장의 마음속에도 인권위가 '추정'한 결론에는 승복할 수 없다는 생각이 자리 잡고 있었는지 모르겠다.

법의학교실

지나친 추리

보험회사로부터 자문을 해 달라는 부탁을 받았다. S라는 29세의 청년이 혼자서 소형 화물차를 몰고 가다 신호 대기 중이던 승용차를 들이받고 현장에서 사망한 사건이었다. 그런데 S의 몸에는 눈에 띄는 상처가 없을 뿐만 아니라, 승용차에 타고 있던 세 사람도 크게 다친 데가 없었다. 충돌한 두 차량이 파손된 정도도 너무 경미했다. 경찰은 S가 교통사고로 사망했다고 보기에는 어색하다며 부검을 의뢰했다. 부검은 그 지역의 의사가 담당했는데 부검감정서에 기록된 요지는 다음과 같았다. "왼쪽 무릎에 작은 표피박탈이 하나 있을 뿐이며 머리를 비롯해 전신에 걸쳐 아무런 손상이 없다. 그런데 뇌의 저면을 중심으로 대량의 지주막하출혈이 있으며 대뇌의 기저부에 분포하는 동맥군에서 손상이나 질병은 볼 수 없다. 제2, 3, 4, 5 경추간의 근육에 국소적이지만 여러 군데에 출혈이 있다."

담당의사는 부검소견을 근거로 사인을 뇌의 지주막하출혈이라고 판단했다. 이어서 "이러한 지주막하출혈은 머리와 얼굴에서 외력이 가해진 근거를 볼 수는 없지만 뇌기저부 동맥군에서 지주막하출혈을 일으킬 만한 병소를 볼 수 없으며, 제2, 3, 4, 5 경추간에 국소·다발적인 출혈이 일어난 것으로 보아 경부에 가해진 외력에 의해 일어난 것으로 보인다"고 설명했다. 또 "사고 현장의 사진으로 보아 충돌한 차량의 손상 정도가 극히 경미하기는 하지만, S가 몰던 화물차가 주행 방향과 약 50~60°의 사각으로 정지한 것으로 보아 급감속한 것으로 판단되며, 차량이 갑작스럽게 감속하면 경부에 손상이 일어날 수 있으므로, 지주막하출혈은 S가 탑승한 차량이 급감속하여 일어난 일종의 '편타손상'으로 생각한다"고 결론지었다.

서류를 들고 온 보험회사의 직원은 자동차 사고 담당 경력만 10년이지만 이런 사건은 처음이라고 했다. 차가 갑작스럽게 가속하거나 감속하면 머리가 목을 축으로 앞뒤로 흔들려서 목에 손상을 입을 수 있다. 이런 현상은 관성의 법칙에 의한 것이다. 이는 마치 마차를 탄 상태에서 채찍으로 말을 때리면 말이 갑자기 출발하면서 마차에 타고 있던 사람의 고개가 갑자기 뒤로 젖혀졌다 반동에 의해 다시 앞으로 숙어지면서 목에 손상을 입는 것과 비슷하기 때문에 편타손상(鞭打損傷, whiplash injury)이라고 한다. 차량의 좌석에 장착된 머리받이(headrest)는 이러한 편타손상을 방지하기 위한 것이다. 그러면 S는 과연 편타손상에 의해 지주막하출혈이 일어난 걸까?

부검감정서의 내용을 짚어 보자. 사인을 지주막하출혈이라고 판단한 것은 문제가 없다. 그러나 뇌기저부 동맥군에서 출혈을 일으킬 만한 동맥류 등의 병소를 볼 수 없다고 해서 외상성이라고 할 수는 없으며, 외상성으로 판단하려면 외력으로 인해 파열된 혈관을 증명해야 한다. 또 담당의사는 S가 탑승했던 차량이 주행 방향과 50~60° 정도의 사각으로 정지했다고 해서 급감속한 것으로 판단했다. 그러나 차량이 주행 방향과 사각으로 정지했다는 것은 급감속의 근거가 되지 못한다. 급감속을 증명하기 위해서는 차량과 현장에 대한 전문가의 조사가 필수적이다. 안전

벨트를 매고 있었는지, 머리받이가 제대로 장착되어 있었는지에 대한 검토도 없었다. 급감속으로 인해 편타손상이 일어날 수 있는 것은 사실이다. 그러나 위험을 감지하고 급감속을 했으며 그로 인해 두 차량이 경미하게 충돌한 정도라면 심각한 편타손상은 오히려 잘 일어나지 않는다. 결국 S는 운전을 하던 도중 뇌동맥류의 파열과 같은 질병에 의해 지주막하출혈이 일어났고, 이 때문에 의식이 저하되어 운전 능력을 상실하고 사고를 냈을 가능성도 얼마든지 있는 것이다. 작은 동맥류가 파열되면 부검으로 증명할 수 없는 경우도 있다. 다만 제2, 3, 4, 5 경추간에 국소적인 다발성 출혈이 왜 생겼을까 하는 의문은 남는다. 그러나 목뒤에 있는 근육을 칼로 절개하면 죽은 후라 할지라도 절단된 혈관에서 피가 흘러나와 마치 생전에 출혈이 있었던 것처럼 보일 수 있다. 부검을 할 때 찍은 사진을 자세히 들여다보니 그럴 가능성이 커 보였다. 모든 경우에서 지나친 추리는 금물이다.

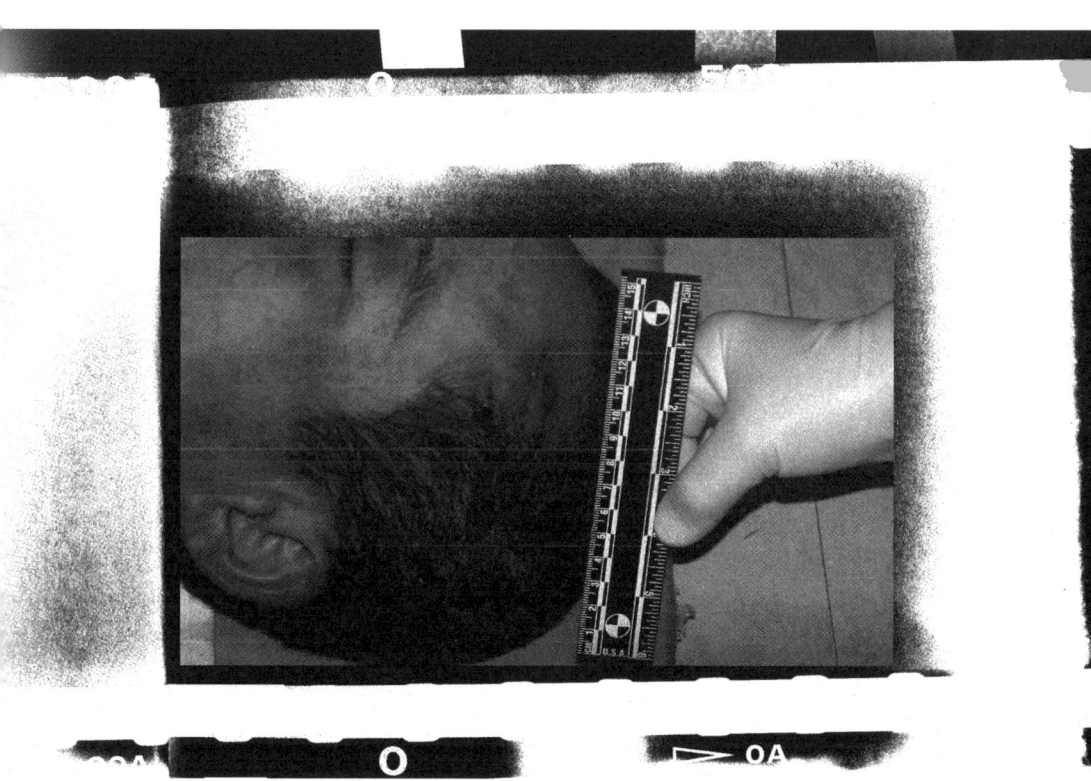

미필적 고의에 의한 살인미수
_박근혜 대표 피습 사건

2006년 5월 20일 저녁. 5월 31일에 실시되는 지방선거를 열흘 정도 앞둔 시점에서 지모 씨가 선거 지원 유세 중이던 박근혜 한나라당 대표의 오른쪽 턱을 문구용 칼로 베는 사건이 벌어졌다. 지 씨는 그날 오전 한나라당 사무실에 전화를 걸어 서울시장 선거 유세 일정을 확인하고 문구용 칼을 구입한 후 오후 4시경 사건 현장인 서울 신촌 교차로 현대백화점 앞 광장에 도착했다. 그리고 그곳에서 기다리다 오세훈 서울시장 후보의 지원 유세를 위해 박 대표가 단상에 오르려는 순간 공격한 것이다. 칼날은 박 대표의 오른쪽 귀 앞에서부터 턱 밑까지 베었는데 이 상처의 길이는 11㎝ 정도였고 깊이는 최대 3㎝ 정도였다. 박 대표는 피습을 당한 직후 곧바로 인근 신촌 세브란스 병원으로 옮겨져 봉합수술을 받았으며 다행히 생명에는 지장이 없었다.

당시 검찰은 현장에서 체포된 지 씨를 상해 혐의가 아닌 살인미수 혐의로 기소했는데 그 이유는 대략 다음과 같다. "지 씨는 유세 일정을 확인하고 문구용 칼을 미리 구입해 오랜 시간 대기했다. 의료진에 따르면 칼이 턱 밑에서 2㎝만 목 쪽으로 지나갔다면 심장에서 뇌로 이어지는 경동맥이 잘려 생명을 위협받았을 것이라고 했다. 즉 지 씨는 박 대표를 위해하려는 적극적인 고의가 있었으며, 박 대표를 찌른 부위나 정도로 보아 사망할 수 있다는 것을 충분히 알고 있었다. 결론적으로 지 씨는 '미필적 고의에 의한 살인미수'에 해당한다. 일반적인 상해범죄도 이 정도라면 살인미수의 적용이 충분히 가능하다. 검찰 내부에서도 이견은 없었다."

반면 사회 일각에서는 살인미수 혐의를 적용한 것은 정치적 고려에서 나온 발상으로 이번 사건과 관련해서는 무리라는 견해가 제기되었다. 그들이 주장하는 요지는 대체로 다음과 같다. "지 씨가 사전 계획을 세우고 차분히 범행에 임했던 것은 범죄의 고의를 증명하는 것이지 살인의 미필적 고의를 뒷받침하는 증거는 되지 못한다. 의료진이 말한 것처럼 전문적인 지식을 알고 있는 일반인은 드물다. 또 문구용 칼을 충분한 살해 도구로 보기는 힘들다. 살해할 의도가 있었다면 문구용 칼이 아닌 다른 흉기를 사용했을 것이다." 그리고 지 씨 역시 "해코지할 의도는 있었지만 죽일 의도는 없었다"라고 주장했다.

양측의 전문적인 법이론을 떠나 일반적으로 '상해(傷害)'란 죽일 생각 없이 가해하는 것이고, '살인미수(殺人未遂)'란 죽이려는 목적으로 가해했는데 상대방이 죽지 않은 것이다. 나의 전공 분야가 검시의학이니만큼 산 사람보다 죽은 사람의 입장에서 이야기를 풀어 보고자 한다. 죽일 생각 없이 가해했는데 사망한 경우라면 상해치사이며, 죽이려고 가해하여 죽였다면 살인이다. 그런데 구체적인 사건에서 죽일 생각이 있었는지 없었는지를 판단하는 것은 상당히 어려운 경우가 있으며, 궁극적 판단은 의학이 아니라 법에 맡기는 수밖에 없다. 그렇지만 범인이 흉기로 가해했다면 사용한 흉기와 가해 부위로 보아 살의가 있었는지 여부는 대체로 짐작할 수 있기 마련이다. 신체의 어느 부위든 흉기로 상당한 가해를 당하면 그 사람은 충분히 사망에 이를 수 있다. 그중에서도 우리가 선뜻 치명적으로 생각하는 부위는 머리와 가슴(심장 부위) 그리고 목이다. 하지만 사용하는 흉기는 가해하는 부위에 따라 의미가 달라진다. 예를 들어 망치와 같은 둔기로 머리를 가격했다면 살의가 있다고 볼 수 있지만 가슴을 가격했다면 살의가 있다고 보기 어렵다. 과도와 같은 예기로 가슴을 찔렀다면 살의가 있다고 보겠지만 면도칼로 가슴을 베었다면 살의가 있다고 보기 어려울 수도 있다. 반면 목은 찌르는 것보다 베는 것이 더욱 치명적이다. 목은 찌르면 치명적인 손상을 피할 수도 있지만 한 번이라도 길고 깊게 베면 목을 지나는 중요 구조물이 치명적 손상을 피할 확률이 낮아진다. 경동맥만 위험한 것이 아니다. 그 주변에 있는 경정맥이나 미주신경 및 그 이외의 구조에 가해지는 손상은 모두 치명적인 결과를 초래할 수 있다. 다시 말해 비교적 무게가 나가는 단단한 둔기로 머리를 내리치거나, 가슴 부위를 견고한 자기(刺器: 첨단부가 뾰족한 흉기)로 찌르거나 목을 예리한 인기(刃器: 날이 날카로운 흉기)로 베는 것은 언제나 치명적인 손상을 일으킬 수 있다. 혹자는 목을 베는 것이 치명적이라는 사실을 일반인은 잘 모른다고 주장한다. 그러나 칼로 자살을 하는 사람이 자신의 목을 베는 것은 흔하게 사용되는 방법이다. 또 어떤 이는 문구용 칼이 살해 도구가 되지 못한다고 주장한다. 그러나 인기는 흉기로서 날카로운 날이 문제가 되는 것이지, 크기나 무게 또는 단단함이 중요한 것은 아니다. 문구용 칼로 목을 벤다고 해서 꼭 칼날이 얕게 들어가는 것도 아니다. 아무리 날이 작더라도 일단 피부가 열리면 그 밑에 있는 연조직은 거의 아무런 저항 없이 그대로 베어지면서 벌어지기 때문에 목의 깊숙한 구조까지 손상을 입힐 수 있다. 그렇기 때문에 문구용 칼이라고 하더라도 목을 베면 당연히 사람을 죽일 수 있는 것이다. 가끔 이런 경우를 본다. 조직폭력배가 칼로 상대방 조직원의 허벅지를 찔러 죽이면 대개 살인 혐의보다는 상해치사로 결론이 나는 것 같다. 그러나 내 생각으로는 이런 경우에도 결코 살의가 없었다고 생각하지 않는다. 오히려 지능적 또는 경험적으로 허벅지의 가운데를 지나가는 대퇴동맥과 대퇴정맥 같은 큰 혈관을 겨냥하면서도 살의를 감추는 것이 아닌가 하는 생각이 든다. 문구용 칼로 목을 베는 것도 이런 심리가 아닐까?

'나는 죽이려고 또는 죽을 수도 있다고 생각하면서 다른 사람의 목을 베었지만 문구용 칼을 사용했기 때문에 죽일 생각은 없었다고 인정받을 수 있을 것이다.'

다만 이번 사건의 경우는 범행이 공개된 장소에서 행해지고 그 과정이 모두 영상에 잡혀 있는 만큼 다음과 같은 사항들도 고려해야 할 필요가 있을 것이다. 칼날을 어느 정도 빼내 사용했는지, 흉기를 휘두른 방법은 어떠했는지, 의도한 부위에 상해를 입힌 것인지, 피해자의 목이 옷가지 등에 의하여 어떻게 보호되고 있었는지, 즉각적인 구호와 치료의 가능성이 있었는지. 그러나 이런 사항들이 가해자에게 아무리 유리하게 보인다 하더라도 남의 목이나 그 근처를 칼로 베는 행위에는 일단 살의가 있었다고 보는 것이 합리적이라고 생각한다.

법의학교실
의도하지 않은 살인?

서울 근교의 한적한 국도에서 젊은 부부가 타고 있던 승용차가 다리의 난간을 들이받는 사고가 일어났다. 운전을 하던 남편은 별로 다치지 않았지만 옆을 돌아보니 조수석에 타고 있던 아내는 의식을 잃은 듯했다. 놀란 남편은 서둘러 차를 몰아 아내를 근처에 있는 병원으로 데리고 갔지만 아내는 이미 사망한 상태였다. 남편은 경찰에서 다음과 같이 진술했다. 그날 오전에 아내와 말다툼을 한 후 화해를 하고 둘이서 드라이브를 하던 중이었다. 아내는 건강 상태가 좋지 않아 갑자기 토하려고 했고 조수석에 앉아 있던 아내를 도와주려고 몸을 돌리다가 핸들을 잘못 조작해 사고가 났다는 것이다. 그러나 경찰의 판단은 달랐다. 우선 남편의 상처가 지극히 경미한 데 비해 아내는 즉사했다. 더구나 여자의 몸에서는 특별한 손상을 찾을 수도 없었다. 사고차량을 검사해 봤지만 난간과 부딪힌 부분도 크게 부서지지는 않았고 조수석 쪽의 유리에 여자의 머리가 충돌한 흔적도 없었다. 경찰은 사인을 밝히기 위해 부검이 필요하다고 판단했다. 남편은 아내에게 칼을 대는 것을 원치 않으므로 부검을 하지 말아 달라고 강력하게 요청했다. 그러자 경찰은 다른 방법으로 여자를 죽인 후 교통사고로 위장한 것이라고 더욱 의심하지 않을 수 없었다. 더구나 남편은 병원에서 약품을 다루는 부서에서 일하는 사람이었다. 결국 부검은 이틀 후로 결정되었다.

그런데 다음 날 밤, 남편이 자기 집에서 팔에 주사기를 꽂고 죽은 채 발견되었다. 그가 남긴 유서에는 다음과 같은 내용이 적혀 있었다.

내가 바람을 피워 아내와 계속 사이가 나빴다. 아내는 어제 아침에도 애들과 함께 나가 죽겠다고 했다. 그런데 아내가 감기에 걸려 있었기 때문에 감기약을 사다 주면서 알고 지내는 간호사에게 부탁해 5% 포도당 한 병을 연결해 주었다. 아내는 계속 트집을 잡으면서 죽겠다고 했다. 화가 났다. 그래서 병원에서 가져다 놓은 근육이완제와 마취제를 섞어 주사기에 넣고 아내에게 "이것을 포도당 주사에 연결해 주사하면 혼자서도 편하게 죽을 수 있다"고 말하고는 집을 나섰다. 일요일이었지만 병원에 일이 있어 잠깐 출근했다 돌아오니 아내의 상태가 위중했다. 병원에 가려고 아내를 업고 차에 태웠는데 가망이 없을 것 같았다. 야외로 나가 같이 죽으려고 다리 난간을 들이받았다. 하지만 용기가 부족했는지 실패했다. 아내의 장례를 치르고는 나도 어차피 죽으려고 했다. 그런데 살아 있을 때 마음을 아프게 했던 아내의 죽은 몸에 또 칼을 댄다니 내가 사실을 밝히고 죽겠다. 그러니 부검은 하지 말아 달라.

그러나 남편의 당부와 달리 부검은 예정대로 진행되었다. 그리고 부검대 위에는 남편의 시신이 더해졌다. 여자의 시체에는 앞머리에 크기가 2.2×1.0㎝ 정도 되는 두피하출혈 외에는 아무것도 없었으며 왼쪽 전박부에 한 군데, 왼쪽 손등에 세 군데 주사침 자국이 있었다. 주사침 자국을 째 보니 정맥 주위에 출혈반이 있었다. 시체를 열어 보았지만 내장에서는 특별한 소견을 찾지 못했다. 남자의 유서와 사건 내용 그리고 부검소견으로 보아 약물중독이 틀림없는 것 같았다. 검체분석을 의뢰해 보니 혈액에서는 근육이완제인 판쿠로늄, 전신마취제인 케타민, 소염진통제인 이부프로펜과 디클로페낙, 수면진정제인 미다졸람이 검출되었고, 소변에서는 판쿠로늄, 케타민, 이부프로펜 및 디클로페낙과 더불어 수면진정제인 로라제팜이 검출되었으며, 손등과 전박부 조직에서는 케타민이 검출되었다. 판쿠로늄의 혈중농도는 $4.6\,\mu g/ml$였고 케타민은 $0.1\,\mu g/ml$였다. 남자는 왼쪽 전박부 두 곳에 주사침 자국이 있었으며, 그곳을 째 보니 역시 정맥 주위에 출혈반이 있었다. 분석해 본 결과 혈액에서는 판쿠로늄, 케타민, 미다졸람, 전신마취제인 티오펜탈나트륨 및 진통제인 염산날부핀과 펜타조신이 검출되었고, 전박부 조직에서는 판쿠로늄, 케타민, 미다졸람 및 티오펜탈나트륨이 검출되었다. 판쿠로늄의 혈중농도는 $1.0\,\mu g/ml$였다.

사람은 죽으면서는 거짓말을 하지 않는다고 한다. 그러니 아내가 자기가 준 약물을 정말로 맞고 죽을 줄은 몰랐다는 유서의 내용이 사실일지도 모른다. 그렇다면 근육이완제와 마취제 대신 죽지 않는 다른 약물을 건넸더라면 이렇게 두 사람 모두 허망한 종말을 맞지는 않았을 텐데 하는 허전한 마음이 든다.

테러리스트와
워리스트
_알자르카위의 죽음

2006년 6월 8일. 각 일간지마다 조용히 두 눈을 감고 있는 한 중년 남자의 얼굴 사진이 실렸다. 수염을 덥수룩하게 기른 그는 39세의 요르단 출신 아부 무사브 알자르카위(Abu Musab al-Zarqawi)라는 사람이었다. 그는 연합군에 대한 이라크 내 저항세력의 핵심인물로서 국제테러조직인 알카에다의 제1인자인 오사마 빈라덴에 이어 '자마트 알 타우히드 왈 지하드(일신교와 성전)'라는 무장단체를 지휘하고 있었다. 그는 미국이 이라크를 침공한 후 이라크 내에서 자살폭탄 공격을 끊임없이 감행하고, 외국인을 인질로 잡아 참수로 살해하는 행위의 주모자였다. 대한민국의 김선일 씨도 2004년에 그의 세력에 의해 죽음을 맞았다. 당시 그에게 걸려 있던 현상금은 2,500만 달러로 오사마 빈라덴의 목에 걸린 값과 같은 액수였다.

그런 그가 이라크의 바그다드에서 북동쪽으로 약 50km 떨어진 바쿠바 지역의 깊은 숲 속에 있는 히비브라는 작은 마을에 은신해 있다 미국의 폭탄세례를 받고 측근 7명과 함께 살해당한 것이었다. 당시 미군은 F-16 전투기를 동원해 220kg짜리 레이저 유도탄 2발을 히비브 마을에 떨어뜨렸다. 폭발의 규모는 마을 전체가 심하게 흔들릴 정도였는데 현장은 초토화되고 폭격 중심부에는 폭과 깊이가 각각 12m 정도 되는 거대한 구덩이가 생겨났다. 폭격 후 제일 먼저 현장에 도착한 것은 이라크 경찰이었는데 알자르카위는 상태가 중하기는 했어도 죽지는 않았으며 들것에 실리면서도 계속 무어라고 중얼거렸다고 했다. 그 후 미군이 도착했을 때도 의식이 남아 있었으며 미군들을 보자 들것에서 일어나 피하려고까지 했다. 그런 그가 얼마 되지 않아 숨을 거둔 것이다. 폭격 후 정확히 52분 만이었다. 미군이 공개한 그의 사진은 피범벅이 된 몸을 씻긴 후에 촬영한 사진이라고 했다. 그의 얼굴은 불에 덴 건지 긁히거나 까진 건지 여기저기가 벌겋게 벗겨진 듯했고 왼쪽 눈은 부어올라 보였다. 하지만 어느 방향에서 보더라도 수백kg의 폭격으로 인해 부상을 입은 사람으로 보이지는 않았다.

그러한 판단을 한 사람이 많았던 걸까? 그의 사진이 공개된 후 강력한 폭발 현장에서 일시적이나마 목숨을 유지했다는 말 자체를 믿을 수 없다는 주장이 제기되었다. 그들은 현장에서 발견된 다른 시신들은 심하게 훼손되었는데 그의 시신만 유독 온전한 것도 이상하다고 덧붙였다. 또 한쪽에서는 사실 알자르카위가 폭격으로 죽은 것이 아니라 미군에게 맞아 죽은 거라는 소문까지 나돌았다. 소식통들은 인근 주민의 말을 빌려 미군이 그를 코피가 터질 때까지 구타했다고 전했다. 이야기를 연결해 보면 알자르카위의 시신이 폭격을 받고 사망했다고 보기에는 너무 멀쩡한 데다 그가 워낙 미군 병사들이 증오하던 대상이다 보니 때려죽이지 않았느냐 하는 의문이 생겨난 것 같았다. 하지만 부검을 한 군의관은 그가 폭격으로 인한 충격파에 의해 폐가 파열되고 출혈이 일어나 사망했다고 밝혔으며 알자르카위가 구타나 화기에 의해 부상당한 증거는 없다고 덧붙였다.

그 군의관이 밝힌 부검 결과를 이해하기 위해 먼저 폭발물이 터지면 어떤 현상이 생기는지 알아보자. 폭발은 광산과 같은 민간시설에서도 종종 발생하지만 대부분은 전쟁과 테러 현장에서 일어난다. 그런데 폭발물이 터졌을 때 사람이 죽어 가는 기전이 그렇게 단순하지만은 않다.

첫째, 폭발의 중심부에서 폭풍이 일어나 주변으로 파급된다.
둘째, 폭발물이 조각 나 파편들이 날아다닌다.
셋째, 폭풍에 의해 현장에 있던 여러 가지 물건이 사방으로 튀어 나간다.
넷째, 폭발에 의해 뜨거운 가스가 생성되고 물체는 가열되며 물건이나 의복에 불이 붙기도 한다.
마지막으로, 폭발로 인해 건축물이나 구조물이 무너져 내린다.

이 과정을 잘 들여다보면 둘째부터 마지막까지의 상황에서 사람이 죽을 수 있다는 것은 쉽게 이해가 된다. 그리고 이렇게 죽은 시체는 몸 여기저기가 찢어지거나 부서져 있기 때문에 사망 원인을 선뜻 받아들일 수 있다. 하지만 첫째의 상황만으로 사망할 수 있는지에 대한 판단은 그렇게 수월치가 않다. 좀 더 자세히 들여다보자. 일단 폭발이 발생하면 충격파는 중심부로부터 공기를 통해 매우 빠르게 진행되며, 충격파가 지나간 후에는 그 부위의 압력이 오히려 정상보다 훨씬 떨어진다. 인체는 이러한 공기압력의 이중(二重)적인 급격한 변화에 노출되는 것이다. 공기압의 급격한 변화는 간이나 근육처럼 단단한 조직에는 별 영향을 주지 못하지만 공기와 직접 닿아 있는 폐에는 큰 영향을 준다. 즉 폐 속의 공기가 요동치면서 폐포가 파열되어 폐출혈이 일어나며 이 출혈로 인해 기관지를 비롯한 기도(氣道)가 막힌다. 때로는 압력에 의해 폐가 흉강 쪽으로 터져 기흉(氣胸)을 형성하기도 하며, 터진 폐포를 통해 공기가 핏속으로 들어가 공기색전증을 일으키기도 한다. 폐 다음으로는 귀나 위장관이 공기와 직접 닿아 있기 때문에 손상을 받기 쉽다. 그러나 이런 부위의 손상은 죽음과는 약간 거리가 있다. 테러용으로 많이 쓰이는 사제 폭탄은 주로 폭발물의 파편으로 사람을 살상하며 충격파가 단독으로 사인이 되는 경우는 극히 드물다. 반면 군사전쟁 목적으로 만들어지는 고성능 폭탄에서는 충격파에 의한 손상이 매우 중요한 역할을 하며 이것만으로도 사인이 되기에 충분하다. 즉 폭발이 일어나면 그 중심부에 있는 사람은 조각조각으로 찢겨 날아가 버려 형태조차 찾기 어려운 경우가 있는가 하면, 어느 정도 거리가 떨어진 곳에 있던 사람에게 강한 충격파가 작용했을 때는 알자르카위처럼 겉으로는 거의 멀쩡해 보이면서도 죽을 수 있는 것이다. 어떤 사람에게 이와 같은 이야기를 들려주었더니 그는 대뜸 "무협소설에서 나오는 장풍에 내상을 입는 것과 같은 이치가 아니냐"고 하면서 손뼉을 치며 흥미로워하는 것이 아닌가.

어찌 되었든 알자르카위의 죽음이 전해지자 미국과 영국 그리고 호주를 비롯한 대테러 동맹국들은 일제히 매우 기쁜 소식이라며 환호했다고 한다. 검시의학의 영역은 아니지만 알자르카위의 죽음을 보면서 과연 그의 죽음이 기쁘기만 일인지 의문이 들었다. 그가 김선일 씨를 비롯해 방어 수단을 갖고 있지 않은 민간인을 살해했다면 분명 악질적인 테러리스트다. 그렇다면 무고한 어린이와 부녀자를 전쟁이라는 이름으로 살해하는 저들은 무엇인가? 테러는 용납할 수 없고 전쟁은 불가피한 것인가? 전쟁이 강자의 논리라면 테러는 약자의 수단인가? 그가 테러리스트라면 저들은 워리스트(warrist)인가? 알자르카위의 사인처럼 모를 것 같으면서도 알 것 같고, 알 것 같으면서도 모를 것 같다.

제왕의 죽음
_후세인의 교수형

    2006년 12월 30일 새벽 6시. 이라크의 전 대통령 사담 후세인은 교수대 앞에 섰다. 1937년 4월 28일에 태어났으니 만 70세에서 몇 달 모자라는 나이에 그의 인생은 마침표를 찍게 된 것이다. 후세인은 20세 때인 1957년, 민족주의 성향의 이슬람 사회주의 정당인 바트당에 입당하면서 정치생활을 시작했다. 1959년에는 카림 카셈 대통령을 암살하려다가 실패한 후 약 4년간 해외에서 도피생활을 했다. 1964년에는 아리프 정권을 전복하려는 음모를 꾸민 혐의로 체포되었지만 1965년 옥중에서 국회의원에 당선되었고 1966년 출옥했다. 1968년에는 알바크르 장군이 이끄는 군부와 손을 잡고 쿠데타에 참가해 1969년 혁명평의회 부의장이 되었으며 42세가 되던 1979년에는 알바크르의 뒤를 이어 이라크의 대통령 자리에 올랐다. 그는 미국의 지원 아래 소련이 뒤를 봐주던 이란을 공격해 8년 동안의 전쟁을 치렀다. 그러나 그 후에는 자신을 지원해 주었던 미국과 대립하게 되었고, 1990년에는 미국의 경고를 무릅쓰고 쿠웨이트를 침공했지만 미국 주도의 다국적군에 의해 불과 100시간 만에 쿠웨이트에서 몰려나고 말았다. 그리고 집권 24년째에 접어든 2003년 3월 20일, 미국과 영국 연합군은 대량살상무기 제거를 위한 유엔 무기사찰단의 활동을 방해한다는 이유로 이라크를 전격 공격했다. 결국 후세인은 맹공세에 밀려 권좌에서 쫓겨났으며 고향인 티크리트 인근에 있는 토굴 속에 몸을 숨기고 있다가 그해 12월 13일 체포되었다. 그리고 그는 자신을 습격한 시아파 반군에 대한 보복으로 그 마을 청년 전원을 살해한 '두자일' 사건으로 재판을 받았다. 2005년 7월 17일 특별재판소에 기소된 그는 1심 재판에서 유죄가 인정되어 교수형을 선고받았다. 그의 변호인단은 항소했지만 이라크 최고 항소법원은 결국 그에게 선고된 사형을 확정했다. 그는 자신이 군인이니만큼 명예롭게 총살을 시켜 달라고 요청했지만 최고법원은 교수형 판결을 바꾸지 않았다. 그리고 불과 나흘 뒤 그의 사형이 집행된 것이다.

 사형을 집행한 장소는 이라크의 수도 바그다드 내 미군의 특별경계구역인 '그린 존' 외곽에 있는 카디미야 감옥이었다. 후세인이 집권하던 당시 비밀경찰이 정적을 처형하던 장소로 알려진 그곳은 지금도 사형집행이 이뤄지는 곳이라고 한다. 그의 사형집행 장면은 녹화되어 그 일부가 TV로 방영되었다. 검은색 코트에 하얀 셔츠를 받쳐 입은 그는 복면을 한 사형집행관 서너 명에게 팔을 붙잡힌 채 형장으로 끌려 들어왔다. 그의 오른쪽에 서 있던 집행관은 올가미를 걸기 전 검은 용수(사형수의 얼굴을 보지 못하게 얼굴에 씌우는 통 모양의 도구)를 쓰길 권했지만 그는 거부했다. 후세인은 붉은 철제 난간 안으로 발걸음을 옮겼고 굵은 올가미가 그의 목에 감겼다. 여기까지가 공개된 내용이었다. 형장에 입회했던 이라크의 한 관리는 후세인이 사형

집행 과정에서 이상할 정도로 순종적이었으며, 그의 얼굴에서는 공포를 읽을 수 있었다고 덧붙였다. 일부 매체는 그가 긴장되고 초조한 표정을 감추려고 애서 태연한 척하려는 기색이 역력했지만 팔이 뒤로 묶인 채 형장에 끌려오는 동안의 표정을 통해 그가 공포에 휩싸여 있음을 충분히 짐작할 수 있었다고 전했다. 그러면서 한때 서방과 맞서며 중동을 호령하던 '제왕'의 모습은 어디에서도 찾아볼 수 없었고 그저 죽음 앞에서 겁먹은 인간의 초라함만 느낄 수 있었다고 덧붙였다. 그러나 또 다른 이라크의 한 관리와 후세인의 법률 변호팀은 처형 직후 AP통신으로 보낸 성명서를 통해 "순교자는 마지막 순간까지 두려움 없이 고결하고 맑은 정신을 유지했다"고 주장했다.

 사형 참관자가 전한 이야기에 따르면 교수대 바닥의 발판이 꺼지고 몸이 아래로 떨어지자 후세인은 몸을 심하게 부르르 떨다가 곧 숨을 거두었으며 피나 거품 같은 분비물이 코와 입으로 나오지는 않았다고 증언했다. 또 교도관들은 그를 그 상태로 교수대에 10분가량 매달아 두었다가 올가미를 풀어서 그의 시신을 내렸다고 전했다. 아마도 그는 참관자의 말과 같이 그렇게, 그런 모습으로 이 세상을 떠났을 것이다.

 그럼 여러 나라에서 사형 방법으로 이용되고 있는 교수형은 어떻게 사람을 죽이는 것인지 알아보자. 교수형에 처할 때 집행관은 올가미의 두꺼운 매듭 부위를 사형수의 왼쪽 귀나 턱 아래에 위치시킨다. 사형수가 딛고 서 있던 발판이 꺼지면 그의 몸은 아래로 떨어진다. 몸이 너무 무겁거나 떨어지는 거리가 너무 길면 자칫 목이 끊어질 수도 있기 때문에 거리는 보통 2m 내외로 하며 이 길이는 사형수의 체중에 따라 조금씩 조절한다. 이런 교수형 방법을 '수하식(垂下式)'이라고 한다. 수하식 교수형에서는 떨어지던 체중이 올가미에 강력하게 걸리며, 매듭은 턱에 급격하게 작용하기 때문에 머리가 순간적으로 뒤로 젖혀진다. 이러한 과정에서 상부의 경추는 부러지고 탈골되며 경수는 절단된다. 가장 전형적인 소견은 2번 경추가 두 조각으로 부러지면서 뒤쪽은 3번 경추에 붙어 있고 앞쪽은 1번 경추와 붙어 있는 것이다. 이를 '집행인 골절(hangman's fracture)'이라고 한다. 또 경추의 1번, 3번, 5번이나 설골 또는 갑상연골 그리고 후두골이 골절되기도 하는데 물론 골절이 전혀 일어나지 않는 경우도 있다. 그러나 어떤 경우든 파괴적 낙하 기전에 의해 뇌간이 손상되기 때문에 사형수의 의식은 낙하 즉시 소실된다. 이때 안면근육의 수축, 사지나 몸통의 발작 또는 과격한 호흡운동이 일어날 수도 있다. 또 심장은 목이 매달린 후에도 보통 8분 내지 20분 정도 뛸 수 있으며, 한 통계에 의하면 교수형 집행 시 심장이 뛰는 시간은 평균 14분이고 짧게는 4분에서 길게는 37분까지 박동한 적이 있다고 한다. 수하식 교수형이 일반화되기 전인 19세기까지 영국에서는 교수형에 처할 때 사형수를 사다리나 발판 위에 서게 한 후 지지물을 빼내는 방법을 썼기 때문에 떨어지는 거리는 아주 짧았다. 이런 교수형 방법을 '현수식(懸垂式)'이라고 한다. 현수식은 보통 목을 매어 자살하는 경우와 마찬가지로 목을 지나가는 커다란 혈관이나 숨통이 끈에 눌려 죽게 된다. 의식을 잃기까지는 10여 초에 불과하지만 완전히 목숨이 끊어질 때까지는 시간이 걸리기 때문에 이를 지켜보던 가족들이 사형수의 발에 매달려 죽음을 재촉했다는 기록도 남아 있다. 정리하면

현수식 교수형은 끈이 목을 졸라 죽이는 데 반해 수하식 교수형은 끈이 목을 부러뜨려 죽이는 방식이다. 교수형을 검시의학적인 측면에서 살펴보기는 했지만, 마음 한구석에는 교수대에 선 후세인의 얼굴이 앙금처럼 남아 있다.

법의학교실
사형의 역사

우리나라에서는 1980년대 후반부터 시작해 20년이 넘도록 사형제도의 폐지에 관한 주장과 논의가 활발하게 펼쳐지고 있다. 유지론자들은 사형이 범죄를 억제하고 예방하는 효과를 가지며, 극악한 범죄에 대한 처벌로서 국민의 법감정에 합치한다고 주장한다. 반면 사형을 폐지해야 한다고 항변하는 사람들이 드는 근거는 대체로 다음과 같다. 첫째, 사형은 천부적인 권리인 생명권에 대한 침해다. 둘째, 사형이 종신형보다 범죄 억제 효과가 크다고 볼 근거가 없다. 셋째, 인간은 오판을 피할 수 없다. 넷째, 소수자 또는 빈곤층과 같이 자기 스스로를 방어할 수 없거나 그 능력이 떨어질수록 사형에 처해질 위험성이 높아진다.

사형(死刑, death penalty)은 국가가 이른바 중범죄자를 법적 절차에 따라 죽이는 형벌을 말한다. 사형은 목숨을 끊는 형벌이므로 생명형(生命刑)이라고도 한다. 극형(極刑, capital punishment)은 가장 중한 형벌이라는 뜻으로 곧 사형을 말한다. 처형(處刑, execution)은 '형벌에 처하다'라는 뜻의 용어이지만 사형이라는 의미를 그 안에 담고 있다. 즉 처형장이라고 하면 곧 사형장을 의미한다. 형살(刑殺), 대륙(大戮), 대벽(大辟) 또는 형벽(刑辟)이라는 한자어도 사형을 뜻한다. 그러면 국가는 사람을 어떻게 죽였고 또 죽이고 있을까?

사형을 크게 나누어 보면 손상과 질식 그리고 중독이 주류를 이룬다. 손상은 분체형(分體刑, dismemberment)과 그렇지 않은 방법으로 나누어 볼 수 있다. 분체형은 인체를 자르거나 찢거나 잡아당기거나 비틀어서 몸을 나누어 죽이는 형벌이다. 몸을 동강 내는 간단한 방법은 칼과 같은 날카로운 물체로 몸을 자르는 것이다. 참수형(斬首刑, decapitation)은 칼이나 도끼 또는 잘 알려진 기요틴(guillotine)과 같은 특수한 기구로 목을 자르는 형벌이다. 참수형은 현재도 사우디아라비아와 이라크 등지에서 집행되고 있다. 거단형(鋸斷刑, sawing)은 톱으로 잘라 죽이는 것이다. 대부분 거꾸로 매달아 놓고 회음부부터 머리 쪽으로 잘랐는데 때로는 반대 방향으로 행하기도 했으며 과거 로마 제국에서 시행되었다. 몸을 나누는 데는 몸의 한쪽을 고정하고 다른 한쪽을 잡아당기거나 양쪽을 서로 반대 방향으로 잡아당기는 방법도 있다. 말이 끄는 네 대의 마차에 팔다리 하나씩을 묶고 네 마리의 말이 서로 다른 방향으로 달리게 하는 거열형(車裂刑) 또는 마열형(馬裂刑)은 결국 몸이 네 부분으로 나누어지므로 이를 사지 찢기(quartering)라고 한다. 중세 영국에서는 정신을 잃을 정도로 목을 맨(hanged) 후, 내장을 꺼내고(drawn) 생식기를 잘라 불태우고, 거열형으로 사지를 찢은(quartered) 후에 목을 자르는 경우가 있었다. 이런 형벌을 'hanged, drawn and quartered'라고 불렀으며, 극악한 범죄를 저지른 남자 범인에게 행해졌다. 능지처참(陵遲處斬, slow slicing)은 언덕을 느릿느릿 오르듯이 천천히 죽인다는 뜻이다. 즉 오랜 시간에 걸쳐서 수천 번 포를 뜨고 살을 저미는 것을 죽을 때까지 반복하는 것이다. 이런 형벌은 중국에서 역모를 꾀하거나 부모를 살해한 범죄자에게 행해졌다. 분체형은 이미 다른 방법으로 처형된 시체에 가하기도 했다. 심지어 죽은 후 죄상이 밝혀지는 경우는 이미 매장된 시체를 관에서 꺼내 자르기도 했는데 이를 부관참시(剖棺斬屍)라고 했다. 몸을 갈라 내장을 떼어 내는 할체형(割體刑, disembowlment)은 대개 거열형에 처하기 전에 시행되었다. 산 채로 가죽을 벗기는 박피형(剝皮刑, flaying)은 고대 아시리아와 중세 유럽 일부에서 행해졌다. 할체형과 박피형은 분체형으로 분류할 수도 있다.

차륜형(車輪刑, breaking wheel or Catherine wheel)은 커다란 마차 바퀴에 사람을 묶어 놓고 곤봉과 같은 막대기로 두들기는 것이다. 유럽에서 중세 이후에 행해졌다. 허리 부러뜨리기(breaking back)는 몽골에서 시행한 처형 방법으로 땅을 피로 적시는 것을 방지하기 위함이었다고 한다. 압살형(壓殺刑, crushing or pressing)은 무거운 물체로 몸을 눌러 죽이는 것이다. 전통적인 방법으로는 무거운 돌을 몸 위에 하나씩 쌓아 올려 손상을 입히거나 질식을 유발하는 것으로 과거 아스테카 왕국에서 행해졌다. 코끼리를 이용하는 압살형도 있었다. 관통형(貫通刑, impalement)은 마치 꼬치를 만들듯이 몸을 막대기로 찔러 고정해 놓는 방법이다. 때로는 입이나 항문 또는 질과 같은 인체의 자연구(自然口)를 이용했는데 고대 아시아와 유럽에서 널리 행해졌다. 척살형(刺殺刑, stabbing)은 칼로 찔러 죽이는 것으로 지역과 시대를 넘어 즉결처분에 흔히 사용되었다. 투석형(投石刑, stoning or lapidation)은 돌을 던져 쳐 죽이는 것으로 아프가니스탄이나 이란과 같은 이슬람 국가에서는 현재도 집행되고 있다. 총살형(銃殺刑, shooting)은 총살집행대(firing squad)가 집행하는 방법과 사형수를 꿇어앉혀 놓고 목덜미에 한 발의 총격을 가하는 방법 등이 있다. 총살형은 북한과 중국 등에서 군인과 민간인을 가리지 않고 현재도 집행되고 있다. 추락형(隆落刑, falling)은 고대에 로마를 비롯한 여러 지역에서 행해진 방법으로 절벽과 같은 높은 곳에서 범죄자를 떨어뜨렸다. 1977년에서 1978년 사이 아르헨티나에서 일어난 이른바 더러운 전쟁(Dirty War)에서는 사람을 약물에 중독시킨 후 비행기나 헬리콥터에서 떨어뜨려 죽였는데 이를 '죽음의 비행(death flights)'이라고 불렀다. 이는 추락형의 변형이라고 할 수 있다.

질식은 우리가 보통 교수형(絞首刑)이라고 부르는 의형(縊刑, hanging)이 대표적이다. 교수형은 지금도 일본이나 이라크 등 각국에서 널리 집행되고 있다. 교형(絞刑, strangulation)은 목을 졸라 죽이는 것이며, 가로테(garrote)는 특히 과거 스페인에서 쓰던 목을 졸라 죽이는 특수한 기구를 말한다. 생매장(生埋葬, buried alive)은 산 사람을 구덩이에 집어넣고 묻어 버리는 것이다. 고대 로마를 비롯해 곳곳에서 행해졌다. 십자가형(十字架刑, crucifixion)은 십자가나 그와 비슷한 나무와 같은 형구에 사지를 묶거나 못을 박아 놓아 사망하도록 내버려 두는 것이다. 고대 로마를 비롯해 페르시아 등지에서 행해졌다. 침수형(沈水刑, drowning)에는 물속에 처박기(ducking stool)와 수장(水葬, cement shoes) 등의 방법이 있다. 중독의 형태인 가스형(gassing)은 밀폐된 공간(gas chamber) 안에서 가스로 질식시키는 것이다. 주로 청산, 일산화탄소, 이산화탄소를 이용했다. 미국과 나치 독일 그리고 북한에서 행해졌거나 행해지고 있다. 주액형(注液刑, lethal injection)은 치명적인 약물을 정맥으로 주사하는 방법이다. 미국이 그 원조이며 중국이나 과테말라에서 채택하고 있다. 음독형(飮毒刑, poisoning)은 우리나라 조선 시대의 사약이나 소크라테스의 독미나리와 같이 독약을 스스로 마시고 죽게 하는 자살형(自殺刑)의 한 방법이다. 열(熱)을 직접 이용하는 방법에는 두 가지가 있다. 팽형(烹刑, boiling)은 가마솥에 물, 기름, 유지, 타르를 끓이거나 납을 녹여 시행했다. 과거 유럽과 아시아에서 널리 행해졌다. 때로는 소량의 기름에 튀기기도 했다. 화형(火刑, burning)은 사람을 말뚝에 묶어 놓고 태우는 것으로 고대 로마 등지에서 주로 이교도나 마녀로 지목된 사람들에게 시행했다. 유기형(遺棄刑)에 속하는 유폐형(幽閉刑, immurement)은 가두어 놓는 것이고 고립형(孤立刑, marooning)은 무인도와 같이 빠져나올 수 없는 장소에 버려 두는 것으로 결국 기아와 탈수로 사망하게 된다. 유폐형은 과거 각국에서 행해졌으며 고립형은 주로 해양국가와 선원들 사이에서 행해졌다. scaphism은 사람을 벌거벗겨 작은 보트나 속을 파낸 나무통에 몸통을 집어넣고 머리와 사지는 밖으로 나오게 한 후 여러 방법으로 가해하다가 결국 기아와 탈수 또는 패혈성 쇼크로 죽게 하는 방법이다. 과거 페르시아에서 행해졌다. 전기의자(electric chair)는 미국에서 쓰이고 있으며 필리핀에서도 한때 사용되었다. 감전사라는 뜻의 영어 단어인 electrocution은 electric execution(전기처형)에서 유래했다. 동물을 이용한 사형방법에는 (1) 위에서 말한 마열형, (2) 압살형의 한 형태로서 코끼리와 같은 거대한 몸집을 이용해 밟아 죽이기, (3) 동물로 하여금 탐식하게 하는 방법으로서 (i) 개나 늑대와 같은 육식동물 또는 사자나 악어와 같은 맹수에게 던져 주기, (ii) 쥐와 같은 설치류 또는 개미와 같은 곤충류로 하여금 갉아 먹게 하기, (iii) 전갈이나 뱀 또는 거미와 같이 독을 가진 동물의 굴에 집어넣기 등이 있다. 코끼리를 이용한 처형은 남아시아와 동남아시아 그리고 인도와 같이 코끼리가 서식하는 곳에서 행해졌으며 코끼리는 왕권이나 권력자를 상징했다. 이 밖에도 각 지역의 조건에 따라 여러 동물이 이용되었다.

위에 설명한 방법 이외에도 국가나 집단이 사람을 죽이는 데는 인간이 생각해 낼 수 있는 수많은 방법이 동원되었으리라는 것은 쉽게 짐작할 수 있다. 또 사형을 목적으로 하지는 않았다고 하더라도 갖가지 형태의 고문을 가해 결국 죽게 하기도 했다. 이렇게 보면 국가가 사람을 죽이는 방법은 사람이 사람을 죽이는 방법보다 훨씬 더 계획적이고 잔인했으며 공개적이었다. 또한 죽인 후에 시신 전체 또는 일부를 일정한 기간 동안 공공장소에 걸어 놓기도 했으며 각 지방으로 끌고 다니며 전시하기도 했다. 인지가 발달하면서 좀 더 인도적인 방법을 가려내거나 개발해 현재는 세계적으로 의형, 총살형, 전기의자, 주입형이 주를 이루고 있으며 중동 국가에서는 투석형과 참수형이 시행되고 있다. 집행도 공개 위주에서 비공개로 바뀌었지만 북한과 중국에서는 아직도 공개 처형을 하고 있다. 근래에 와서는 사형제도를 폐지하거나, 제도는 있되 실제로 집행하지 않는 국가가 늘어나고 있다. 반대로 소수이기는 하지만 폐지했던 사형제도를 부활시킨 나라도 있다. 우리나라의 형법 제1편 총칙은 모두 4장 86조로 구성되어 있는데 제66조에 따라 사형은 형무소 내에서 교수(絞首)해 집행하게 되어 있으며 군형법 제3조는 총살형을 규정하고 있다. 즉 우리나라는 사형제도를 유지하고 있고 사형 방법은 교수형과 총살형 두 가지이며 비공개로 집행된다. 하지만 우리나라는 1997년 12월 30일 23명에 대해 사형을 집행한 후 2010년 현재 10년이 넘도록 사형을 집행하지 않고 있기 때문에 실질적인 사형폐지국으로 분류된다. 현재 종교단체를 중심으로 사형제 폐지론이 확산되고 있기는 하지만 강호순이나 유영철과 같은 극악한 연쇄살인범의 출현은 사형제 존치론자들의 입장을 강화해 주고 있는 듯하다. 형법 제77조(시효의 효과)와 제78조(시효의 기간)는 사형이 확정된 후 그 집행을 받음이 없이 30년이 경과하면 시효의 완성으로 인하여 그 집행을 면제하도록 규정하고 있다.

그런데 우리나라의 법은 어떠한 죄를 사형의 대상으로 삼을까? 형법만 들여다보자. 형법 제2편 각칙은 42장으로 나누어 중요하면서도 보편적인 범죄를 나열하고 있다. 조문으로는 제87조부터 제327조까지가 이에 해당하는데 이 가운데 사형에 처할 수 있는 죄는 다음과 같다. 제1장의 제87조 (내란) 국토를 참절하거나 국헌을 문란할 목적으로 폭동한 자 중 수괴, 모의에 참여하거나 지휘하거나 기타 중요한 임무에 종사한 자, 살상, 파괴 또는 약탈의 행위를 실행한 자, 제88조 (내란목적의 살인) 국토를 참절하거나 국헌을 문란할 목적으로 사람을 살해한 자, 제2장의 제92조 (외환유치) 외국과 통모하여 대한민국에 대하여 전단을 열게 하거나 외국인과 통모하여 대한민국에 항적한 자, 제93조 (여적) 적국과 합세하여 대한민국에 항적한 자, 제94조 (모병이적) ①적국을 위하여 모병한 자, 제95조 (시설제공이적) ①군대, 요새, 진영 또는 군용에 공하는 선박이나 항공기 기타 장소, 설비 또는 건조물을 적국에 제공한 자, ②병기 또는 탄약 기타 군용에 공하는 물건을 적국에 제공한 자, 제96조 (시설파괴이적) 적국을 위하여 전조에 기재한 군용시설 기타 물건을 파괴하거나 사용할 수 없게 한 자, 제98조 (간첩) ①적국을 위하여 간첩하거나 적국의 간첩을 방조한 자, ②군사상의 기밀을 적국에 누설한 자, 제6장의 제119조 (폭발물사용) ①폭발물을 사용하여 사람의 생명, 신체 또는 재산을 해하거나 기타 공안을 문란한 자, ②전쟁, 천재 기타 사변에 있어서 전항의 죄를 범한 자, 제13장의 제164조 (현주건조물 등에의 방화) ②불을 놓아 사람이 주거로 사용하거나 사람이 현존하는 건조물, 기차, 전차, 자동차, 선박, 항공기 또는 광갱을 소훼한 죄를 범하여 사람을 사망에 이르게 한 때, 제24장의 제250조

(살인, 존속살해) ①사람을 살해한 자, ②자기 또는 배우자의 직계존속을 살해한 자, 제32장의 제301조의2 (강간등 살인·치사) 폭행 또는 협박으로 부녀를 강간하거나 폭행 또는 협박으로 사람에 대하여 추행을 하거나 사람의 심신상실 또는 항거불능의 상태를 이용하여 간음 또는 추행을 한 죄를 범한 자가 사람을 살해한 때, 제37장의 제324조의4 (인질살해·치사) 사람을 체포·감금·약취 또는 유인하여 이를 인질로 삼아 제3자에 대하여 권리행사를 방해하거나 의무 없는 일을 하게 한 자가 인질을 살해한 때, 제38장의 제338조 (강도살인·치사) 강도가 사람을 살해한 때, 제340조 (해상강도) ③다중의 위력으로 해상에서 선박을 강취하거나 선박 내에 침입하여 타인의 재물을 강취한 자가 사람을 살해 또는 사망에 이르게 하거나 부녀를 강간한 때 등이다. 약간의 예외가 있기는 하지만 역시 국가에 대한 반역죄와 인간 생명에 대한 침해죄가 사형에 해당하는 죄다.

때론 물도 독이 된다
_물 중독사

2007년 1월 12일. 미국 캘리포니아 주 새크라멘토에 있는 라디오 방송국 KDND의 〈아침의 광란(Morning Rave)〉이라는 프로그램에서 '물 계속 마시기'라는 대회를 개최했다. 1등 상품으로 닌텐도의 가정용 게임기인 '위(Wii)'를 내건 그들은 "쉬야(Wee)를 참아 위(Wii)를 타자"라는 문구를 내걸어 대회를 선전했다. 세 아이의 엄마인 28세의 제니퍼 스트레인지는 아침 일찍 이 대회에 참가했다. 모두 19명이 참가한 이 대회는 화장실에는 갈 수 없는 상황에서 15분마다 제공되는 물을 계속 마시는 방법으로 진행되었다. 제니퍼는 3시간 동안 3.78l의 물을 마셔 결국 2등을 차지했다. 하지만 대회를 마친 직후부터 그녀에게 문제가 생겼다. 그녀가 프로그램 진행자에게 머리가 깨질 듯이 아프고 토할 것 같다며 괴로운 목소리로 호소한 것이다. 하지만 진행자는 대회에서 사용된 물은 일반 생수이기 때문에 특별한 문제가 생길 수 없으므로 곧 괜찮아질 것이라며 그녀를 돌려보냈다. 그녀는 방송국에서 출발하면서 직장에 전화를 걸어 상사에게 몸이 너무 안 좋아 출근하기 어렵겠다고 사정을 이야기한 후 교외에 있는 자신의 집으로 돌아갔다. 그리고 그녀는 1시간 만에 숨진 채 발견되었다. 다음 날 그녀의 시체를 조사한 검시관 에드 스미스 박사는 제니퍼의 사인을 일단 '물중독'으로 추정했다.

'물중독(water intoxication)'이란 체내에 필요 이상의 물이 고여 체액의 염도(鹽度)를 낮추는 상태(hyponatremia with increased total body water)인데 크게 세 가지로 나누어 볼 수 있다. 첫째는 어떤 이유로 인해 항이뇨호르몬인 ADH(antidiuretic hormone)가 부적절하게 많이 분비되는 증후군(the syndrome of inappropriate secretion of ADH)으로 뇌막염이나 두부 손상 등 여러 가지 이상 상태에서 나타날 수 있다. 즉 항이뇨호르몬이 과다하게 분비되면 신장에서 물이 빠져나가는 것을 억제하고 재흡수를 촉진해 오줌의 양은 적어지고 몸속의 수분은 증가한다. 둘째는 신증(腎症)이나 간경변 또는 울혈성 심부전처럼 부종을 초래하는 질환들이다. 이때는 일반적으로 저나트륨혈증의 정도가 약하며 만성적으로 나타난다. 또한 복수를 형성하는 등 체강(體腔) 내로 물이 빠져나가기 때문에 체내의 수분량이 전체적으로 증가하더라도 혈관 내의 수분량은 오히려 낮아질 수 있다. 마지막으로 많은 양의 물이 짧은 시간 내에 몸속에 들어와 일어나는 '급성 수분중독(acute water intoxication)'이 있다.

검시의학에서는 주로 마지막 경우인 '급성 수분중독'이 종종 문제가 된다. 제니퍼 스트레인지의 사례처럼 물 마시기 시합을 하다가 일어나는 급성 수분중독은 미국의 경우 주로 감옥에서 일어난다고 한다. 정신질환자가 한꺼번에 많은 물을 마시는 경우도 있는데 이를 의학 용어로는 '정신병적 다음증(psychogenic polydipsia)'이라고 한다. 이 증상은 원래 양성의 경과를 보이는 것으로 여겨져 왔지만 1974년에 이로 인해 사망한 사례가 처음으로 보고된 이후 지속적으로 학계의 주목을 받고 있다. 또 다른 사례로는 병원에서 벌어지는 경우가 있다. 실수로 전해질이 함유되지 않은 정맥주사를 환자에게 대량 투여하는 경우가 있는데 이는 특히 어린이에게 치명적인 결과를 초래할 수 있다. 최근 미국에서는 장거리 달리기 훈련을 하는 운동선수들이 고온에 의한 이상을 예방하기 위해 지나치게 많은 물을 미리 마셔 사망한 사례, 군부대에서 소변을 채취해 마약검사를 하려고 신병들에게 많은 양의 물을 마시게 해 사망한 사례도 보고되었다. 또 어린이를 학대하는 방법의 하나로 한꺼번에 많은 물을 먹임으로써 아이를 죽음에 이르게 한 끔찍한 사건도 있다.

급성 수분중독에 의한 사망은 전해질의 균형이 깨져 심장부정맥이 일어남으로써 발생한다. 또 저나트륨혈증과 이로 인한 뇌부종으로 초조, 섬망, 경련을 지나 혼수상태에 빠져 사망하기도 한다. 이런 사례에 해당하는 사망자의 경우 진단은 병력과 더불어 눈 안에 있는 액체인 '초자체액(안구의 둥근 형태를 유지하도록 하는 내부의 투명한 물질)'을 뽑아 전해질을 분석한다. 즉 일반적으로 초자체액에서 볼 수 있는 나트륨(Na)의 수치는 $135 \sim 151 meq/l$ 인데 물중독으로 사망했을 때는 $120 meq/l$ 이하로 정상 수치보다 훨씬 낮아진다. 이론적으로는 칼륨(K)의 수치도 함께 떨어질 것으로 예상되지만 칼륨은 사후 모든 체세포에서 급격히 방출되며 초차액에도 예외없이 흘러들어온다. 그러므로 물중독으로 인해 생전에 칼륨의 수치가 매우 낮아졌다고 하더라도 사후 검사에서는 정상이거나 그보다 높게 나타날 수 있다. 따라서 사후 검사에서 칼륨의 수치가 낮게 나타나지 않는다고 해서 물중독이 아니라고 단정해서는 안 된다. 단, 초자체액의 칼륨 수치가 15meq/l를 넘으면 이는 시체가 부패되기 시작했다는 의미다. 따라서 이런 경우는 나트륨 수치가 낮다고 하더라도 그 의미를 해석하는 데 신중을 기해야 한다. 초자체액과 달리 혈액은 사후에 혈구가 파괴되어 나트륨과 염소(Cl)를 비롯한 전해질의 농도가 급격히 변하기 때문에 사후 혈액을 분석한 결과를 토대로 물중독 여부를 진단할 수는 없다.

물은 몸에 좋다는 이유로 마시는 것이 아니라 생명체에게 없어서는 안 될 필수 불가결한 요소이기 때문에 마셔야 한다. 우리 몸은 약 70%가 물로 이루어져 있어서 물을 마시지 않거나 어떤 이유로 몸에서 많은 양의 물이 빠져나가면 탈수증상이 나타나고 심하면 사망할 수도 있다. 반대로, 짧은 시간 내에 지나치게 많은 양의 물을 마셔도 죽음을 초래할 수 있다. 그렇다면 사람이 얼마나 많은 물을 마시면 죽을 수 있을까? 제니퍼처럼 3시간 동안 4l 정도를 마시면 누구나 죽게 되는 걸까? 우선 답은 '그렇지 않다'다. 물을 많이 마셨다고 하더라도 제니퍼와 함께 대회에 참가했던 나머지 18명처럼 특별한 무리나 증상을 느끼지 않은 채 지나가는 경우가 대부분이다. 또 물중독에 의한 증상이 나타나더라도 더 이상의 물을 마시지 않은 채 안정을 취하거나 3% 정도의 염수를 투여하는 등 적절하게 치료하면 빠른 시간 내에 정상으로 회복된다. 하지만 제니퍼처럼 짧은 시간 내에 3~4l에 달하는 물을 마시면 죽을 수도 있는 것이다. 그렇기 때문에 몸에서 요구하지 않는 물을 과도하게 마시는 일은 피하는 것이 현명하다. 우리 몸에 반드시 필요하지만 지나치면 오히려 독이 되는 것은 비단 물뿐만이 아니다. 산소도 지나치면 산소중독을 일으키고, 영양이 과하면 비만을 불러오고 많은 성인병의 근원이 된다. 과유불급(過猶不及), 지나친 것은 모자라는 것과 같다고 했던가?

명예라는
가면을 쓴 범죄
_명예살인

 2007년 5월, 영국 사회는 참혹하게 죽어간 한 여성의 죽음을 애도하고 있었다. 이제 갓 20세의 나이를 넘긴 바나즈 마흐무드(Banaz Mahmoud)는 쿠르드계(Kurdish)로 이라크에서 태어나 열 살 때 가족과 함께 영국으로 건너왔다. 17세가 되었을 때 아버지가 정해 준 남자와 결혼을 했지만 남편은 그녀에게 폭력을 일삼았고, 하루하루 지옥 같은 생활을 하던 그녀는 결국 이혼을 하고 친정으로 돌아왔다. 친정에서 지내던 그녀는 이란 출신의 쿠르드족 남자를 만나 사랑하게 되었다. 하지만 그녀의 아버지는 상대 남자가 이라크 출신이 아니라는 이유로 그녀를 집안에 가두었고, 그래도 그녀가 사랑을 포기하지 않자 이내 폭력을 쓰기 시작했다. 너무나 괴로운 상황에 몸과 마음이 모두 지친 그녀는 아버지에게 더 이상 그 남자를 만나지 않겠다고 약속했지만 그 약속을 지키기는 쉽지 않았다. 결국 2007년 초, 그 남자와 함께 있다가 가족들에게 들킨 그녀는 이후 행방불명되었다. 경찰에서는 바나즈의 실종에 의심을 품고 3개월이 넘는 기간 동안 끈질기게 추적한 끝에 그녀의 집 뒷마당에서 시신을 찾아냈다.

아버지와 삼촌이 구두끈으로 그녀의 목을 졸라 살해하고, 가방 속에 넣어 파묻어 버린 것이었다. 심지어 그녀의 삼촌은 바나즈를 죽이기 전날 폭력배를 동원해 남자친구를 먼저 살해하려 했다고 진술했다.

국제인권단체인 〈인권감시(Human Rights Watch)〉는 '명예범죄(honor crimes)'를 다음과 같이 정의하고 있다.

명예범죄란 한 가족의 남성 구성원이 여성 구성원을 상대로 하는 폭력적 행동으로 흔히 살인으로 이어진다. 가족의 명예를 더럽혔다는 이유는 다양한데 부모가 결정한 혼인을 거부하거나, 성폭력의 희생자가 되거나, 이혼을 요구하거나, 간통을 한 때다.

이 기준에서 볼 때 바나즈의 죽음은 전형적인 명예살인(honor killing)이다. 즉 바나즈 사건은 가족의 남성 구성원인 아버지와 삼촌이 다른 지역 출신의 남자와 사귐으로써 가족의 명예를 더럽혔다는 이유로 여성 구성원, 다시 말해 자신의 딸, 조카를 살해한 것이다. 이러한 명예살인은 주로 요르단, 팔레스타인, 터키, 파키스탄, 방글라데시 등의 중동 국가 및 서남아시아의 이슬람 문화권에서 집중적으로 자행된다. 반면 같은 이슬람 문화권이라도 말레이시아나 인도네시아에서 명예살인이 일어나는 경우는 극히 드물다. 그런데 이슬람계 이민이 늘어나면서 이 명예살인은 단순히 중동과 이슬람권 국가뿐만이 아니라 유럽 각국에서도 사회문제로 대두되고 있다. 특히 바나즈 사건이 일어난 영국은 이슬람교도가 약 180만 명에 달하는데 지난 10년 동안 25명이 넘는 여성이 명예살인의 희생자가 되었다고 한다. 명예살인은 사건의 특성상 잘 드러나지 않아 정확한 통계를 내기는 어렵지만 전 세계에서 매년 약 5,000명의 여성이 명예살인에 의해 희생되는 것으로 알려져 있다. 2002년 한 해 동안 파키스탄에서만 약 400명이 살해되었으며 요르단에서는 발생하는 살인사건 중 1/4이 명예살인이라고 한다. 2007년 5월에는 이라크 내 쿠르드족 사회에서 17세의 소녀를 돌팔매질하고 발로 짓밟아 참혹하게 살해하는 사건이 동영상으로 전파되어 국제사회에 큰 충격을 준 적도 있다. 이와 같은 명예살인이 국제사회로부터 비난의 대상이 되고 여러 나라에서 처벌을 강화하자 근래에 와서는 법적 책임을 회피하기 위해 여성 스스로 죽음을 택하도록 강요하는 현상이 나타났는데 이것이 이른바 명예자살(honor suicide)이다.

그런데 이와 비슷한 사건은 우리나라에서도 일어난다. 32세의 L은 약 10년 전에 결혼해 경제적으로 넉넉하지는 않지만 사랑하는 남편과 두 아들을 낳고 행복하게 살아왔다. 그런데 2006년 어느 날, 우연히 인터넷을 통해 알게 된 남자를 만나면서부터 L의 인생이 뒤틀리기 시작했다. 어려서부터 돌봐 주던 오빠가 남편보다 먼저 이 사실을 알게 되었고 오빠는 수도 없이 L의 마음을 돌려 보려고 애를 썼다. 그러나 이미 판단력이 마비된 L의 귀에 오빠의 말은 전혀 들어오지 않았다. 오빠는 마지막으로 여동생을 설득해 볼 양으로 아무도 없을 때 자기 집으로 L을 불렀다. 그리고 오빠는 L에게 다시 한번 애원하다시피 설득을 했지만 L은 막무가내였다. 오빠가 손찌검을 하자 L은 "네가 뭔데 내 인생에 간섭하고 때리느냐"고 악을 썼다. 오빠는 그동안 참아 왔던 분노가 폭발하고 말았다. 그의 주먹이 사정없이 L의 얼굴로 날아갔다. L이 쓰러지자 오빠는 발로 걷어찼고 그래도 화가 풀리지 않은 그에게 죽비가 눈에 띄었다. 그는 엎어져 있는 L의 등을 죽비로 마구 내려치기 시작했고 어느 순간 L은 저항을 멈추었다. 화가 덜 풀린 오빠는 술집을 찾았다가 두어 시간이 지나 집으로 돌아왔다. L은 아까 모습 그대로 쓰러져 있었다. 오빠는 L을 부여잡고 울면서 소리쳤다. "미안하다. 때리지 않을게. 이제 그만 정신을 차려라." 그러나 L은 아무런 반응이 없었다. 그녀는 이미 숨진 후였던 것이다. 오빠는 체포되었고 L의 시신은 부검대에 오르게 되었다. 시반은 극히 미약했고, 체표면적의 약 45%에 달하는 넓이에서 피하출혈(멍)이 관찰되었다. 얼굴과 머리에도 전체적으로 멍이 들어 있었고 가슴과 배, 등과 엉덩이, 팔과 다리를 가릴 것 없이 심한 멍 투성이었다. 가슴을 열어 보니 갈비뼈는 양쪽이 2번부터 12번까지 한 군데 또는 두 군데가 부러져 있었다. 왼쪽 폐도 조금 찢어져 있었다. 간은 좌엽과 우엽, 엽간 할 것 없이 여기저기 터진 상태였다. 그리고 왼쪽 가슴 속에는 50cc 정도, 배 속에는 450cc 정도 피가 고여 있었다. 사인은 광범한 피하출혈과 더불어 간파열과 다발성 늑골골절을 아우르는 다발성 손상이었다.

　물론 L의 사건을 명예살인이라고 할 수 있는지는 명확하지 않다. 그녀의 오빠가 범죄를 저지른 이유가 L이 가족의 명예를 더럽혔다고 생각해서인지 확신할 수 없기 때문이다. 하지만 L의 사건 역시 가족이나 공동체를 중요시하는 한국 사회에서 오빠가 여동생의 행실이 자기 마음에 들지 않거나 남 보기 부끄럽다는 이유로 폭력을 가해 살해한 일종의 명예살인 사건으로 볼 수 있을 것 같다. 우리 사회에서 발생하는 명예살인이 이슬람권의 그것과 다른 점은 이슬람

권의 명예살인이 대부분 사전에 치밀하게 계획된 범죄인 데 반해 우리나라의 경우에는 L의 사건에서 보는 바와 같이 대부분 충동범죄라는 점이다. 그러나 때로는 충동범죄가 계획범죄보다 더 잔인하다. L의 몸에 나타난 수많은 상처와 손상을 보면서 오빠의 충정이야 어쨌든 처절하게 맞아 죽어 가는 L의 모습이 눈에 보이는 듯했다.

1만분의 1초에
갈린 운명
_낙뢰 사건

2007년 7월 30일자 일간지에 실린 기사다.

7월 28일 북한산 인수봉의 한 산장에 머물렀던 '산비둘기 산우회' 회원 10여 명은 다음 날 오전 8시쯤 등반에 나섰다. 그런데 11시 45분쯤 갑자기 폭우와 함께 번개가 치기 시작했다. 선두에 섰던 남녀 회원 4명이 북한산 용혈봉 정상에 있는 20㎡가량 넓이의 바위 꼭대기에 도착했을 즈음 낙뢰가 내리쳤다. 36세의 정모 씨 등 3명은 낙뢰를 맞고 그 자리에 쓰러져 숨졌고, 57세의 안모 씨는 낙뢰를 맞은 후 튕겨 나가 15m 아래에 있는 바위에 부딪혀 숨졌다. 부근에 있던 나머지 회원들도 낙뢰를 맞고 숲 속으로 튕겨 나가거나 등산로에서 쓰러졌다. 일부는 하반신이 일시적으로 마비되어 움직이지 못했다. 선두와 100m가량 떨어져 있던 강모(남/55) 씨는 "갑자기 눈앞에서 불이 번쩍하면서 충격을 받아 내 몸이 뒤로 튕겨 나갔다"고 말했다. 이날 20여 명의 다른 등산객 중 일부는 등산로 계단에 심어 놓은 쇠말뚝과 쇠줄을 잡았다가 감전되었다. 왼쪽 발등에 2도 화상을 입은 양모(남/57) 씨는 "용혈봉 못 미친 곳에서 쇠줄을 잡는 순간 왼쪽 발목에 전기가 찌릿하고 통하면서 의식을 잃었다"며 "깨어나 보니 양말이 찢어지고 화상을 입었다"고 말했다. 결국 이 사건으로 4명이 병원에 입원할 정도의 부상을 입었다. 비슷한 시간 의정부시 수락산 8부 능선 부근에서도 낙뢰 사건이 발생해 1명이 숨지고 2명이 부상으로 입원했다. 한 목격자는 "하산하던 중 벼락이 나무에 떨어졌고 등산로 바닥에 고인 빗물을 통해 주변에 있던 사람들이 감전되었다"면서 "사람들이 발이 뜨겁다며 동동 뛰어다녔다"고 말했다.

낙뢰(落雷, thunderbolt)는 뇌운(雷雲, thundercloud: 전기를 띠는 구름)과 지상물 사이에 일어나는 방전 현상으로 벼락이나 벽력이라고도 한다. 일부에서는 방전 현상이 아직 대기 중에 있을 때는 벼락이나 벽력으로, 지상에 떨어졌을 때는 낙뢰로 나누어 부르기도 한다. 수백만 볼트(V)의 전압과 수만에서 십수만 암페어(A)의 전류가 흐르는 벼락에 노출되는 것을 '뇌격(雷擊, lightning stroke)'이라 하며, 사망하면 뇌격사(雷擊死) 또는 낙뢰사(落雷死, death from lightning)라고 한다. 벼락과 밀접한 관계를 가지는 용어로는 번개(lightning)와 천둥(thunder)이 있다. 번개는 벼락보다 넓은 개념이다. 즉 번개가 지상으로 떨어지면 벼락(cloud-to-ground lightning)이라고 하지만, 번개는 구름과 구름 사이에서 일어나기도 하는데 이를 운간방전(雲間放電, cloud-to-cloud lightning)이라고 한다. 영어에서 뇌격을 thunderbolt stroke라고 하지 않고 lightning stroke라고 하며, 뇌격사를 death from lightning이라고 하는 이유는 벼락이 번개에 포함되기 때문이다. 천둥은 뇌성, 뇌명 또는 우레라고도 하는데 이는 번개로 인해 공기가 급격히 팽창하면서 내는 폭발음이다. 천둥이 울린 후 벼락이 떨어지는 소리를 합해 우리는 뇌성벽력(雷聲霹靂)이라고 한다. 벼락에 관계되는 몇 가지 통계를 보면 다음과 같다. 지구 상에는 매일 800만 번 정도의 번개가 치며 매초 100번 정도의 벼락이 내리친다고 한다. 미국 엠파이어스테이트 빌딩은 매년 23회 정도 벼락을 맞으며 24분 사이에 여덟 번이나 벼락을 맞은 기록도 있다. 세계적으로는 싱가포르와 브라질 북부의 번개 활동이 가장 왕성하다. 기상청에 의하면 우리나라에는 매년 100만 번 정도의 벼락이 떨어지며 하루 평균으로는 3,000회 정도지만 이 중 대부분은 7~8월에 집중된다. 지역적으로는 전북 북부지역인 완주군 일대가 가장 빈번하고 제주도가 가장 적다고 한다.

사람이 벼락에 맞으면 예외 없이 죽는 것으로 알고 있는 이가 더러 있다. 그러나 북한산과 수락산에서 일어난 낙뢰 사건에서 보는 바와 같이 같은 장소에서 벼락을 맞고도 죽는 사람이 있는가 하면, 상당한 부상을 당하는 사람도 있고, 감전되는 것을 느꼈지만 특별한 부상을 입지 않는 사람도 있다. 벼락에 노출된 사람 중 1/4 내지 반 정도는 사망하는 것으로 보고 있으며 통계에 의하면 미국에서는 매년 벼락으로 약 100명이 사망하고 300명에 가까운 사람들이 부상을 당한다고 한다. 기네스북에 올라 있는 로이 설리번(Roy Sullivan)이라는 사람은 35년 동안 일곱 번이나 벼락을 맞고도 살아 있다고 한다. 그럼 왜 벼락을 맞았을 때 어떤 사람은 죽고, 어떤 사람은 멀쩡할까? 이런 결과가 나오게 되는 데는 여러 가지 요인이 작용하지만 결정적인 부분은 전류가 심장이나 뇌처럼 중요 장기를 통과했느냐 하지 않았느냐에 달려 있다. 벼락은 전기다. 그렇기 때문에 감전과 같은 이론이 적용되는 것이다. 그런데 일반 전기와는 비교할 수 없는 엄청난 전기력이 작용했는데도 생존의 가능성이 있는 것은 낙뢰가 일반 전기와는 달리 직류이며 인체에 작용하는 시간이 불과 1만분의 1초 정도에 지나지 않기 때문이다.

　이번 사건처럼 사안이 명백하고 많은 사람에 의해 목격된 경우는 그리 문제가 없다. 하지만 때로는 야외에서, 극히 드물지만 실내에서도 벼락에 노출되어 죽은 채 발견되는 경우가 있다. 이때는 시체뿐만 아니라 의복과 신발 그리고 소지품은 물론 현장에 대한 조사를 통해 낙뢰에 의한 사망인지 여부를 판단해야 한다. 벼락에 맞아 사망한 사람에 대한 시체소견은 다양하고 예측하기 힘들다. 비교적 특징적인 뇌문(雷紋, arborescent burns or lightning print)이 있지만 그리 흔히 나타나는 소견은 아니다. 뇌문은 피부에 나뭇가지 모양으로 형성되는 적색 내지 갈색의 무늬다. 피부 표면에 있는 혈관을 따라 전류가 흘러 혈관이 화상을 입거나 마비되어 나타나는 것으로 보고 있지만 확실하지는 않다. 이는 낙뢰가 타격한 부위에 형성되므로 뇌격의 특징적인 증거가 된다. 단, 생존하는 경우에는 몇 시간 후에 사라지는 경우가 많다. 그 외에는 화상을 볼 수 있는데 그 정도나 형태가 무척 다양하다. 대개는 착용하고 있던 금속편으로 전류가 들어가고 나가면서 발생하고 모발이 타는 수도 있다. 내부에서는 진단적 소견을 볼 수 없는 경우가 대부분이지만 두개골 등이 골절되거나 내부장기가 파열되는 등 손상이 초래될 수도 있다. 이러한 손상은 낙뢰의 직접적인 파괴 작용에 의한다. 그러나 때로는 밖에서나 안에서나 아무런 소견을 볼 수 없는 경우도 있다. 의복은 찢어지거나 타거나 그을린다. 하지만 단지 전기가 들어간 유입구로서 작은 천공만 있을 수도 있고 전혀 손상을 입지 않는 경우도 있다. 장화나 신발도 터져

나갈 수 있다. 시체나 의복에서 아무런 소견을 보지 못하는 경우라도 시계나 동전, 벨트나 버클 등의 금속물, 금속 헤어핀, 의치와 같이 몸에 착용하거나 소지하고 있는 금속이 용해된 것을 볼 수 있는데 이때 철금속은 자성을 띠게 된다. 현장조사에서는 그 지역에 낙뢰가 발생했다는 사실이 중요할 것이며 이는 나무나 건물 또는 다른 물체에 나타난 낙뢰의 흔적으로 알아볼 수 있다.

칼날의 양면,
판결의 양면
_갈빗집 사망 사건

　　남편과 함께 갈빗집을 운영하는 H는 평소 잦은 부부싸움으로 유명했다. 그러던 어느 날 새벽, 남편 H가 갈빗집 내실에서 왼쪽 가슴을 칼에 찔려 그 자리에서 사망하는 사건이 벌어졌다. 두 사람만 있다가 벌어진 일이었고 경찰서에 간 W는 자신이 남편을 살해했다고 자백까지 했다. 단순해 보였던 이 사건은 그녀가 사건이 검찰로 넘겨지면서부터 재판을 받는 과정 내내 범행을 부인하자 얽히기 시작했다. W의 주장은 다음과 같다.

　　"남편은 평소 부부싸움을 하다가 칼을 드는 경우가 많았어요. 그 당시에도 말다툼 끝에 남편이 칼을 집어 들었죠. 그러고는 나와 마주 선 채 내 오른쪽 어깨 부분을 붙잡아 끌며 뒷걸음을 치다가 뒤에 있는 책상에 부딪혔어요. 그 순간 나는 내 어깨를 잡고 있던 남편의 손을 뿌리치면서 남편의 손에서 칼을 빼앗았죠. 다행히 남편은 심하게 저항하지 않고 칼을 내주었어요. 나는 칼을 원래 있던 도마 위에 올려놓았는데 갑자기 남편이 가슴을 움켜쥐고 스르르 넘어진 거예요."

결국 자신은 남편을 칼로 찌르지 않았다는 주장이었다. W는 또 "칼을 빼앗을 때에도 실랑이를 하지 않았기 때문에 그 과정에서 남편이 찔린 것도 아니에요. 남편이 뒷걸음을 치다가 책상에 부딪힌 순간부터 내가 남편의 왼손을 뿌리치던 과정에서 찔렸을 가능성도 생각해 봤지만 내가 그 순간을 정확히 보지 못했기 때문에 어떻게 남편이 칼에 찔렸는지는 도무지 알 수가 없어요"라고 덧붙였다. 결국 고등법원에서는 이 사건을 다음과 같이 판단했다.(참고: 〔 〕부분은 필자가 판결문을 정리하면서 메모하여 넣은 것이다.)

H는 자살할 만한 사유가 없고 W도 H가 자살한 것은 아니라고 한다. 부검 결과 왼쪽 가슴에 있는 자창 이외에 다른 부위에는 손상이 없고 주저흔이나 방어흔도 없다. 그뿐만 아니라 입고 있던 오리털 조끼, 남방, 티셔츠에도 심장에 있는 자창과 같은 위치, 같은 모양의 칼자국이 나 있다. 이러한 점을 종합해 보면 H가 스스로 찔렀다고 보이지는 않는다. 따라서 H가 잘못하여(칼을 잡고 있는 상태에서 W가 칼을 빼앗으려고 실랑이를 하거나 H가 다른 장애물에 부딪치는 등의 사유) 칼에 찔렸는지, 아니면 W가 고의로 H를 칼로 찔렀는지가 쟁점이 된다. 그런데 부검 결과에 의하면 H의 왼쪽 가슴에 나 있는 자창은 길이가 2.5㎝ 정도이고 깊이가 15㎝ 정도인데, 칼날 방향이 바깥쪽으로 나 있다. 자창은 외부에서 볼 때 거의 수평으로 되어 있으며 좌우로 기울어지지 않고 곧바로 뒤를 향하고 있다. 또 찔린 뒤 내부에서 흔들리지 않은 채 그대로 다시 칼이 빠져나온 형태로 되어 있다. W에 의하면 H가 칼을 들고 W를 위협할 당시 H는 W와 마주 보고 있었고, 칼은 칼날〔여기서 칼날은 칼몸을 의미하는 것 같다. 검시의학에서는 칼몸의 베는 부분만 칼날이라고 부른다.〕 부위가 새끼손가락 쪽을 향하고, 손잡이 뒷부분이

엄지손가락 쪽으로 향하도록 잡았다고 한다. 이러한 상태에서 W의 진술대로 H가 어깨높이로 칼을 들고 있었다면 칼날은 지면을 향하게 된다[왜 반드시 지면을 향한다고 하는 걸까? 칼몸이 새끼손가락 쪽을 향하였을 때 칼날은 하늘을 향할 수도 있고 땅을 향할 수도 있다]. 그러므로 다른 물체와 충돌하여 넘어지거나 W가 칼을 빼앗는 과정에서 자창이 생겼다면 칼날 방향은 신체의 안쪽을 향하여야 할 뿐만 아니라 자창의 모양이 수평으로 되기도 어렵다. 즉 자창의 부위, 자창의 모양과 칼날 방향, 신체의 상황 등 제반 사정에 비추어 보면 W가 H를 칼로 찔렀다고 인정할 수밖에 없다.

그러나 대법원에서는 다음과 같은 이유로 고등법원과 판단을 달리했다.

이 사건과 같이 목격자의 진술 등 직접증거가 전혀 없는 경우에는 적법한 증거들에 의하여 인정되는 간접사실들에 논리법칙과 경험칙을 적용하여 공소사실이 합리적인 의심이 없을 정도로 추단될 수 있을 경우에만 유죄로 인정할 수 있다는 것이 형사소송의 대원칙이다. 따라서 이 사건에서는 자살 가능성이나 우발적인 사고의 가능성까지도 합리적인 의심이 없이 배제됨으로써, 최종적으로 W가 H를 찔렀다고 볼 수밖에 없다고 추단되어야만 비로소 W를 유죄로 인정할 수 있을 것이다. 이 사건에서 H의 자살 가능성을 배제한 원심의 판단은 충분히 수긍할 수 있다. [나는 수긍할 수 있는 충분한 근거를 찾을 수 없다.] 그러나 H가 칼을 어깨높이로 들고 있었다면 칼날은 지면을 향하게 되므로, 다른 물체와 충돌하여 넘어지거나 W가 H로부터 칼을 빼앗는 과정에서 H에게 자창이 생겼다면 자창의 칼날 방향은 신체의 안쪽을 향하여야 할 뿐만 아니라 자창의 모양이 수평으로 되기도 어렵다는 이유로 우발적인 사고의 가능성을 배제하고 곧바로 W가 H를 고의로 살해하였다고 인정한 조치는 도저히 납득하기 어렵다. 즉 감정인은 "W가 H와 마주 서서 H를 칼로 찔렀다면 자창의 방향이 아래로 향하여야 할 것인데도 이 사건에서 자창의 방향이 거의 수평이라는 점 등에서 오히려 일반적인 타살과는 다르다"는 견해를 밝히고 있다. 결론적으로 이 사건은 H와 W가 서로 실랑이를 하던 도중에 우발적으로 일어난 사고로 인한 것일 가능성도 있다.

환송된 후 고등법원에서는 같은 이유를 한 번 더 되풀이하고 여기에 다른 설명을 약간 덧붙여 다시 유죄를 선고했다. 요지는 다음과 같다.

전문가의 증언에 의하면 칼을 잡는다는 의식을 가지고 칼을 들면 일반적으로 칼날은 지면을 향하고 칼등은 하늘을 향한다는 것이다(전문가의 과학적 증언이라고 보기는 어렵지 않을까?). 이와 같은 모양으로 칼을 어깨높이로 들고 어떤 과정 중에서인지는 모르지만 자신의 잘못으로 자신의 가슴을 찔렀을 경우는 칼날 방향이 신체 안쪽을 향하여야 할 것이다. 그런데 H에서 보는 칼날 방향은 바깥쪽을 향하고 있다. 그뿐만 아니라 자창이 수평이며 좌우로 기울어지지 않고 곧바로 뒤를 향하고 있다. 이와 같은 자창의 모양에 비추어 보면 H가 칼을 붙잡고 있는 상태에서 W가 칼을 빼앗으려고 실랑이를 하거나 H가 다른 장애물에 부딪치거나 넘어지는 등의 사유로 칼에 찔렸을 가능성은 없다(결론의 비약이다). 또 W가 H로부터 칼을 빼앗을 당시 H가 이미 칼에 찔린 상태였다면 H는 자신을 칼로 찌른 다음 다시 칼을 빼어 오른손을 들어야 한다. 그런데 치명적인 상처를 입은 H가

이와 같은 행동을 할 수 있는지 의문이 든다(하지만 현실에서 이 정도는 얼마든지 가능하다). W는 H가 칼에 찔리면서 아무런 비명이나 소리도 내지 않았다고 진술하고 있는데 이것도 논리적으로 납득하기 어렵다(아무 소리도 내지 않았다는 것은 오히려 자해의 근거가 돼야 하는 게 아닐까?). 즉 W의 변소 내용을 전제로 당시 상황을 설정한 상태에서 H의 자창 부위, 자창의 모양과 칼날의 방향, 신체의 상황 등 제반 사정에 비추어 보면, H가 자신의 잘못으로 자신을 찔렀을 가능성은 없다고 보아야 할 것이다. 그렇다면 마지막 한 가지 가능성, 즉 W가 H를 칼로 찔렀을 가능성만을 인정할 수밖에 없다.

이에 대하여 대법원에서는 또다시 입장을 달리했다. 내용을 요약해 보면 다음과 같다.

원심(고등법원)은 칼을 잡는다는 의식을 가지고 칼을 들었을 경우 일반적으로 칼날이 지면을, 칼등이 하늘을 가리키게 들게 된다는 증언을 종합하여 이 사건 당시 칼날의 방향이 지면을 향하고 있었다고 인정한 후, 이를 전제로 H의 가슴에 난 자창의 모습에 비추어 우발적 사고로 인한 사망의 가능성을 배제하였다. 그러나 그와 같은 칼날의 방향에 관한 원심의 인정은 선뜻 수긍하기 어렵다. 왜냐하면 W가 수사기관이나 법정에서 칼날의 방향에 관하여 명확한 진술을 하지는 않았고, 나아가 환송 전 원심에 이르기까지는 칼날의 방향을 구체적인 쟁점으로 하여 변론이 이루어지지도 않았다. 따라서 W가 그에 관하여 구체적인 진술을 하지 않았다고 하여 이에 대하여 이의를 제기하지 않았다거나 이를 시인한 것으로 보기는 어렵다. W는 다만 환송 후 원심 공판기일에서 칼날의 방향이 구체적인 쟁점으로 부각되자 이를 모르겠다고 명백하게 주장하였을 뿐이다. 또한 증인은 "일반적으로 칼을 잡으면 위로 잡을 때는 대개 칼날이 아래쪽을 향한다. 인식을 하고 잡을 때는 그런데, 인식을 하지 않으면 칼날의 방향은 바뀔 수 있다"라고 증언한 바 있다. 그러나 이러한 증언이 이 사건과 같은 모습으로 칼을 잡은 경우에 일반적으로 칼날의 방향이 아래쪽을 향한다는 근거를 제시하는 것은 아니다. 또 의식적으로 칼을 이 사건과 같은 모습으로 잡을 때 칼날의 방향을 아래쪽으로 하여 잡는다는 경험칙이나 과학적 근거가 있다고 보기도 어렵다. 나아가 인식을 하지 않고 칼을 잡을 때는 칼날의 방향이 바뀔 수 있다는 것이다. 그런데 H는 W와 말다툼을 하다가 W가 나가려고 하자 이에 화가 나서 칼을 집어 들었다는 것이다. 이처럼 H가 격분하여 충동적으로 칼을 잡았다면 칼을 어떻게 잡겠다는 인식을 하고 잡은 것으로 보기는 어려울 것이다. 이와 같은 경우 칼날의 방향은 얼마든지 달라질 수 있는 것으로 보인다. 만약 H가 칼등 부분이 몸 쪽으로, 칼날 부분이 바깥쪽으로 향하도록 칼을 잡았다면, W와 실랑이를 하거나 다른 장애물에 부딪치는 등의 사유로 칼에 찔린 경우에는 칼날의 방향이 바깥쪽을 향할 가능성이 없다고 할 수 없다. 나아가 자창의 모습으로 보아 W가 H로부터 칼을 빼앗아 H의 가슴을 찔렀다고 보기 어려운 점도 있다. 즉 자창은 왼쪽 가슴에, 외부에서 볼 때 거의 수평으로 되어 있을 뿐 아니라 H의 신체 부위에는 다른 손상이 없으며 주저흔이나 방어흔 등도 없다. 그런데 W가 H와 마주 선 상태에서 칼을 빼앗아 찌를 경우 그 자창은 통상 아래나 위 방향으로 날 것이지 수평으로 나기는 어려울 것으로 보인다. 마주 선 상태에서 자창이 수평으로 나기 위하여는 W가 몸과 손목을 틀어 칼날을 수평으로 하여 찔러야 하는데, 마주 본 상태에서는 몸을 옆으로 돌리기도 어렵다. 다만 마주 본 상태에서 H가 약간 옆으로 서 있을 경우 칼을 옆으로 돌리면 그러한 자창이 가능하나, 마주 보고서는 자세가 굉

장히 어색해지고 찌를 수도 없다는 것이다. 또한 W는 160cm 정도의 여자이고, H는 키 170cm 이상의 남자(W의 진술에 의하면 174~175cm)라는 성별, 체격조건 등에 비추어 W가 아무런 저항을 받지 않고 H로부터 칼을 빼앗았다고 보기는 어렵다. 그뿐만 아니라 칼을 빼앗아 찌르더라도 H의 저항이 없을 수 없을 터인데, W는 아무런 상처나 저항을 받은 흔적이 없으며, H 역시 방어흔이나 다른 상처가 전혀 없다. 그러한 점에 비추어 W가 H로부터 칼을 빼앗아 찔렀다고 보기는 어려운 사정이 엿보인다. 원심은 W가 H로부터 칼을 빼앗을 당시 이미 H가 칼에 찔린 상태였다면 H는 자신을 칼로 찌른 다음 다시 칼을 빼어 오른손을 들어야 하는데, 치명적인 상처를 입은 H가 이와 같은 행동을 할 수 있는지, 또 H가 칼에 찔리면서 아무런 비명이나 소리도 내지 않을 수 있는지 납득하기 어렵다는 점을 유죄 인정의 사정으로 들고 있다. 그러나 H의 상처 부위와 같은 경우는 스스로 찌른 후 어려움 없이 다시 칼을 뺄 수 있다는 것이다. 그리고 W가 격앙되어 있는 상황에서, 더욱이 싸우던 남편이 사망한 경우에 있어서 기억을 제대로 하지 못할 가능성도 전혀 배제할 수는 없다. 그러므로 이러한 사정만으로 W에게 유죄를 인정하기는 어려울 것이다.

〈대법원 2000. 11. 7. 2000도3507, 대법원 2000. 2. 25. 99도5350〉

이 판결은 전문가 증언과 법원 판단의 과학성에 대해 많은 것을 생각하게 해 준다. 이 사건을 요약하면 왼쪽 가슴에 좌우로 평행하고 날이 바깥쪽을 향한 칼자국이 나 있고 이 칼자국은 직후방으로 진행했다는 객관적인 사실과, 피해자가 오른손에 칼을 들고 가해의 의심을 받고 있는 사람과 마주 보고 있다가 어떤 상황인지 모르는 상태에서 가슴을 찔렸는데 과연 가해자가 찔렀을 가능성이 있느냐 없느냐

하는 것이 문제다.

　첫째, 일단 칼을 잡으면 찌를 때까지 손아귀 안에서 칼의 위치는 변경되지 않고 그대로 있을까? 아니다. 손아귀 안에서 가벼운 손동작으로 칼은 얼마든지 돌려 잡을 수 있고 손목과 손가락 관절의 굴곡과 위치에 의해서도 방향은 얼마든지 달라질 수 있다. 넘어지거나 실랑이를 하는 과정에서 찔린다면 찔릴 때 자기 손아귀에 칼을 꽉 쥐고 있지 않을 수도 있다. 또 손아귀에서 풀어진 칼은 옷을 뚫고 들어가는 과정에서 방향이 유지되지 않을 수도 있다. 둘째, 사람이 칼로 찌를 때 로봇이 찌르는 것과 같이 단순히 팔을 들어 위에서 아래를 향해 찌를까? 아니다. 손에 잡힌 칼은 몸의 전반적인 움직임과 더불어 어깨 관절과 팔굽 관절 및 손목 관절을 축으로 하고 손가락 관절의 움직임에 따라 위치와 방향이 역동적으로 변한다. 셋째, 찔리는 사람은 고목나무처럼 가만히 서 있을까? 아니다. 물론 기습적인 공격이나 자해의 경우는 그럴 수도 있겠지만 대부분 찔릴 때는 물론 그 전후에도 몸을 중단 없이 움직이거나 뒤틀게 된다. 넷째, 너무 피고인의 진술에만 의존하고 그 진술에서 모순을 찾으려고만 한 것은 아닐까? 자해의 가능성은 정말 없을까? 또 전혀 다른 상황에서 발생했을 가능성은 없을까? 이런 관점에서 두 번에 걸친 고등법원과 대법원의 판지 그리고 감정인이나 증인이 제시한 논지를 다시 한번 검토해 볼 필요가 있을 것 같다. 고등법원의 말이 맞을까, 대법원의 말이 맞을까? 아니면 둘 다 틀릴까? 하여간 제대로 된 검시제도 아래에서 검시전문가가 손상에 대한 올바른 검시의학적 판단을 하지 않으면 이런 일은 반복될 수밖에 없다. 산 자와 죽은 자의 운명이 저승과 이승을 오락가락하는 것이다.

법의학교실
자살인가, 타살인가

칼에 찔리거나(자창) 베였을(절창) 때 시체에서 보이는 상처가 자신에 의한 것인지 타인에 의한 것인지 구별해야 한다. 손상 자체가 타살이거나 자살이라는 것을 여실히 증명하는 경우는 간단하게 해결된다. 예를 들어 등에 자창이 집중되어 있다면 누가 보든지 타살이라 할 것이며, 한쪽 손목에 집중된 절창을 본다면 쉽게 자살이라는 판단이 설 것이다. 여기에 현장의 상황과 수사 내용까지 더해 보면 자살인지 타살인지 명백히 드러난다. 그러나 자살인지 타살인지 지극히 애매한 경우도 있다. 손상에 대한 검사나 검안 또는 부검소견만으로는 물론 현장 상황과 수사 내용을 더해 보아도 판단이 서지 않을 뿐 아니라, 때로는 더욱 혼돈에 빠지는 경우도 있다. 이제 칼로 인한 손상을 받았거나 사망했을 때 자·타해의 감별점을 알아보자.

먼저 염두에 둘 것은 칼자국의 개수는 자·타살의 감별에 크게 도움이 되지 못한다는 점이다. 초심자들은 몸의 여기저기에 칼자국이 여러 개 나 있고, 더욱이 바닥에 피가 흥건하며 벽과 천장에 피가 튀어 있는 현장을 보면 타살로 단정하기 쉽지만 사실은 큰 오해다. 자살자의 심리는 자기의 몸에 많은 손상을 가하지 않고 빨리 죽기를 바라기 때문에 영화에서 보는 것처럼 가슴이나 배에 칼을 한번 꾹 찌르고 죽을 것 같다. 그래서 몸에 남는 칼자국은 하나 또는 기껏해야 둘 정도일 것이라고 생각할 수 있다. 하지만 사실은 그렇지 않은 경우도 많다. 왜냐하면 실제로 자기 자신을 가해하면서 한두 번 찔러 성공(?)하는 확률은 오히려 낮기 때문이다. 목, 가슴과 배, 팔다리를 찌르고 벤 후에도 죽지 못해 목을 매거나 약을 먹고 죽는 사례도 얼마든지 볼 수 있다. 반대로 타살이라면 또한 영화에서 보는 것처럼 무자비하게 수없이 찌르고 죽음을 확인하기 위해 또다시 가해할 것으로 생각한다. 그런 경향이 일부 있는 것도 사실이다. 하지만 한두 번 가해하여 살해라는 목적을 달성하는 경우도 드물지 않다. 따라서 칼자국의 개수는 자·타살의 구별에서 별로 의미를 찾을 수 없는 것이다.

오히려 가장 중요하면서도 상식적인 문제는 칼자국이 스스로 가해할 수 있는 부위에 나 있는가 아닌가, 또 가해할 수 있다 하더라도 가해하기 위한 자세가 어색한가 아닌가 하는 점이다. 가해하기 어려운 부위일수록, 또 가해하기 위한 자세가 어색할수록 타살에 가까울 것이고, 그 반대라면 자살에 가까울 것이다. 이에 대해서는 더 이상의 설명이 필요 없을 것으로 생각된다. 또 자살의 경우는 어색하지 않은 자세에서 가해할 수 있는 부위 중 상식적으로 알고 있는 치명 부위를 선택한다. 즉 왼쪽 가슴, 목의 양쪽, 복부 중앙, 손목 관절 등이 대표적이다. 다시 말해 칼자국이 아무리 많다 하더라도 자기가 자연스럽게 가해할 수 있고 자주 선택되는 부위라면 일단 자살의 가능성을 배제해서는 안 되며, 전부 자연스러운 위치에 있다면 칼자국이 많을수록 오히려 자해에 접근한다. 타살의 경우는 칼자국이 여러 개일수록 어디엔가 자연스럽지 못한 위치에 칼자국이 있기 마련이다. 또 하나둘에 불과한 칼자국이 흔히 선택되지 않는 흉골 부위나 오른쪽 가슴 부위에 있으면 타살에 가깝게 된다.

둘째, 칼자국의 진행 방향이 중요하다. 즉 가해한 손을 축(軸)

으로 하여 칼자국이 피부나 몸속에서 자연스러운 방향을 취하고 있는지가 판단의 초점이 된다. 즉 자신의 오른손으로 왼쪽 가슴을 찌른다면 거의 직각에 가까운 방향으로 들어가는 것이 자연스러울 것이다. 그러나 타살의 경우는 상하좌우로 심하게 치우치는 경우가 많다. 칼자국이 여러 개라면 자살하는 경우는 한쪽 손에 잡은 칼이 어깨 관절, 팔굽 관절, 드물게는 손목 관절을 축으로 하여 칼이 움직이기 때문에 그 배열이 자연스럽다. 자해에서는 좁은 한 부위를 집중적으로 찌르거나 베어 상처가 서로 평행상(平行狀)을 보이는 경우도 있다.

그 외에 손상의 정도가 매우 깊거나 크다면 타살에 가깝다. 또한 찌르거나 뺄 때 커다란 자절창(刺切創: 찌른 후 다시 베어진 상처)을 형성하거나 여기저기에 절창이 섞여 있다면 타살에 가깝다. 왜냐하면 자살하는 사람은 아프지 않으려는 심리 때문에 흉기에 비해 지나치게 큰 손상이나 자절창을 만드는 경우가 드물기 때문이다.

자·타살의 판단은 '감(感)'이 아니라 철저한 법의학적 지식과 경험을 바탕으로 이루어져야 한다. 여기에 옷을 벗었는지 입었는지, 손상 부위를 노출시켰는지 아닌지, 현장의 상황이 어떠한지, 죽음의 배경이 무엇인지를 종합해 보면 실수가 없을 것이다.

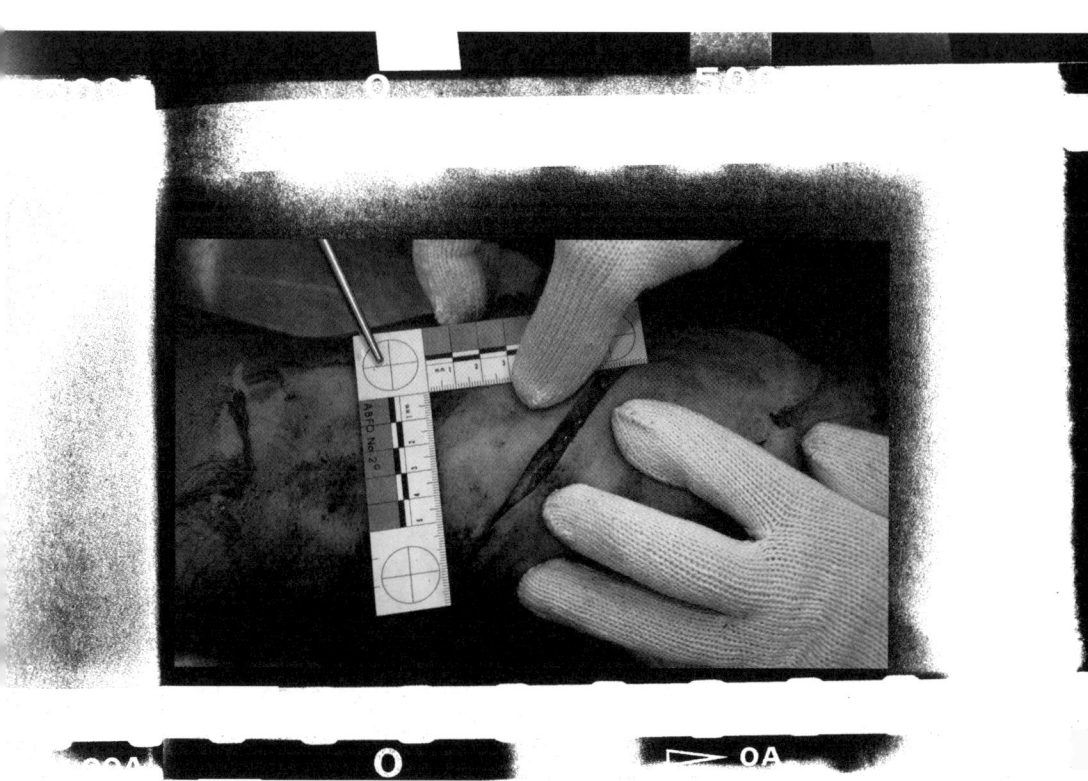

불결에 대한
불편한 마음
_김형곤 씨의 죽음에 대한 유감

　　2006년 3월 11일. 코미디로 많은 사람에게 즐거움을 선사하던 김형곤 씨가 46세라는 젊은 나이에 갑자기 사망했다. 그는 숨을 거두던 날도 여느 때처럼 오전 9시쯤 스포츠 센터를 찾았다. 스포츠 센터 관리인의 말에 의하면 그는 평소 사우나에서 20~30분간 땀을 뺀 후 찬물에 들어갔다가 다시 20분 정도 사우나를 하고 이어서 40~50분간 달리는 것을 꾸준히 해 왔다고 한다. 그런데 그날은 사우나를 끝내고 15~20분 정도 달리기를 하다가 보이지 않았으며 1시간쯤 지난 11시 30분경 화장실 안에서 쓰러져 사망한 채 발견되었다. 당시 그는 코피를 흘리고 있었고 이마에는 피가 묻어 있었다. 그는 2002년 120kg 정도 나가던 체중을 3개월 만에 35kg 감량해 세간의 화제가 되었으며, 그 후 일주일에 네다섯 번씩은 헬스클럽을 찾아 꾸준히 건강관리를 해 온 것으로 알려졌다. 그러나 매스컴의 보도들은 약속이라도 한 듯 그의 비만 경력을 들어 심근경색에 사인의 초점을 맞추었으며 운동 방법에도 커다란 문제가 있었다는 지적을 하고 있었다.

김 씨는 절박한 상태에서 헤어 나오려고 노력한 흔적이 보이지 않았으며 또 구조를 요청하지도 못한 것으로 보아 거의 즉사하거나 적어도 발병 즉시 허탈 상태에 빠진 것으로 보였다. 그렇다면 그의 사인은 무엇일까? 제일 먼저 생각해 볼 수 있는 것은 심장의 이상이며, 그중에서도 관상동맥 경화증이다. 이로 인해 심근경색증이 나타나거나 심장근육이 파열되었을 수도 있고 부정맥이 초래되었을 수도 있다. 심근질환을 생각해 볼 수도 있다. 즉 심장이 어떤 원인으로 비후되거나 확장되어 있는 상태에서 심장 기능이 급격하게 장애되는 경우다. 또 선천성 이상을 비롯한 다른 심장질환이 있었을 가능성도 배제할 수 없다. 심장의 이상 다음으로 생각해 볼 수 있는 것이 뇌혈관질환이다. 만약 사인이 뇌혈관질환이라면 뇌내출혈이 뇌실 안으로 급격히 파급되었거나 뇌간부나 그 주변에서 출혈이 일어났을 가능성이 크다. 또 꽈리 모양의 동맥류가 파열되어 대량의 지주막하출혈이 일어났을 가능성도 있다. 김 씨와 같은 나이와 건강 상태의 사회인이 갑자기 사망했다면 대개 위에 열거한 심장질환이나 뇌혈관질환을 갖고 있지만 평소 특별한 증상을 나타내지 않다가 일순간에 죽음의 상태로 몰고 간 것으로 볼 수 있다. 그러나 심장질환이나 뇌혈관질환 외에도 돌연사를 초래할 수 있는 병변은 대동맥질환을 비롯해 대단히 많으며 심지어는 아무런 기질적인 이상이 없어도 갑자기 사망하는 경우가 있는데 이를 '생리적 돌연사'라는 말로 표현하기도 한다.

그렇다면 김형곤 씨의 사인이 심근경색증이 아닐 수도 있는데 왜 부검을 하지 않았던 걸까? 가장 중요한 이유는 과거력이나 사망력 또는 현장 상황으로 보아 그의 죽음이 범죄와는 상관이 없을 것이라는 추측 때문일 것이다. 다음으로 우리나라에서는 아직도 시체에 칼을 대는 부검 자체를 꺼리는 경향이 강하다는 것을 이유로 들 수 있다. 만약 죽은 사람이 병으로 사망한 것 같다면 굳이 부검을 해서까지 무슨 병인지 알아내야 할 필요는 없지 않으냐는 생각일 것이다. 마지막으로 고인이 생전에 자신의 시신을 의학 연구용으로 기증한다는 의사를 밝힌 상태였기 때문에 미리 시체를 훼손하고 싶지 않았을 것이다. 그러나 그의 사인이 사회에 미치는 파장을 고려한다면 당시 부검을 하지 않은 것은 유감이다.

김형곤 씨가 사망한 후 헬스나 등산과 같은 운동을 중단한 사람이 많았다. 물론 돌연사는 운동이나 등산 같은 육체적인 노동이나 성행위 또는 말다툼과 같은 육체적, 정신적 흥분 상태에서 잘 일어난다. 하지만 많은 경우에는 일상생활 중에 업무를 보다가, 공부를 하다가, 변을 보다가, 담배를 피우다가, 밥을 먹다가, 걸어가다가, 차를 타고 가다가, 이야기를 하다가, 노래를 부르다가, 잠을 자다가 사망한다. 이렇게 급작스러운 죽음을 맞이하는 사람들을 보면 뚱뚱한 사람도 많지만 그렇지 않은 사람도 상당한 비중을 차지한다. 그런데도 매스컴에서는 김형곤 씨가 비만 때문에 심근경색증으로 사망했고 직접적인 원인은 잘못된 운동 습관이라는 결론을 내린 것 같다. 물론 그들이 추정했던 사망 원인이 맞을 가능성을 부정할 수는 없지만 명확하게 증명되지 않은 사실을 마치 진실인 양 일반 국민들의 마음속에 각인시키는 것은 곤란하지 않을까? 공인은 사인도 명백히 해야 할 필요가 있을 것이다. 더욱이 생전에 자신의 시신을 연구용으로 기증하고자 했던 그의 고귀한 뜻을 미루어 볼 때 고인이 만약 이런 죽음을 예상했다면 철저한 부검을 통해 사인을 명백히 밝힘으로써 국민 건강에 보탬이 되게 해 달라고 하지 않았을까 하는 생각이 든다.

법의학교실
해부(解剖)와 부검(剖檢)

간혹 직업을 물어보는 사람에게 농반진반으로 "송장을 짼다"고 하면 "전공이 해부학이군요?"라고 되묻곤 한다. 검시가 직업이라고 밝히면 "부검을 많이 하시겠군요?"라며 되묻는다. 일반인이 많이 혼동할 수 있는 해부와 부검의 정확한 차이를 알아보자.

해부(가를 解, 가를 剖)는 정상적이건 비정상적이건 생물체를 절개해 내부구조를 관찰하는 행위를 말한다. 동물은 산 채로 해부할 수도 있지만 사람은 그럴 수 없기 때문에 의학에서 해부라고 하면 시체를 대상으로 한다. 해부는 각 나라의 의료 관행이나 법률 체계에 따라 분류하는 방법이 다를 수도 있지만 정상(正常)해부, 병리(病理)해부, 법의(法醫)해부, 행정(行政)해부의 네 가지 정도로 나누어 볼 수 있다. 정상해부의 목적은 인체의 정상적인 구조를 알고자 하는 것이며, 보통 계통별로 시행하기 때문에 계통(系統)해부라고도 한다. 정상해부는 주로 기증되거나 연고가 없는 시신을 대상으로 한다. 해부학의 영역에 속하며 의과대학생들이 하는 해부학 실습이 대표적이다. 병리해부는 사망 전의 병상(病狀)이나 경과를 파악하고 질병의 원인, 정도 및 범위와 질병에 의한 변화 및 사망의 기전 등을 밝혀낼 목적에서 질병으로 사망한 환자에 대해 시행한다. 병으로 죽은 것은 확실해 보이지만 병명이 밝혀지지 않은 경우에는 법의해부나 행정해부로 전환될 수 있다. 병리학의 영역에 속하며 임상해부 또는 학술해부라고도 한다. 병리해부를 하려면 유가족의 동의가 필요하다. 법의해부는 범죄와 관련되거나 그럴 가능성이 있는 변사체의 사인 또는 살해 방법 등을 조사하기 위한 것이다. 유가족도 범죄의 혐의가 있을 수 있으므로 그들의 동의를 필요로 하지 않으며, 설사 유가족에게 범죄의 혐의가 전혀 없다 하더라도 법 절차에 따른 강제처분이므로 동의가 필요하지 않다. 이는 검시의학의 영역이다. 행정해부는 비록 범죄의 의심은 없지만 사회나 국가의 필요에 따라 변사체에 대해 시행한다. 각국의 법률에 따라 병리해부에 포함될 수도 있고 법의해부에 포함될 수도 있으며 독립적으로 구분할 수도 있다. 우리나라에서는 시체해부보존법 등의 행정법규에 따른다. 병리해부와 법의해부 그리고 행정해부는 사후변화를 고려해 가능한 한 빨리 시행하는 것이 바람직하다. 정상해부는 보통 장시간에 걸쳐서 상세하게 관찰하므로 방부처리를 한다.

부검(가를 剖, 조사할 檢)이란 병변과 손상 등을 찾아 그 원인과 정도를 파악하며, 이런 소견과 사인의 인과 관계 등을 밝히기 위해 시체를 검사하는 일이다. 따라서 병리부검, 법의부검 및 행정부검은 비정상적인 상태를 찾아내기 위해 시행하는 것으로, 해부를 비롯해 칼을 대지 않은 상태에서 관찰하는 검안과 시체에서 떼어 낸 조직이나 혈액 등의 체액에 대한 검사까지 모두 포함한다. 즉 부검은 해부보다 더 넓은 개념이다. 그래서 정상부검이라는 용어는 어색하다.

영어로는 해부를 dissection, 부검을 autopsy라고 한다. 병리부검은 pathologic autopsy, clinical autopsy 또는 academic autopsy, 법의부검은 judicial autopsy 또는 medicolegal autopsy,

행정부검은 administrative autopsy라고 한다. 여기에서 autopsy는 investigative dissection을 의미한다. 그냥 dissection이라고 하는 경우도 있는데 해부 행위에 국한되는 의미로 잘못 해석될 수도 있다. 어원을 따져 볼 때 autopsy에서 auto-는 self라는 뜻이고, -opsis는 sight의 뜻으로 직접 본다는 뜻이기 때문에, 죽음 또는 시체라는 뜻을 가진 necro-와 합쳐진 necropsy가 더 정확한 표현이다. 그러나 현재는 영어권 국가에서 autopsy라는 용어가 necropsy보다 더 널리 쓰이고 있기 때문에 이를 부검으로 번역하는 데 아무런 문제가 없다. 영국에서 postmortem examination(死後調査)이라고 하면 곧 autopsy를 말한다. 그러나 영국 이외의 지역에서는 사후검사의 정도에 대한 해석의 차이가 있을 수 있다. 즉 영국 이외의 지역에서 postmortem examination이라고 하면 부검을 하지 않고 검안만 하는 경우도 포함된다. 검시(檢屍)라는 용어 또한 부검이 포함될 수도 있고 아닐 수도 있다.

죽음의 통화?
_핸드폰 폭발 사건

2007년 11월 28일. 33세의 S라는 젊은이가 휴대폰 배터리 폭발로 사망한 것 같다는 사건이 뉴스 매체들을 달궜다. 이 기이한 사건은 충청북도 청원군에 있는 한 채석장에서 일어났다. 땅바닥에 쓰러져 있는 S를 처음 발견한 사람의 증언은 다음과 같았다.

그날 발파작업이 예정되어 있어 굴착기 기사인 S가 현장에 먼저 올라가고 유압드릴 중장비 기사인 나는 오전 7시 30분쯤 올라갔습니다. 그런데 현장에 도착해 보니 S가 굴착기 옆에 쓰러져 반듯이 누워 있었어요. 그리고 S의 상의에 불이 붙어 있기에 먼저 불을 끈 후 119 구급대에 신고한 거예요. 채석장에서 발파작업은 아직 시작되지 않았을 때였죠.

경찰이 S가 입고 있던 점퍼를 조사해 보니 왼쪽 윗주머니에 들어 있던 휴대폰의 배터리가 심하게 훼손되어 있었다. 그리고 옷은 그 부위를 중심으로 탄 흔적이 있었는데 가운데에는 구멍도 나 있었다. 시신을 검안한 의사는 "S의 왼쪽 가슴과 배 중간 부위에 붉은 멍이 들어 있어 CT(컴퓨터 단층촬영)를 찍어 보니 심장과 폐 등이 손상되었고 늑골과 척추 골절도 일부 관찰되었다"며 "피부에서 보이는 상처는 폭발에 의한 열화상으로 추정된다"고 밝혔다. 담당의사는 시체 검안서의 선행사인 칸에 '핸드폰 폭발'이라고 적어 넣었다. 경찰은 목격자의 증언이나 의사의 검안 결과를 비롯한 여러 상황을 종합해 볼 때 S는 점퍼 윗주머니에 핸드폰을 넣어 두었고 어떤 이유인지는 정확히 몰라도 핸드폰 배터리가 폭발하면서 심장과 폐, 그리고 늑골 및 척추에 손상을 입어 사망한 것 같다는 잠정 결론을 내렸다.

 S의 사건을 보도한 언론 매체들은 강한 충격으로 배터리의 내부 충전재에 지나친 압력이 가해지면 폭발하거나 불이 붙을 수 있다고 앞다퉈 전했다. 이번 상황과는 거리가 있지만 과전류가 흘러도 핸드폰이 폭발할 수 있는데 핸드폰에 과전류가 발생하는 가장 큰 원인은 '과충전'이라고 전했다. 원래 배터리는 완전히 충전된 후에는 과전류가 흐르지 못하도록 보호회로가 작동하는데 통화를 하면서 충전을 하면 보호회로가 작동하지 않을 수 있다고 한다. 또한 여름철의 밀폐된 자동차 내부처럼 온도가 급상승하는 상황이면 배터리에서 불이 날 수 있다고 한다. 언론들은 휴대폰 폭발 사고가 이번에 처음 일어난 것이 아니라는 기사도 함께 실었다. 한국소비자원에 따르면 2003년부터 2007년까지 사망 사고는 없었지만 휴대폰 폭발과 관련해 신고 또는 상담한 건수가 51건이라고 한다. 또 다른 매체들은 중국이나 베트남에서는 휴대폰 배터리 폭발로 인해 사망한 사례가 있다고 덧붙였다.

 부검은 사건이 일어난 다음날인 11월 29일 정오에 시작되었다.

국립과학수사연구소 중부분소 김성호 법의학과장이 검사해 보니 S의 몸에는 피부가 찢어지거나 터진 데는 없지만 내부손상의 정도는 병원에서 CT로 촬영했을 때보다 훨씬 광범위했다. 심장과 폐는 물론 간, 비장과 횡격막도 파열되어 있었고 흉추는 골절되었으며 척수는 절단되어 있었다. 이러한 손상은 강력한 둔력이 흉복부에 작용했을 때 일어나는 형태였다. 즉 자동차 바퀴가 몸을 타고 넘어가거나 높은 곳에서 떨어지면서 돌출된 부위에 부딪히거나 할 때 생기는 손상이었다. 왼쪽 가슴 아래쪽에는 직사각형의 휴대폰 모양과 일치하는 자국이 나 있었는데 이러한 손상도 물체가 몸에 강한 힘으로 눌렸을 때 생기는 정형손상(어떤 물체의 모양과 일치하는 손상)으로 폭발과는 거리가 멀었다. 더구나 휴대전화 폭발과는 전혀 연관시킬 수 없는 왼팔과 오른쪽 손가락의 골절도 확인되었다. 부검을 시행하기 전부터 전문가들 사이에서 일고 있던 의구심은 조금씩 구체화되어 갔다. 제조업체는 "이번 폭발 사고로 의심을 받고 있는 리튬폴리머 배터리는 고체나 젤 상태의 중합체를 전해질로 사용하기 때문에 인화성 액체를 사용하는 리튬이온 배터리보다 안정성이 높고 불이 붙더라도 폭발하지 않는 것이 특성이다. 갈비뼈가 손상될 정도로 폭발했다는 것은 상식적으로 이해가 되지 않으며 더구나 이로 인해 사람이 사망한다는 것은 도저히 불가능하다"고 주장했다. 또 리튬폴리머 배터리가 폭발한 사례는 아직 보고된 바도 없다고 덧붙였다. 또한 배터리가 폭발했다면 파편이 튀었어야 하는데 파편 없이 단순히 녹아내린 점이 이해되지 않는다는 것이었다.

    결국 경찰은 부검 결과와 전문가들의 의견을 수렴해 수사를 원점에서 다시 진행하기로 했다. 치밀한 재수사 결과 결국 이 사건은 핸드폰 배터리의 폭발 사고가 아니라 최초 목격자라고 나섰던 중장비 기사가 일으킨 인적 사고로 밝혀졌다. 그는 중장비를 운전해 후진하다가 실수로 후방을 살펴봐 주던 S를 중장비와 암반 사이에 끼어 숨지게 했던 것이다. 하지만 중장비 기사는 휴대전화에 불이 붙은 이유는 자신도 모르겠다고 계속 진술했다. 즉 자기가 고의로 불을 붙이지는 않았다는 것이다. 이에 대해 제조회사 관계자들과 전문가들은 "리튬폴리머 배터리는 안정성이 뛰어나지만 고열이나 고압에서는 발화하는 경우가 있다"고 밝혔다.

한 신문에 따르면 이 사고가 발생한 후 진실이 밝혀지기까지 걸린 시간은 38시간이라고 한다. 사건이 일어나고 검증되지 않은 기사가 퍼져 나가자 휴대폰 왕국 대한민국의 모든 국민은 한순간에 불안에 떨 수밖에 없었다. 그뿐만이 아니다. 사건 내용은 외신을 타고 전 세계로 퍼져 나갔고 세계 5위의 휴대전화 제조업체였던 L사가 당혹감에 휩싸여 있는 동안 주가는 곤두박질을 쳤다. 나는 이 사건을 통해 우리나라 검시제도의 후진성을 다시 한번 절감했다. 최초 S의 시신도 다른 변사 사건과 마찬가지로 검시 전문가가 아닌 임상의사가 검안을 했다. 임상의사는 손상치료의 전문가일지언정 손상해석의 전문가는 아니다. 역시 검시 전문가가 아닌 경찰은 검시 전문가가 아닌 의사의 소견과 신뢰성이 담보되지 않은 목격자의 진술을 바탕으로 휴대폰 폭발이라는 잠정 결론을 내린 것이다. 우리나라의 검시제도가 제대로 되어 있었다면 어떻게 되었을까? S의 주검은 곧바로 검시 전문의가 검안했을 것이고 시체의 외관만 봐도 폭발 사건이 아니라는 것이 명확히 드러났을 것이다. 애매한 점이 있다면 사건 현장을 방문해 조사하고 필요하다면 곧바로 부검을 시행해 구체적인 사항을 확인했을 것이다. 그렇게 되었다면 휴대폰이 폭발해 사람을 죽였다는 이 허구로 가득 찬 사건은 처음부터 존재하지 않았을 것이다.

한 발씩 진행되는 죽음, 취권증후군
_최요삼 선수 사망 사건

　　이제는 사람들의 기억 속에서 많이 지워졌을 수도 있는 권투 선수 최요삼은 경기 중에 일어난 불의의 사고로 뇌사 상태에 빠졌다가 8일이 지난 후 여러 사람에게 장기를 나누어 주고 세상을 떠났다. 이 사건을 계기로 권투라는 스포츠가 과연 얼마나 위험한 경기인지 짚어 보려고 한다. 권투는 이미 기원전 688년부터 고대 그리스의 올림픽 종목이었다. 영어로는 boxing, pugilism 또는 fist-fight라고 한다. 권투에서 승부를 가리는 방법으로는 판정이나 기권 그리고 TKO와 KO 같은 것이 있다. 잔인한 면이 느껴지기는 하지만 가장 극적인 것은 역시 KO다. 하지만 최요삼 선수처럼 누군가 이 경기로 인해 죽음에 이르렀다면 이야기는 달라진다. 자료에 따르면 1884년 이후 경기 중 다쳐서 사망한 권투 선수는 600명이 넘는다고 하며, 1980년 이후 경기나 훈련 중에 받은 충격으로 사망한 권투 또는 격투기 선수는 아마추어와 프로를 합해 200명이 넘는다고 한다. 이 와중에 1983년 미국의사협회는 권투 경기를 금지하도록 요구했으며 영국, 캐나다 그리고 호주의 의사협회도 이를 뒤따랐다. 실제로 노르웨이, 아이슬란드, 쿠바, 이란과 북한에서는 프로 권투가 법으로 금지되어 있다. 권투 금지론자들은 다음과 같이 주장한다.

권투에서는 상대방을 때려서 정신을 잃고 쓰러져 일어나지 못하게 하는 것이 가장 멋진 승리다. 즉 상대방에 대한 위해(危害) 자체를 목적으로 하며 그 위해를 달성했을 때 관중은 환호한다. 이는 스포츠라고 할 수 없다. 물론 다른 스포츠에서도 경기 중 다치거나 사망하는 사고가 일어난다. 하지만 상대방에 대한 위해를 목적으로 하지는 않는다.

그러나 권투 옹호론자들의 이야기는 다르다. 그들은 10만 명의 경기 참가자당 치사율이 경마는 128명, 스카이다이빙은 123명, 행글라이딩은 56명, 등산은 51명, 스쿠버 다이빙은 11명, 자동차 경주는 7명, 축구는 3명인 데 비해 권투는 1.3명에 불과하다는 통계를 내놓고 있다. 하기야 권투가 원초적이기는 해도 목숨을 잃을 만큼 위험한 스포츠는 아닐지 모른다. 그들은 또 "권투를 하다가 배 속이나 가슴 속의 내장이 터지거나 목이 부러지는 일도 없다. 팔다리가 부러지는 일은 전혀 일어나지 않는다고 해도 과언이 아니다. 문제는 머리의 손상이다. 그러나 머리의 손상 역시 두개골이 깨지거나 뇌가 심각하게 멍이 들거나 하는 일도 없다. 생명의 위험을 초래하는 것은 극히 드물게 일어나는 머릿속의 출혈이다"라고 주장한다.

그럼 최요삼 선수의 사인은 무엇이었을까? 역시 뇌출혈이었다. 보통 뇌출혈이라고 부르는 것은 의학적으로 두개강내출혈을 의미한다. 두개강내출혈에는 뇌실질내출혈과 뇌실내출혈 그리고 뇌막출혈이 있다. 뇌실질내출혈이나 뇌실내출혈은 충격에 의해 일어날 수도 있지만 거의 대부분 고혈압 환자에게서 나타난다. 뇌막출혈은 뇌를 싸고 있는 뇌막의 아래 또는 위에서 일어나는 출혈이다. 뇌를 바로 싸고 있는 뇌막은 지주막인데 지주막과 뇌 사이에서 출혈이 일어나면 지주막하출혈이라고 하며, 지주막을 덮고 있는 경막과 지주막 사이에서 출혈이 일어나면 경막하출혈이라고 하고, 경막과 두개골 사이에서 출혈이 일어나면 경막상출혈이라고 한다. 모두 혈관이 터지는 것은 마찬가지여도 찢어지는 혈관은 서로 다르다. 경막상출혈은 두개골 안쪽을 지나가는 혈관이 찢어져 일어난다. 그러므로 거의 대부분 해당 부위에 국소적으로 강한 직접적 외력이 가해져 일어나며 두개골 골절도 동반된다. 권투에서는 두개골이 골절되는 경우가 없기 때문에 경막상출혈 역시 거의 일어나지 않는다. 지주막하출혈은 대개 무방비 상태에서 얼굴이나 머리를 가격하면 뇌저부를 지나는 혈관이 찢어져 일어난다. 특히 취중에 있는 사람을 가격했을 때 잘 일어나는 것으로 권투 경기에서는 지극히 드물게 일어난다. 권투 선수에게서 나타나는 두개강내출혈은 거의 대부분 경막하출혈이다. 경막하출혈은 둔탁한 충격에 의해 뇌가 두개골 안에서 흔들리면서 뇌와 두개골을 연결하는 혈관이 경막 아래에서 찢어져 일어나는 것이다. 최 선수의 사인이 뇌출혈과 뇌부종이라는 내용 이외에 좀 더 자세한 설명은 찾지 못했고, 최 선수가 입원했던 병원에 직접 확인한 것은 아니지만 최 선수 역시 급성 경막하출혈로 사망하지 않았을까 싶다. 다른 스포츠와는 달리 권투에서 일어나는 죽음은 거의가 급성 경막하출혈로 인한 것이기 때문이다.

그런데 어떤 사람들은 권투의 진정한 위험성을 다른 데서 찾는다. 우리는 늘 몸에 가벼운 충격을 받으면서 하루하루 살아간다. 머리라고 해서 예외는 아니다. 하지만 일상에서 받는 충격은 미미하여 신체의 완충장치에 의해 흡수되기 때문에 뇌에는 아무런 영향을 미치지 않는다. 그러나 권투 경기에서 받는 충격은 일반적으로 이러한 범위를 넘는 것으로 뇌에 영향을 미치게 된다. 녹다운이란 의학적으로 볼 때 뇌가 강한 충격을 받아 일시적으로 기능을 제대로 하지 못하는 상태다. 이렇게 뇌진탕이 일어나면 뇌를 구성하는 세포는 크고 작은 상처를 받게 된다. 뇌손상은 단지 녹다운 되었을 때만 오는 것이 아니다. 비록 그보다 작은 충격이라 할지라도 모이고 모이면 결국 뇌에 심각한 손상을 초래하는 것이다. '가랑비에 옷 젖는 줄 모른다'는 속담이 가장 적절한 비유라 하겠다. 이렇게 충격이 지속적으로 쌓여서 만성적 뇌손상이 발생하면 몸 떨림과 근육의 협동부조화와 같은 파킨슨병 증상이 나타난다. 걸음이 어기적거리며, 행동이 부자연스럽고, 말이 점차 느리고 어눌해진다. 한때 사각의 링을 주름잡았던 무하마드 알리가 바로 그 전형이다. 또한 기억력과 정신적 능력도 저하되어 치매와 같은 상태에 빠지기도 하는데 이러한 모든 증상을 통틀어 의학에서는 권투선수치매(dementia pugilistica, boxer's dementia), 권투선수파킨슨증후군(Pugilistic Parkinson's syndrome) 또는 만성 외상성 뇌병증(chronic traumatic encephalopathy)과 같은 용어로 부른다. 일반적으로는 흔히 punch-drunk syndrome이라고 부르는데 '권투선수명정(酩酊)증후군'으로 번역하는 것이 맞겠지만 '취권(醉拳)증후군'도 그럴듯하다. 권투 선수의 경우는 대개 경력이 12년 내지 16년 정도 되면 이 같은 증상이 나타날 수 있는데 일단 증상이 시작되면 권투를 그만두어도 증상은 진행된다. 권투 말고도 머리에 정도를 넘어서는 충격을 반복해서 받게 되는 다른 종목도 취권증후군을 초래할 수 있다. 취권증후군은 격투기나 레슬링은 물론 축구 선수나 경마 선수에게서도 드물지만 보고된 바 있다. 권투가 과연 금지해야 할 만큼 위험한 스포츠인지 아닌지에 대한 논쟁은 결코 쉽게 끝나지 않을 것 같다.

의문이 가득한 중독사
_고속도로 변사 사건

2008년 4월 27일 이른 아침. 제2중부고속도로를 순찰 중이던 한국도로공사 직원이 한 승용차 안에서 숨져 있는 두 사람을 발견했다. 당시 하행선 갓길에 서 있던 차량은 비상등이 켜진 채 시동이 걸려 있었고, 운전석 창문은 열린 상태였다. 한 남자는 경기도 광명시에서 개원한 50세의 이비인후과 의사 김모 씨였고, 또 다른 남자는 서울 강남에서 골프의류 판매업체를 운영하는 48세의 박모 씨로 두 사람은 고등학교 선후배 사이였다. 김 씨는 조수석에, 박 씨는 운전석에 앉은 채 숨져 있었다. 두 사람은 그날 아침 7시 20분부터 또 다른 고교 동문 두 사람을 원주에서 만나 함께 골프를 치기로 되어 있었다. CCTV와 영수증 등을 토대로 조사한 결과 이들은 6시 12분쯤 하남에 있는 '만남의 광장' 주유소에 들렀다. 운전을 하던 박 씨가 차에 기름을 넣는 사이 조수석에 타고 있던 김 씨가 비닐봉지를 들고 차에서 내리는 장면이 CCTV에 찍혔다. 당시 두 사람은 모두 멀쩡한 상태였다. 그런데 그로부터 18분이 지난 6시 30분쯤 박 씨가 휴대전화로 119 구급센터에 전화를 걸어 "약물을 복용했다. 숨쉬기가 힘들다. 제2중부고속도로 경안 부근이다"라는 내용의 구조를 요청했다. 사건을 넘겨받은 하남소방서에서 구조차량이 출동했지만 이들을 찾지 못했다. 그 후 1시간 남짓 지나 발견된 차량에서 두 사람은 변사체로 발견된 것이다. 차량 주변에는 구토한 흔적이 있었으며 차 안에서는 이들이 마시다 남긴 것으로 보이는 커피음료 2개가 발견되었다. 경찰은 주유소 화장실 쓰레기통에서 김 씨가 버린 것으로 보이는 주사기와 주삿바늘, 새끼손가락만 한 약물 보관용 플라스틱 캡슐, 홍삼음료 병 2개를 수거했다.

마침내 국립과학수사연구소에서 두 시신에 대한 부검과 더불어 증거물에 대한 검사가 시작되었다. 커피음료에서는 독극물 반응이 없었지만, 홍삼음료 병 2개에서는 '졸피뎀'이라는 수면제와 '클로티아제팜'이라는 항불안제 성분이 검출되었으며 이 두 성분은 박 씨의 구토물과 김 씨의 체액에서도 검출되었다. 그러나 검출된 약물로 두 사람의 죽음을 설명하기에는 부족했다. 전문가들은 "항불안제의 부작용으로 호흡억제 증상이 나타날 수는 있지만 복용 20~30분 만에 2명의 성인 남성이 동시에 부작용을 일으켜 사망할 확률은 거의 없다"고 밝혔기 때문이다. 수면제를 과다하게 복용해도 이렇게 단시간 내에 사망하지는 않는다. 그렇다면 이들은 또 다른 치명적인 독극물을 복용했다는 결론에 도달할 수밖에 없었다. 하지만 그 정체는 좀처럼 드러나지 않았다. 그렇게 한 달 정도가 지난 5월 29일에는 박 씨의 구토물과 위에서, 6월 17일에는 김 씨의 혈액에서 그 독극물의 정체를 확인할 수 있었다. 두 사람 모두에게서 복어독 성분인 '테트로도톡신(tetrodotoxin)'이 검출된 것이다. 테트로도톡신은 화장실에서 수거한 주사기와 주삿바늘, 캡슐 그리고 홍삼음료 병 2개 중 하나에서도 검출되었다. 경찰은 박 씨의 경우 구토물과 위에서 테트로도톡신이 나온 것으로 보아 홍삼음료수에 테트로도톡신을 타 마신 것으로 추정했으며 김 씨는 혈액에서만 테트로도톡신이 나왔고 홍삼음료수병 1개에서는 검출되지 않아 주사기를 이용해 투여한 것으로 판단했다. 또 박 씨가 구조를 요청하는 전화를 건 점으로 미루어 주사기로 테트로도톡신을 투여한 김 씨가 먼저 사망한 것으로 판단했다.

'테트로도톡신'은 복어목(Tetraodontiformes)에서 유래된 용어다. 테트로도톡신은 강력한 신경독으로 복어의 알과 난소 그리고 간 등의 내장에 주로 들어 있으며 살코기에는 존재하지 않는다. 복어는 종류, 계절, 지역에 따라 독성의 정도가 다르다. 또한 복어의 독은 복어가 섭취하는 특정 세균에 의해 만들어지기 때문에 양식 복어에는 존재하지 않는다고 한다. 복어의 독성은 청산가리의 수백 배에 달해 단 1㎎ 정도만 먹어도 성인이 목숨을 잃을 수 있다. 복어독을 섭취하면 보통 30분 이내에 첫 증상이 나타나지만 4시간 이상 지연될 수도 있다. 제일 먼저 나타나는 증상은 입술과 혀가 저린 것 같은 이상감각이고 이어서 얼굴과 팔다리로 이상감각이 진행되어 몸이 가벼워지거나 뜨는 듯한 느낌을 갖게 된다. 침을 흘리며 발한, 두통, 어지럼증도 나타나는데 점차 시간이 지나면서 무력감, 운동실조, 몸떨림, 마비, 청색증, 발성불능, 연하곤란, 발작이 일어나며 결국 호흡곤란, 기관지 경련, 호흡마비에 빠진다. 위장관 증상으로는 오심, 구토, 설사 및 복통 등이 나타날 수 있는데 때로는 그 정도가 매우 심하다. 아직 치료약은 개발되지 않은 상태이므로 복어독 중독의 치료는 위를 세척하고 호흡과 순환을 유지시키도록 노력하면서 증상을 대증요법으로 완화하는 것이다. 사망의 기전은 횡격막의 마비로 인한 호흡부전으로 보통 4~6시간 사이에 사망하는데 짧게는 20분, 길게는 8시간, 때로는 24시간이 걸리기도 한다. 24시간을 넘기면 몸에서 독이 빠져나가 생존한 것으로 판단할 수 있다. 대부분 사망할 때까지 의식을 잃지 않으며 설사 몸이 마비되어 겉으로 보기에 무의식 상태같이 보이더라도 환자는 주변에서 일어나는 일을 온전하게 인식한다. 복어독으로 인한 사망률은 지역에 따라 크게 차이가 나는데, 과거의 빈번한 중독 사고로 인해 치료 기술이 발달한 일본 도쿄의 경우는 6.8%인데 반해 태국을 비롯한 동남아시아에서는 60%에 달한다.

한편 검체에 대한 검사와 더불어 진행된 경찰 수사 결과 김 씨가 중국 동포인 다롄(大連)의 약품취급회사 직원으로부터 모두 네 차례에 걸쳐 2,400만 원 상당의 테트로도톡신을 구입한 것으로 밝혀졌다. 김 씨는 2006년 말 직접 중국으로 가 마취제와 진통제의 용도로 사용한다며 캡슐 1개(1㎎)를 30만~40만 원에 산 적이 있으며, 사건 발생 사흘 전인 4월 24일에도 구입한 것으로 확인되었다. 국내에서는 실험 용도 외에 테트로도톡신을 구입할 수 없기 때문에 중국 회사를 이용한 것으로 보인다고 경찰은 설명했다. 경찰은 김 씨가 사들인 테트로도톡신 중 1.5㎎ 캡슐 1개가 없어진 것도 확인했다. 이 사건의 열쇠는 김 씨가 왜 테트로도톡신을 구입했으며 또 실제로 사용했느냐 하는 점일 것이다. 경찰은 싱글 수준의 실력인 이들이 10시간이나 걸리는 36홀 골프 경기를 앞두고 있었다는 점에 주목했을 때 체력 안배 차원에서 각성제나 피로회복 용도로 복용했을 가능성이 있다고 했다. 몸을 덥히고 피로와 숙취를 풀어주기 때문에 극미량의 테트로도톡신을 복어 요리에 일부러 발라 먹는다고도 하니 충분히 수긍할 만한 해석이었다. 또 의학적으로 테트로도톡신은 심부정맥 치료를 비롯해 강력한 진통제로 사용되는데 신경통, 관절통, 편두통, 류머티즘에는 물론 말기암 환자에게도 쓰인다고 한다. 그들이 죽을 당시에 벌어졌던 상황과 독을 복용했던 그들의 생각을 가늠하기는 어렵지만, 남들이 경험하지 못한 테트로도톡신의 특정한 효능에 집착하다 이런 끔찍한 일이 벌어진 건 아닐까 하는 생각이 들 뿐이다.

법의학교실
청산가리

지난 2009년은 청산가리가 일간신문 사회면을 그 어느 때보다도 많이 장식한 한 해였다. 첫 번째 사건은 충청남도 보령시 청소면 성연리의 성골마을에서 일어났다. 성골마을은 60~80대 노인 16명이 모여 사는 작은 마을이었다. 2009년 4월 29일 밤 11시쯤 73세의 정 씨가 자기 집에서 속옷 바람으로 욕실 문 앞에 쓰러져 있는 것을 남편 이 씨가 발견해 병원으로 옮겼지만 숨졌다. 이 씨는 경찰 조사에서 "평소 고혈압으로 치료를 받던 아내가 화장실에서 양치질을 하다가 갑자기 쓰러졌다"고 진술했다. 그런데 그다음 날인 4월 30일 오전 10시 40분쯤 정 씨의 집에서 약 100m 떨어져 사는 81세의 강 씨와 73세의 그의 부인 권 씨가 자기 집 안방에서 평상복을 입고 나란히 숨진 채 발견되었다. 세 사람은 다른 주민 3명과 함께 4월 29일 오전 7시부터 오후 6시까지 안면도에서 열리고 있는 꽃박람회에 다녀온 후 청소면의 면소재지인 진죽리에서 설렁탕을 먹고 마을로 가는 버스에 올랐다. 그들은 저녁 7시 40분쯤 마을 입구에 있는 정류장에서 내려 각자 집으로 돌아갔다. 그런데 3명이 하룻밤 사이에 사망한 것이었다. 부검 결과 이들에게서 모두 청산가리가 검출되었다.

두 번째 사건은 첫 번째 사건이 나고 두 달여가 지난 7월 6일 전라남도 순천시 황전면 선변리의 용림마을에서 일어났다. 용림마을은 127가구 270여 명의 주민들이 모여 사는 작은 마을이다. 59세의 최 씨, 68세의 정 씨, 74세의 장 씨와 72세의 이 씨 등 여자 4명은 다른 30여 명과 함께 희망근로에 참여했다. 오전 8시부터 천변에서 잡초를 뽑던 이들은 오전 9시 10분쯤 휴식시간이 되자 둘러앉았다. 이들은 최 씨가 집에서 가져온 플라스틱 용기에 담긴 막걸리 3통 중 하나를 땄다. 그런데 막걸리의 색깔은 흰색이 아닌 은은한 갈색이었다. 냄새도 시큼했다. 이들은 막걸리가 좀 이상하다고 하면서도 처음 보는 칡막걸리가 아닌가 하면서 정 씨와 최 씨가 먼저 마셨고 다음으로 이 씨와 장 씨가 마셨다. 하지만 이 씨와 장 씨는 술맛이 이상하다며 곧바로 내뱉었다. 5분 정도가 지나자 정 씨와 최 씨는 얼굴이 새파래지더니 쓰러졌다. 장 씨와 이 씨도 뒤이어 의식을 잃었다. $750\,ml$ 막걸리 1병은 1/3쯤 남아 있는 상태였다. 최 씨는 병원으로 옮기던 도중 사망했다. 정 씨는 중환자실에서 치료를 받다가 오후 9시쯤 숨졌다. 중태에 빠졌던 장 씨는 증세가 호전되었고 이 씨는 빠르게 건강을 회복했다. 경찰 조사 결과 이들이 마신 막걸리는 이날 새벽 5시쯤 최 씨 집 마당 안에 있던 승합차 뒤에 누군가가 갖다 놓은 것으로 밝혀졌다. 59세의 최 씨 남편은 검은 비닐봉지에 들어 있는 그 막걸리 2병을 마루 위에 올려놓았는데 아내가 슈퍼에서 산 막걸리 1병과 함께 들고 일을 나갔다고 진술했다. 또 자신이 동네 농사일을 많이 도와주어 평소에도 주민들이 집에 막걸리를 갖다 준다고 덧붙였다. 이들의 몸과 먹다 남은 막걸리에서 청산가리가 검출되었다.

두 사건에 공통으로 사용된 '청산가리'는 치사량이 극히 미미해 두 사건에서 보는 바와 같이 살인의 용도로는 물론 입 안에 털어 넣으면 거의 즉사하기 때문에 자살의 수단으로도 많이 쓰인다. 청산가리는 흰색의 결정성 물질로 청산염의 하나이며 사이안화칼륨(potassium cyanide, KCN)을 일상적으로 이르는 말이다. 우리나라에서 청산가리는 복어독과 함께 상징적인 독극물로 통한다. 또 다른 청산염으로는 청산소다가 있는데 이는 사이안화나트륨(sodium cyanide, NaCN)의 속명이다. 청산염은 물이나 산과 결합해 무색의 액체인 청산이 된다. 청산의 분자식은 HCN으로 사이안화수소산이라고도 부른다. 영어로는 hydrocyanic acid 또는 prussic acid라고 한다. 청산은 비점(沸點)이 25.7℃이기 때문에 쉽게 기화되어 청산가스가 되며 특유한 고편도(bitter almond) 냄새가 난다. 즉 청산은 기체로 흡입하거나 액체로 마시거나 고체 상태로 섭취하거나 모두 중독될 수 있다. 중독 증상은 투여 경로와 더불어 양과 노출 기간에 따라 차이가 있지만 대량으로 흡입했을 때는 몇 초 내, 내복했을 때는 흡수에 시간이 약간 걸리므로 수 분 내에 증상이 나타난다. 충분한 양이 체내로 들어오면 중추신경계에 대한 작용이 뚜렷해 두통, 불안감, 운동실조, 호흡촉진, 오심, 구토, 질식감이 나타난다. 심혈관계에 작용해 처음에는 심박동수가 증가하지만 점차 감소하며 혈압이 떨어진다. 뒤이어 호흡곤란과 경련을 일으키면서 의식이 소실되고 거의 대부분 10분 내에 사망한다. 섭취했을 때 순수한 청산으로는 치사량이 체중 1kg당 1mg으로 보통 사람의 체중으로 계산해 보면 50~100mg 정도다. 청산염으로는 200~300mg 정도다. 대기에 청산가스의 농도가 0.2~0.3mg/l(200~300ppm)이면 거의 대부분 즉사하며, 0.13mg/l(130ppm)이면 대개 1시간 내에 사망한다. 청산은 혈장에 비해 적혈구에 약 100배 이상 쌓이므로 부검을 할 때는 혈액채취에 유의해야 한다. 전혈(全血)농도로 0.2ppm 이하이면 무증상, 0.5~1.0ppm이면 의식은 있지만 빈맥(頻脈)이 나타나고, 1.0~2.5ppm이면 의식이 혼탁해지며, 2.5ppm 이상이면 혼수를 초래하고 사망에 이를 수 있는 무서운 독극물이다.

역사 속 죽음,
현대 법의학의 해석
_조선 왕 독살사건

　　어느 주말엔가 『조선 왕 독살사건』이라는 책을 읽었다. 사학자인 이 책의 저자는 조선 제12대 인종부터 제26대 고종에 이르기까지 7명의 왕이 독살되었을 것으로 추리했으며 청나라에 볼모로 잡혀갔다가 돌아온 소현세자 역시 독살되었을 것이라는 내용을 이야기하고 있었다. 또한 말미에 이들 8명 외에도 사도세자와 예종 역시 독살되었을 가능성이 있다고 덧붙였다. 사료를 이해하기 쉽게 정리하고, 죽음을 둘러싼 역사적 배경과 사망 당시의 상황을 비교적 상세하게 서술했기 때문에 그리 얇지 않은 책임에도 금세 재미있게 읽어 내려갈 수 있었다. 책에서 소개한 8명 중 제14대 선조와 소현세자에 대한 내용 중 법의학적으로 흥미를 끄는 부분이 있어 소개한다.

　　선조에 대해서는 다음과 같은 기록이 있다.

　　『선조실록』은 선조가 병으로 죽었다고 기록하고 있다. 그런데 『광해군일기』에는 선조 독살설에 대한 유일한 근거인 찹쌀밥에 관한 기록이 나온다. 선조가 승하하는 당일 찹쌀밥을 올렸는데 갑자기 기(氣)가 막히는 병이 발생하여 위급한 상태가 되었다는 것이다. 이긍익은 『연려실기술』에서 『남계집』을 인용해 선조 독살설을 간접적으로 전하는데, 그에 따르면 입시했던 선비 의원 성협이 "임금의 몸이 이상하게 검푸르니 바깥소문이 헛말이 아니다"라고 말했다는 것이다.

소현세자에 대해서는 다음과 같은 기록이 나온다.

소현세자의 졸곡제를 행하였다. 세자는 본국으로 돌아온 지 얼마 안 되어 병을 얻었고 병이 난 지 수일 만에 죽었는데 온몸이 전부 검은빛이었고 이목구비 일곱 구멍에서는 모두 선혈이 흘러나오므로 검은 천으로 그 얼굴 반쪽만 덮어 놓았으나 곁에 있는 사람도 그 얼굴빛을 분별할 수 없어서 마치 약물에 중독되어 죽은 사람과 같았다. 이는 세자의 염습에 참여했던 한 사람이 그 이상한 것을 보고 나와서 사람들에게 말한 것이다.
『조선 왕 독살사건』(이덕일 지음, 다산초당) 중에서

다시 말해 선조는 독이 든 찹쌀밥을 먹고 죽었을 가능성이 있으며 그 근거의 하나로 생전인지 사후인지 확실하지는 않지만 몸이 검푸렀다는 것을 들고 있다. 또 소현세자는 죽은 후 몸이 검은빛을 띠고 이목구비 일곱 구멍에서 선혈이 흘러나오는 것으로 보아 또한 중독으로 사망한 것 같다는 이야기였다. 요약하면 우리가 보통 보는 몸이나 시체와는 달리 색깔이 검푸르거나 검은빛을 띠면 중독을 의심할 수 있으며 이목구비에서 피가 흘러나온다면 더욱 그럴 가능성이 커진다는 것인데 이러한 내용은 충분히 이해가 간다. 몸속에 독이 들어가면

몸의 색깔이 변할 것으로 생각하는 것은 그럴듯하며, 또 우리가 TV의 사극에서 보듯이 사약을 받아 마신 사람의 입에서는 으레 피가 흘러 나오는 것처럼 그 때 사람들도 그렇게 생각할 수 있기 때문이다. 그런데 이것이 사실일까?

    일단 사람의 몸이나 시체의 색깔이 검거나 검푸른 색을 띨 경우에는 세 가지 가능성을 생각해 볼 수 있다. 첫째는 청색증이나 울혈, 둘째는 시반, 셋째는 부패다. '청색증(靑色症, cyanosis)'은 주로 심장이나 폐에 심각한 이상이 있을 때 혈중 산소 분압이 떨어지고 이산화탄소 분압이 높아져서 피부가 암청색(暗靑色) 내지 청람색(靑藍色)을 띠는 현상이다. '울혈(鬱血, congestion)'은 혈액순환에 장애가 일어나 특히 정맥혈이 어떤 조직이나 장기에 정체되어 있는 상태다. 심장이나 폐에 심각한 질환이 있으면 피가 원활히 돌지 않아 잘 일어난다. 또한 울혈이 지속되면 혈중 산소 분압이 낮아지기 때문에 청색증이 나타나게 된다. 심장과 폐의 질병뿐 아니라, 예를 들어 목을 조르면 얼굴에 피가 몰려 울혈과 청색증이 나타나기도 한다. '시반(屍斑, livor mortis)'은 시체의 하방부에 혈액이 충만해 피부로 나타나는 색깔을 말한다. 즉 사람이 죽으면 혈액순환이 멈추고 적혈구도 미미하나마 무게가 있기 때문에 낮은 지점으로 고이게 되는 것이다. 시반은 일반적으로 암적자색(暗赤紫色)을 띠는데 이는 사후에도 조직호흡이 계속되어 혈중 이산화탄소 분압이 높아지기 때문이다. 그런데 시반의 색깔은 중독과 밀접한 관계가 있다. 염소산칼륨이나 아질산나트륨 등에 중독되었을 때는 메트헤모글로빈으로 인해 시반은 암갈색(暗褐色) 또는 황갈색(黃褐色)이나 초콜릿 같은 갈색조를 띤다. 황화수소 가스에 중독되었을 때는 황화헤모글로빈이 형성되어 시반은 녹갈색

(綠褐色)을 띤다. 이는 부패될 때 황화수소가 발생해 피부가 녹갈색을 띠는 것과 같은 기전이다. 시반이 특이한 색깔을 나타내는 중독사는 더 있다. 일산화탄소중독이나 청산중독으로 사망했을 때는 시반이 선홍색(鮮紅色)을 띤다. 아직 직접 현장에서 경험한 적은 없지만 질산염(nitrates)중독은 적갈색(赤褐色)을, 아닐린(aniline)중독은 심청색(深靑色)을 띤다고 한다. 중독이 아니더라도 익사 또는 저체온사처럼 찬 곳에서 사람이 사망하면 시반은 선홍색 또는 붉은색을 띤다. 또 사망한 후에 시체를 차가운 곳에 방치하면 시반이 처음에는 정상적인 색깔을 띠다가 선홍색으로 바뀌기도 한다. '부패(腐敗, putrefaction)'는 세균의 작용으로 일어나는 현상이다. 시체에 세균이 침습하면 유기조직은 고급화합물에서 저급화합물로, 고분자에서 저분자로 변화하는데 이 과정에서 생성된 황화수소가 혈색소와 결합해 황화헤모글로빈 또는 황화메트헤모글로빈을 형성함으로써 피부는 암녹색(暗綠色) 내지 흑색(黑色)으로 변한다. 이러한 변색은 대체로 우측 하복부에서 시작해 상복부, 흉부, 두부 및 경부를 거쳐 온몸으로 퍼진다.

선조의 몸이 "이상하게 검푸렀다"는 기록만 가지고 이것이 청색증인지 중독에 의해 나타난 특이한 색깔의 시반인지 아니면 부패인지 가늠하기란 어렵다. 소현세자의 경우엔 "온몸이 전부 검은빛이었고 곁에 있는 사람도 그 얼굴빛을 분별할 수 없었다"고 되어 있어 기술이 조금 더 구체적이다. 이러한 변색은 부패에 가깝다. 왜냐하면 청색증이나 중독에 의한 시반으로 인해 얼굴을 비롯한 온몸이 검게 변한다는 것은 현대 법의학에서는 받아들이기 어렵기 때문이다. 소현세자가 죽은 날은 음력 4월 26일이고 기록은 졸곡제를 지낸 6월 27일이니 더욱 그러하다. 부패되면 부패가스에 의해 뱃속의 압력이 높아져 부패액이 코와 입을 통해 흘러나오는 경우가 있기 때문에 이목구비 일곱 구멍에서 모두 선혈이 흘러나왔다는 기록도 부패의 경우와 일맥상통한다.

법의학교실
시취(屍臭)

사람이 죽으면 생체 방어기전이 파괴되고 육체는 분해되기 시작한다. 육체의 분해는 맨눈으로 볼 수 없는 현상에서 시작해 뼈만 남기까지 제법 빠르게 진행되며, 더 오랜 세월이 흐르면 뼈까지도 분해되어 결국 인간의 형체를 남기지 않는다. 분해를 좀 더 과학적으로 이야기한다면 인체를 구성하고 있던 유기적 복합화합물이 단계적으로 단순화합물을 거쳐 원초의 무기성분으로 나누어지는 것이다. 형태학적으로 고체는 액체로, 액체는 기체로 변한다.

분해는 자가융해와 부패로 나뉜다. 생명체가 사망하면 세포 내에서 일어나는 생화학적 반응이 정지되고 세포막과 세포를 구성하는 소기관의 완전성이 파괴되기 때문에 세포 내에 있는 리보솜(ribosome)에서 가수분해 효소가 방출된다. 자가융해란 이와 같이 무균 및 혐기적 상태에서 세포 자체 내에 있는 자가효소에 의해 유기물이 화학적으로 분해되는 현상이다. 자가융해는 사망 후 거의 즉시 시작되는데, 그렇다고 해서 모든 세포에서 일시에 시작되는 것은 아니다. 자가융해에 의해 단백질과 탄수화물 복합체는 좀 더 단순한 화합물로 분해되며, 세포나 조직은 변성되고 세포 간 결합이 이완되어 조직이 물러진다.

다음 단계에서는 각종 세균에 의해 부패가 일어난다. 몸을 썩게 하는 세균은 원래 사람 몸에 있던 균과 죽은 후에 침투하는 균으로 나누어 볼 수 있다. 사람의 몸에는 수많은 세균이 붙어 있고 들어 있다. 그중에서도 주로 대장에 생리적으로 존재하고 있는 세균과 입, 코, 눈과 같이 습기가 있는 자연구(自然口)나 기도에 붙어 있던 세균이 번식해 조직 내로 뚫고 들어온다. 또 상처를 통해 세균이 들어오기도 하며, 이미 세균에 감염되어 있는 경우도 있을 것이다. 이어서 공기나 땅 속에 있는 세균도 합세한다. 부패균은 주로 혈관 내의 혈액 중에서 번식해 온몸으로 이동한다. 세균이 침습하면 산화작용과 환원작용의 화학적 분해가 일어나 유기조직은 고급화합물에서 저급화합물로, 고분자에서 저분자로 변하고 결국 최종분해산물인 산소화합물과 수소화합물로 변한다. 산소가 많고 수분이 적은 상황에서는 산화작용이 주로 일어나 단백질과 탄수화물이 분해되어 질산, 탄산, 황산, 인산 등의 산소화합물이 형성된다. 반대로 산소가 적고 수분이 많은 상황이라면 주로 환원작용이 일어나 각종 아미노산이나 암모니아, 황화수소 등의 수소화합물이 형성된다. 그러나 일반적으로 두 가지 기전이 모두 작용한다.

그러면 시체에서 풍기는 냄새의 정체는 무엇일까? 흔히 이 냄새를 '시취'라고 하는데 이는 시체가 분해되는 과정에서 나오는 물질의 냄새다. 사람은 시체가 썩기 시작하기 전까지는 거의 냄새를 느끼지 못한다. 시체가 썩을 때 나는 악취는 부패 가스, 특히 단백질이 분해되어 나오는 황화수소와 암모니아의 냄새다. 황화수소는 화학식이 H_2S로 색깔은 없지만 냄새는 고약한 기체다. 달걀 썩는 냄새가 바로 그 냄새로 유독성 가스로 취급된다. 암모니아는 화학식이 NH_3로 역시 색깔이 없고 특유의 자극적인 냄새가 풍긴다. 두 물질 모두 독성이 강해 공기 중 농도가 1,000~1,500ppm이 되면 사람은 급성중독을 일으켜 실신하거나 즉사할 수도 있다. 그러나 다행히도 시체가 썩을 때 나오는 양은 실내의 공기를 이처럼 오염시킬 정도는 아니다. 공기 중 암모니아 농도가 30ppm이 되면 특유한 냄새가 인지되며, 황화수소는 5~8ppm이 되면 불쾌한 냄새를 심하게 느낀다. 부패 과정에서는 이산화탄소와 수소 그리고 메탄가스도 많이 발생한다. 심한 경우는 배 속에 가스가 차 동산만큼 부풀어 오른다. 배에 작은 구멍을 내거나 주삿바늘을 꽂으면 메탄가스가 방출되는데 이 가스에 불을 갖다 대면 불이 붙을 정도다. 그러나 화학식이 CH_4인 이 메탄가스는 색깔이 없을 뿐 아니라 냄새도 없는 기체로 시취와는 아무런 관계가 없다.

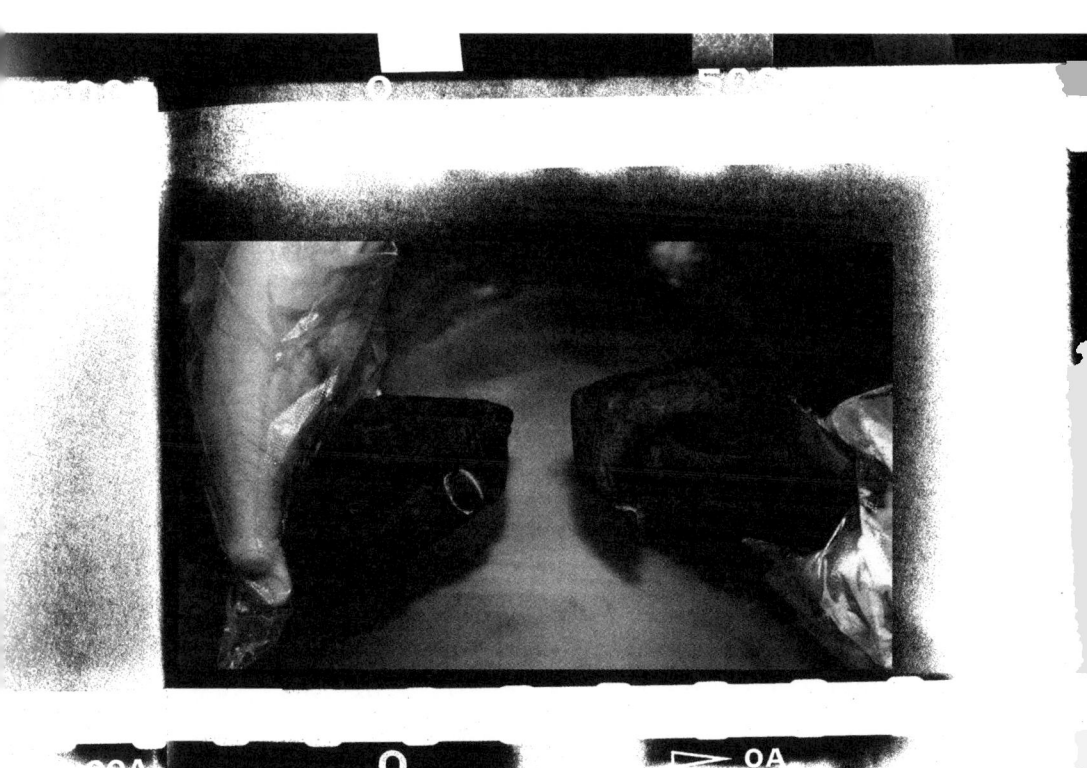

지진 현장에서 생명을 앗아가는 제4의 함정
_중국 쓰촨 성 지진 사건

얼마 전의 아이티 지진에 이어 최근에는 칠레까지 강력한 지진에 의해 피해를 입으면서 전 세계적으로 지진에 대한 공포가 가득하다. 2008년 5월 12일 오후 2시경. 중국의 쓰촨(四川) 성에서 원촨(汶川) 현을 진앙지로 하는 진도 7.9의 강력한 지진이 일어났다.

이렇게 거대한 지진이 일어나면 사람들은 어떻게 죽음에 처하게 될까? 지진 현장에서 사망하는 경우는 크게 세 부류로 나누어진다. 첫째는 지진 자체에 의한 직접적 피해다. 땅이 흔들리면 건축물이나 구조물이 무너져 내리거나 사태(沙汰)가 일어나 그 안 또는 주변에 있던 사람들이 목숨을 잃을 수 있다. 높은 곳에 있던 사람들이 떨어지기도 하며, 무너져 내리는 잔해에 다치기도 하고, 잔해더미에 깔려 질식하기도 한다. 둘째는 지진에 의해 일어나는 2차적 피해를 들 수 있다. 지진은 자연적으로 화재를 일으킬 뿐 아니라 전력시설이나 연료가스시설을 파괴해 불이 나도록 만든다. 또한 지진이 일어날 때는 대개 급수시설도 파괴되므로 일단 불이 나면 끄기가 더욱 어렵게 된다. 땅이 갈라지면서 강이나 호수 또는 저수지 등이 파괴되어 홍수가 일어나기도 하고 교량이 파괴되어 사람이 수장될 수도 있다. 더구나 지진으로 인해 화산활동이 촉발될 수도 있다. 다행히 아직까지 크게 문제가 된 사례는 없지만 인간이 만들어 놓은 화학공장이나 핵시설과 같은 위험시설이 파괴되어 막대한 피해가 초래될 경우도 예상해 볼 수 있다. 셋째는 간접적인 피해, 즉 지진의 후유증이다. 지진이 일어나면 인간의 생존에 필요한 생활기반이 파괴되어 전염병이 돌고 생필품이 부족하게 된다. 또한 지진 자체와는 무관한 각종 사고도 크게 늘어나며, 앓고 있던 기존 질환이 악화되어 질병으로 인한 사망도 증가하고 정신질환에 의한 생명 손실도 생겨난다. 또 지진으로 사람이 고립될 수도 있다. 한 사람이나 몇 사람이 외딴 지역에 고립되는 상황은 쉽게 예상할 수 있고 넓은 지역이라 하더라도 상당 기간 동안 외부에서 접근할 수 없는 경우도 있다. 즉 지진이 일어나면 지진의 직접적 효과, 2차적 효과 및 간접적 효과가 모두 인간을 죽음으로 몰고 간다. 일반적으로는 직접적 효과가 가장 큰 희생을 초래하지만 때로는 2차적 효과 또는 간접적 효과가 더 큰 희생을 초래하기도 한다. 실제로 1906년에 일어난 샌프란시스코의 지진은 화재로 인한 희생자가 제일 많았다. 2004년 12월 26일 동남아시아에서 발생한 역사상 최악의 쓰나미(tsunami, 지진해일)는 아직도 우리의 기억에 생생하게 남아 있다. 당시 28만 6천 명에 달하는 사망자를 냈는데 희생자 대부분은 물에 휩쓸리거나 물에 빠져 죽은 사람들이었다. 이 쓰나미는 1976년 25만 5천 명이 사망한 중국 동북부의 탕산(唐山) 대지진과 1920년 24만 명이 사망한 중국 서북부의 간쑤(甘肅) 대지진과 함께 20세기의 3대 지진 참사로 기록되었다. 제대로 된 구난활동이 이루어지지 못했던 옛날에는 지진의 후유증이 지진 자체보다 인간의 생존에 더 큰 위협이 되는 경우가 많았다.

　　쓰촨 성에 일어났던 지진은 원자탄 252개가 한꺼번에 폭발한 것과 동일한 파괴력을 지녔다고 한다. 중국은 이 지진으로 인해 공식적으로 약 8만 명이 넘는 사망자가 발생했다고 집계했다. 또 1만 7천여 명이 실종되었으며 부상자는 37만 명이 넘는 것으로 알려졌다. 쓰촨 성의 지진 피해자들 역시 지진의 직접적 효과, 2차적 효과 및 간접적 효과로 죽어 갔다. 그런데 이러한 절망적 상태에서도 지진이 발생한 8일째인 5월 19일, 탄광 지역의 한 건물에 매몰됐던 50대 여성 왕화전(王華珍) 씨와 돌더미에 깔려 있던 60대 남성 리밍추이(李明翠) 씨가 구조되는 등 인간의 한계를 극복한 매몰자들이 살아 돌아와 감동을 주기도 했다. 구조가 조금만 더 늦어졌더라면 이들은 저체온증이나 탈수 등 전해질의 불균형, 또는 영양실조 등으로 죽어 갔을 것이다. 그런데 이에 앞서 한 어린이의 안타까운 죽음은 중국 대륙을 눈물로 적셨다. 쓰촨 성 베이촨(北川) 현 취산(曲山) 초등학교 4학년인 판춰안 양은 지진으로 3층짜리 학교 건물이 무너지면서 매몰된 지 57시간 만인 5월 14일 밤 기적적으로 구조되었다. 구조되자마자 판 양은 "너무 배가 고파 진흙이라도 먹고 싶었다"는 말을 했다고 한다. 하지만 판 양은 구조된 지 10분쯤 지나 병원으로 옮길 준비를 하던 중 허망하게 숨지고 말았다. 판 양은 왜 죽었을까? 부검을 실시해 밝혀낸 정확한 사인을 접하지는 못했지만 많은 전문가는 판 양이 '크러시증후군(crush syndrome)'으로 사망했을 것으로 보고 있다. 우리말로는 '압궤증후군(壓潰症候群)'이라고 하는 크러시증후군은 주로 지진 같은 재난 현장에서 오랜 시간 동안 건물 잔해와 같은 무거운 물체에 신체의 일부가 압박당했을 때 일어난다. 신체가 압박되면 그 이하 부위에 혈류가 장애되고 산소 공급이 저하되어 근육조직이 파괴된다. 그러다가 마침내 구조되어 신체를 압박하던 물체가 제거되면 혈류는 다시 돌게 되는데 이때 근육조직이 파괴되어 이미 유리되어 있던 미오글로빈(myoglobin)이나 칼륨 같은 자가독성물질(自家毒性物質)이 혈류를 타고 온몸에 퍼지게 된다. 미오글로빈은 특히 요세관을 막아 급성 신부전증을 초래하고 혈중에 증가된 칼륨은 특히 심장근육에 이상을 일으켜 부정맥이 발생시킴으로써 사람을 죽음에 이르도록 만든다. 지진 현장에서 인간의 생명을 앗아 가는 제4의 함정인 것이다.

법의학교실
구분하기 쉽지 않은 죽음의 원인들

지진 같은 재난 현장에서 발생하기 쉬운 압궤증후군과 비슷하면서도 조금씩 다른 의미를 지닌 용어로 토니킷 쇼크, 횡문근융해증, 외상성 쇼크, 좌멸증후군 등이 있다. 먼저 토니킷 쇼크(tourniquet shock, 結縛 쇼크)는 무거운 물체가 신체를 압박하는 대신 팔다리를 끈으로 묶어 혈류를 차단하는 경우다. 오랜 시간 동안 묶었다가 풀어 놓으면 크러시증후군과 유사한 효과가 나타나므로 크러시증후군과 혼용하기도 한다. 횡문근융해증(橫紋筋融解症, rhabdomyolysis)은 횡문근이 융해되어 미오글로빈, 칼륨과 같은 자가독성물질이 혈중에 유입되어 나타나는 증상이다. 바로 크러시증후군이나 토니킷 쇼크에서 증상을 일으키거나 죽음을 초래하는 주요 기전(機轉)이다. 하지만 횡문근융해증은 크러시증후군이나 토니킷 쇼크에서만 일어나는 것이 아니고 외상이나 화상과 같은 근육의 직접적인 손상, 경련과 같은 과도한 근육의 활동, 악성 고열증이나 열사병과 같은 열성 질환, 또는 코카인을 비롯한 여러 종류의 약물이나 독물 등에 의해서도 일어난다. 몇 년 전 고등학교 1학년인 김모 군은 학교에서 체육 실기시험에 두 번 연달아 빠지자 벌로 '앉았다 일어서기'를 수백 번 받은 후부터 콜라처럼 새까만 오줌을 누기 시작했다. 결국 병원을 찾은 김 군은 횡문근융해증이라는 진단을 받았다.

외상성 쇼크(外傷性 쇼크, traumatic shock)는 2차성 쇼크(二次性 쇼크, secondary shock)라고도 하는데 비교적 강하지 않은 외력이 반복하여 인체에 광범위하게 가해져 연조직(軟組織) 사이에 상당한 출혈이 일어나는 경우다. 혈관 내를 돌지 않는다는 점에서 보면 연조직 사이에 일어나는 출혈은 몸 밖으로 일어나는 출혈과 다름이 없다. 즉 신체 외부로 피 한 방울 흘리지 않더라도 저혈량성 쇼크 상태에 빠질 수 있게 된다. 또한 외력이 멈춘 후에도 혈장이 계속 빠져나가 증상을 악화시킬 수도 있다. 대개 체표면적의 30% 정도에 멍이 들면 사망에 이를 수 있다. 정신질환을 앓고 있는 26세의 여자에게 여러 사람이 3시간 동안 손으로 몸을 때려가며 안수기도를 하고 나서 5시간 후 그녀는 사망하고 말았다. 부검을 해 보니 뼈가 부러지거나 장기가 파열된 소견은 없었지만 팔과 다리는 물론 가슴과 등도 온통 멍투성이였다. 좌멸증후군(挫滅症候群)은 비교적 강한 직접적인 외력이 반복하여 가해졌을 때 일어난다. 이때는 횡문근융해증과 저혈량성 쇼크가 함께 증상의 발현이나 죽음에 한몫을 하게 된다. 평소 정신질환이 있던 손녀가 할아버지가 자신에게 욕을 한다는 이유로 손과 주먹 그리고 방망이로 할아버지를 폭행한 사건이 있었다. 할아버지는 병원에서 치료를 받았지만 이틀 후 사망했다. 생전에 시행한 임상검사에서 전형적인 횡문근융해증의 소견이 나타났으며 부검을 해 보니 비교적 넓은 부위의 연조직에서 상당한 출혈이 보였다. 그런데 영어권 문헌이나 임상의학에서는 그 결과와 치료 방법이 비슷하기 때문에 좌멸증후군과 압궤증후군을 구별하지 않고 모두 크러시 신드롬(crush syndrome)이라고 부르기도 한다. 개념적으로는 차이가 있으나 사실 검시 실무에서 압궤증후군과 좌멸증후군, 심지어 외상성 쇼크까지도 명백히 구분하기란 쉽지 않으며, 횡문근융해증과 저혈량성 쇼크가 죽음에 영향을 미친 정도를 판단하기도 수월하지 않은 경우가 흔하다.

한국에만 존재하는 미신, Fan Death
_저체온증?

2008년 7월의 매스컴에 실린 기사 3개를 추려 본다.

기사 1 _ 광주서 선풍기 틀고 자다 저체온증 사망 잇따라

본격적인 무더위를 앞두고 밤새 선풍기를 틀어 놓은 채 자다가 저체온증으로 숨지는 사고가 잇따라 발생해 주의가 요망된다. 지난 2일 오전 10시께 광주 북구 두암동 조모 씨(56)가 자신의 방에서 숨져 있는 것을 주민이 발견했다. 경찰은 조 씨가 선풍기를 틀어 놓은 채 잠을 자다 저체온증으로 숨졌을 가능성이 큰 것으로 보고 정확한 사인을 조사 중이다. 이에 앞서 지난달 28일 오전 8시 45분께 광주 광산구 도산동 한 음식점에서 종업원 이모 씨(35)가 선풍기를 틀어 놓은 채 잠을 자다가 숨진 채 발견되기도 했다. 소방당국은 매년 무더운 여름철이 되면 선풍기 사용으로 인한 저체온증으로 숨지는 사고가 1건 이상 꾸준히 발생하고 있다며 주의를 당부했다. 소방당국은 4일 선풍기 바람을 오랜 시간 쐬면 체온이 급격히 떨어져 심장마비 등으로 갑자기 숨질 위험이 있다며 아무리 더워도 선풍기를 장시간 틀어 놓은 채 자는 것은 금물이라고 말했다(연합뉴스. 2008년 7월 4일).

기사 2 _에어컨 틀고 자던 50대 남자 숨진 채 발견

폭염 기간 중 50대 남자가 에어컨을 틀고 잠을 자다 숨졌다. 지난 14일 오전 8시 42분쯤 대구 남구 대명동 오모 씨(54) 집 안방 침실에서 오 씨가 숨진 채 옆으로 비스듬히 누워 있는 것을 여자친구 김모 씨(46)가 발견했다. 김 씨는 경찰 조사에서 "방문이 잠겨 있어 119를 불러 열고 들어가니 창문은 모두 닫혀 있고 에어컨은 켜져 있었으며 당시 오 씨의 몸은 차갑고 딱딱하게 굳어 있었다"고 말했다. 김 씨는 또 "어제(13일) 밤 11시부터 오 씨가 잠을 잔 것으로 알고 있다"고 말했다. 경찰은 김 씨의 진술과 시체에 외상이 없는 점 등으로 미뤄 오 씨가 밀폐된 방 안에서 에어컨을 틀고 자다 숨진 것으로 보고 정확한 사인을 조사 중이다. 시체를 검안한 의사는 "밀폐된 공간에서 에어컨을 틀어 놓고 자면 저산소증과 저체온증이 발생해 숨질 수 있다"고 말했다(조선일보. 2008년 7월 16일).

기사 3 _선풍기 틀고 자다 죽는 진짜 이유는 저체온증 아닌 심장마비 때문

선풍기를 틀어 놓은 상태에서 잠을 자다 죽는 것은 저체온증이 아니라 심장마비 때문이라는 주장이 나왔다. 미국 마이애미 대학 지리학과 로렌스 칼크스타인 교수는 29일 기상청 주최로 서울 프라자호텔 메이플홀에서 열린 폭염 관련 세미나에서 "선풍기로 인한 사망 사고는 대부분 70대 이상 노인에게 발생했으며 주로 밀폐된 방에서 선풍기를 틀고 자다 숨졌다"며 "이는 지금까지 우리가 알고 있는 것과 달리 질식사나 저체온증이 아니다"라고 말했다. 그는 "실내 온도가 높을 때 밀폐된 곳에서 선풍기를 틀면 방 안의 열기가 사람에게 집중돼 오히려 더 체온이 높아진다"며 "여기에 노출된 피부에 선풍기 바람이 지나가면서 몸의 수분을 빼앗아 결국 심장마비와 뇌졸중, 호흡곤란으로 사망하게 된다"고 설명했다(중앙일보.

2008년 7월 30일).

첫 번째와 두 번째 기사는 선풍기나 에어컨을 틀어 놓고 자다가 사람이 사망하는 사고가 발생했는데 사인이 저체온증이나 저산소증 같다는 것이 기사의 주요 내용이다. 인터넷상에서는 이 기사의 내용에 대해 다양한 이론을 앞세워 그럴 수도 있을 것 같다는 의견과 그럴 가능성은 없다는 의견이 맞서 있었다. 저산소증이나 질식의 가능성은 일단 제쳐 두고 과연 선풍기나 에어컨을 틀고 자다가 저체온증으로 죽을 수 있는 걸까? 저체온증으로 사망하거나 심각한 저체온 상태에서 회복된 실제 사례를 알아보자.

C는 대학 신입생으로 신입생 오리엔테이션에 참석했다. C는 2월 16일 저녁부터 친구들과 술을 마시다가 2월 17일 03:30경 밖으로 나간 후 11:00경 야외에서 쓰러진 채 발견되었다. 11:45쯤 대학병원 응급실에 도착하였을 당시의 체온은 25.8℃였으며, 혼수상태로 자발호흡이 없었고 맥박도 뛰지 않았다. 11:45부터 16:40까지 기관내삽관을 유지하고 심폐소생술을 시행하면서 흉관과 방광 등을 통해 온수를 계속 관주하였지만 C는 결국 사망했다. 〈국립과학수사연구소 부검사례〉

48세의 남자가 야외에서 혼수상태로 발견되어 병원에 입원했는데 이때 그의 직장체온은 26.4℃였다. 체온을 상승시키는 요법으로 4시간 후에는 약 33℃, 7시간 후에는 약 36℃로 상승하였다. 합병증을 약간 겪었지만 정상으로 회복되어 입원 6일 만에 퇴원했다. 〈Komatsu S et al. Severe accidental hypothermia successfully treated by rewarming strategy using continuous venovenous hemodiafiltration system. J Trauma. 2007 : 62(3):775-6〉

　　여러 가지 이론을 떠나 선풍기나 에어컨을 틀어 놓고 자다가 저체온증으로 사망하는 것이 가능하다면 위와 같이 전형적인 저체온증으로 병원에 입원한 후 사망하거나 회복된 사례가 1건이라도 보고되어야 할 것이다. 그러나 아직 이러한 보고는 국내외를 통틀어 찾아볼 수 없다. 국립과학수사연구소에서 부검을 시행한 사례를 보면 선풍기나 에어컨을 튼 상태에서 잠을 자다 사망한 경우 사인은 거의 대부분 심장질환, 뇌혈관질환, 만성 알코올중독증 및 급성 알코올중독증 등으로 판명되었다. 사인이 명백하지 않은 경우라 할지라도 저체온사라는 증거는 없었다. 발견 당시 생명징후가 남아 있던 경우에도 저체온으로 사망했다는 근거는 없었다. 온라인 백과사전인 〈위키피디아Wikipedia〉는 '선풍기나 에어컨을 틀고 자면 죽는다는 믿음'이 한국에 존재하는 미신이라며 'fan death'라는 이름으로 소개하고 있다.

　　세 번째 기사는 당사자가 의사가 아니어서 그런지 기사가 잘못 전달된 것인지 모르겠지만 그 내용을 의학적으로 명확하게 이해하기 어렵다. 아마도 선풍기나 에어컨의 바람이나 냉기가 기존의 질병이나 병적 상태에 영향을 미쳐 악화시킴으로써 사망에 이를 수 있다는 것으로 해석된다. 가능성이 있는 가설이라는 생각은 들지만 의학적으로 입증되었다는 보고는 아직 찾아보지 못했다. 참고로 캐나다 학자의 논문을 소개한다. 티쿠이시스(Tikuisis)는 사람이 냉온에 노출되었을 때 생존할 수 있는 시간을 측정하기 위해 건강한 남자를 모델로 정교한 모형을 제작해 실험에 들어갔고 모형의 심부체온이

30℃까지 떨어지면 사망한 것으로 간주했다. 비교적 바람이 없는 상태에서 알몸으로 노출된다면 -30℃에서 1.8시간, -20℃에서 2.5시간, -10℃에서 4.1시간, 0℃에서 9.0시간 생존한 것으로 판명되었다. 10℃라면 24시간 이상 견디는 것으로 나타났다. 또 두께 1mm 정도의 헐렁한 옷 2개 정도를 입은 상태에서 풍속이 5km/h 정도라면 -50℃에서 4시간, -40℃에서 5.6시간, -30℃에서 8.6시간, -20℃에서 15.4시간 생존했으며, -10℃라면 24시간 이상 견디는 것으로 나타났다. ⟨Tikuisis P. Predicting survival time for cold exposure. Int J Biometeorol. 1995. 39(2):94-102⟩

하지만 아쉽게도 이 학자는 이 실험을 진행할 당시 선풍기나 에어컨까지는 생각하지 못했던 것 같다. 선풍기와 에어컨으로 인해 죽을지도 모른다는 공포심을 갖고 있는 사람들의 불안감을 잠재워 주기 위해서라도 실험을 한번 부탁해 보고 싶다.

분겁에 대한 단상
_최진실 씨 사망 사건

    2008년 10월 2일 오전 6시 15분. 최고의 인기를 구가하던 연기자 최진실 씨가 자택 안방에 딸린 화장실의 샤워부스에서 압박붕대로 목을 맨 채 발견되었다. 40년이 채 못 되는 짧은 생애를 마감한 최 씨의 사망 사건은 그녀를 사랑하던 많은 국민에게 커다란 충격을 주었다. 최 씨는 10월 1일 오후 2시부터 한 제약회사의 광고를 촬영했는데 평소와 달리 관계자들과 아무런 대화도 주고받지 않았고 다소 경직된 분위기에서 촬영이 이뤄졌다고 했다. 광고 촬영은 오후 5시쯤 끝났다. 스튜디오를 나온 최 씨는 소속 기획사의 대표와 매니저 등 일행과 함께 인근 식당에서 밥을 먹고 소주를 마셨다. 그리고 자정쯤 술에 취한 상태로 귀가한 최 씨는 안방 침대에 앉아 어머니에게 "세상 사람들에게 섭섭하다. 사채니 뭐니 나하고 상관없는데 억울하다"고 말했다. 최 씨는 어머니와 이야기를 하다가 울면서 욕실에 들어간 뒤 문을 잠갔다. 어머니가 문을 열라고 하자 "엄마는 그냥 가서 주무시라"고 했다. 이러한 일은 가끔씩 있었기 때문에 어머니는 새벽 0시 30분쯤 손자들의 방으로 가 잠이 들었다. 새벽 4시쯤 잠이 깬 어머니가 최 씨 방을 열어 보았다. 최 씨는 보이지 않았고 침대에는 잠을 잔 흔적도 없었다. 불길한 생각에 불이 켜져 있는 욕실 문을 30여 분간 두드렸지만 아무런 반응이 없었다. 어머니는 6시쯤 열쇠 수리공을 불렀고 곧이어 목매 숨져 있는 최 씨를 발견했다. 어머니는 최 씨의 남동생에게 전화를 했고, 남동생은 최 씨의 집에 도착한 직후인 7시 34분 119 구급대에 신고했다.

    7시 40분경 현장에 출동한 경찰은 4시간여에 걸쳐 여러 각도에서 사망 경위를 철저히 조사했다. 경찰은 "유서를 발견하지 못했지만 최 씨의 죽음은 자살로 추정된다"고 발표했다. 그러면서 위와 같은 행적에 더하여 자살에 합당한 몇 가지 근거를 더 들었다. 먼저 최 씨는 가까이 지내던 몇 사람에게 죽음을 암시하거나 직접 언급했다. 0시 15분쯤 자신의 의상 담당자와 휴대전화로 통화했고 0시 42분에는 메이크업 담당자에게 "이 세상에서 제일 사랑하는 김 양아, 혹 언니가 무슨 일이 있더라도 우리 아이들 잘 부탁해", 그리고 다시 3분 뒤에는 "미안해"라는 내용의 문자 메시지를 보냈다. 다음으로는 최 씨의 과거력이었다. 유족들에 따르면 최 씨는 약 5년 전 프로 야구 선수인 조모 씨와 이혼한 후 우울증에 시달려 늘 신경안정제를 복용해 왔다고 했다. 특히 최 씨는 죽기 얼마 전 사망한 상태로 발견된 탤런트 안모 씨에게 사채업자를 내세워 25억 원을 빌려 줬다는 악성 루머에 시달려 오면서 그 증세가 더욱 심해졌다고 했다. 그 외에도 그동안 최 씨를 둘러싼 여러 정황이나 주변 인물들의 증언으로 보아 최 씨의 죽음은 자살이 확실시되었다. 하지만 검경(檢警)은 "자살이 거의 틀림없지만 최 씨가 인기 연예인이었던 만큼 그녀의 죽음은 국민적 관심사이기 때문에 자칫 사인 규명이 미진하면 잡음이 있을 수 있다"며 부검을 하기로 결정했다.

　검찰 관계자는 그날 오후 6시께 부검영장을 가지고 최 씨의 빈소가 차려진 서울 일원동 삼성의료원 장례식장을 찾았다. 그러나 부검을 반대하는 가족들은 검찰 관계자를 향해 접근금지 가처분 신청을 내겠다는 말을 서슴지 않았다. 검찰 측은 공무집행 방해라고 강경하게 맞서며 유족들과 1시간 정도 대치했다. 그녀의 어머니 역시 "딸의 몸에 칼을 댈 수 없다"며 강력히 반발했다. 그녀의 아버지도 "딸이 죽은 것도 원통해 죽겠는데 부검을 한다니 차라리 내 배를 가르라"며 반대했다. 그러나 유가족들은 고인의 사인을 철저하게 규명해야 한다는 검찰의 끈질긴 설득에 결국 오후 8시쯤 부검에 동의했다. 최 씨의 시신은 저녁 08시 25분경 삼성의료원을 출발해 8시 50분 내가 근무하는 가톨릭대학교 의과대학 내에 설치되어 있는 '국립과학수사연구소 지역법의관사무소'에 도착했다. 부검은 당일 저녁 9시경부터 1시간 반 정도에 걸쳐 이루어졌고 집도는 국립과학수사연구소의 양경무 지역법의관사무소장과 박혜진 박사가 담당했다. 부검한 결과 목을 맨 것 이외에 사망과 관련될 만한 다른 소견을 찾지 못했으며 자살과 배치되는 단서도 발견하지 못했다.

　나는 그날 아침에 출근하자마자 양 박사로부터 최 씨 사건에 대해 전해 들었다. 당시 나는 현장 검안에 참여하기 위해 출발하는 양 박사에게 "검경에서는 부검을 하지 않으려고 할지도 모른다. 하지만 사인을 명백히 밝히고 의문을 남기지 않기 위해서 반드시 부검을 하도록 권유해야 한다"고 당부했다. 그러나 양 박사가 검안을 마치고 사무소로 돌아온 후 부검 여부에 대해서는 매체를 통해 이런저런 이야기가 들릴 뿐 검경으로부터는 아무런 소식이 없었다. 점심을 먹으면서 나는 직원들에게 "가족이 갑자기 사망한 당일 유족들은 그 죽음을 현실로 받아들이기는 어렵다. 또 사망 당일 시신에 칼을 대는 것은 유족이나 국민의 정서를 해칠 수 있다. 그렇기 때문에 유족을 설득해 부검을 한다고 해도 오늘은 어려울 것이고 내일이나 진행될 것으로 예상된다."라고 말했다. 그러나 퇴근 무렵이 되어도 아무런 공식적인 연락이 없었다. 내 머리에서는 검경에서 만약 부검을 하지 않기로 결정했다면 어쩌나? 아니면 당장 오늘 밤에 하자고 하면 어쩌나? 하는 걱정이 교차했다. 아니나 다를까 퇴근해 집에 도착하자마자 양 박사로부터 오늘 내로 부검을 하기로 검경과 합의했다는 전갈이 왔다. 나는 다시 학교로 향해 최 씨의 부검에 참여했다. 최 씨의 죽음과 부검의 전말에 관해 자세하게 설명하는 이유는 두 가지다.

첫 번째, 우리나라에서는 자살이 명백하면 부검을 하지 않는 것이 일반적이다. 최 씨는 사실상 자살이 분명함에도 그 시신을 부검했다. 그러면 최 씨와 같은 죽음에서 부검을 하기로 한 결정은 옳았는가? 두 번째, 부검은 사망하거나 시신으로 발견된 후 그다음 날 또는 하루건너 오전에 시행하는 것이 관행이다. 하지만 최 씨의 시신은 사망한 그날 밤에 부검했다. 부검을 사망 당일에, 그것도 밤에 한 것이 적절했는가? 나 역시 두 질문에 정답을 내놓을 자신은 없다.

그럼 최 씨의 시신을 부검하기로 한 검경의 결정에 대한 국민들의 의견은 어땠을까? 나는 부검 여부가 국민적 관심사로 떠오르던 10월 2일 오후 인터넷에서 "검찰이 최 씨의 시신에 대해 부검을 하기로 결정했다"는 기사에 대한 댓글을 조사해 보았다. 전체적으로 부검에 반대하는 목소리가 압도적이었다. 반대하는 입장은 대개 다음과 같은 것들이었다.

"가족들과 함께 있었고. 가족들이 반대하는 부검을 왜 하는지 이해가 안 간다. 잡음은 무슨. 시신에 칼 대지 마라. 두 번 죽이지 마."

"가족도 반대하고. 집에서 가족과 함께 자다가 자살한 정황이 명백한데 왜 유족의 가슴에 못을 박고 부검을 하나. 도대체 이해가 안 된다. 부검을 한다면 국민들의 수많은 지탄을 받게 될 것이다."

"유족이 반대하는 부검. 고인에 대한 인격살인. 이중살인. 성추행이다. 부검을 반대한다. 그녀도 부검을 결코 원치 않을 것이다."

"우울증으로 인한 충동적인 자살이 뻔해 보이는 걸 뭐하러 부검까지 하나?"

"가족들이 싫다면 하지 말지. 가시는 길이나마 고이 보내 드립시다."

"부검은 웬만하면 안 했으면 싶은데. 목욕탕에 들어갔고 새벽에 열쇠공을 부를 때까지 아무도 들어가지 않았다면 100% 자살이라고 봐도 무방하다고 보는데. 꼭 부검을 해야 하는지. 부검. 이거 고인에게 할 짓이 못 된다고 보는데."

"제발 좀 그만해라. 자살 확실한데! 죽은 사람 두 번 죽이지 말고 그냥 고이 편하게 영면하도록 제발 그냥 놔둬라! 죽은 시신 배 가르고 뇌 가르고! 내장 드러내고 피부 드러내고 해서 도대체 뭘 얻는다는 거냐! 실험해부용으로 쓴다는 거냐!"

대체로 유족이 원치 않는다는 것과 사인이 확실하지 않으냐는 것 그리고 고인에 대한 도리가 아니라는 의견들이었다. 반대로 찬성하는 의견은 소수였고 그 목소리도 낮았다.

"사인이 명백히 밝혀졌으면 좋겠네요."

"정황상 자살이 맞겠지만 가족들 중에 범인이 있다는 가정을 완전히 배제할 수도 없습니다. 형식적인 절차라고 생각할 수 있겠지만 정확한 사인 분석을 위해서는 부검을 해야 한다고 봅니다."

"검찰의 입장을 이해해야 합니다. 명확한 사인 규명이 이루어진 후 그에 따라 수사를 할 수 있기 때문입니다. 부검 없이 장례를 치른 후 아무리 철저한 수사를 한다 해도 어떤 의혹이 나타나면 자살이냐 타살이냐 또 의혹이 제기되기 때문입니다."

"유족이 반대한다고 해도 석연찮거나 국민들의 관심 사건인 경우에는 부검을 해 사인을 명확히 밝히는 것이 선진국 등에서 올바른 사건 절차다."

다음 날, 사망한 당일 야간에 부검을 진행한 것에 대한 의견은 어떨까 하는 의구심에 인터넷을 뒤져 보았지만 그 부분에 대해서는 아무런 이야기도 찾을 수 없었다. 유가족들이 "부검을 하더라도 오늘 밤에는 안 된다"라고 말했다는 기사도 찾지 못했다.

나는 최 씨의 부검에 참여한 '가톨릭의대 국립과학수사연구소 지역법의관사무소' 관계자 6명에게 최 씨의 부검을 둘러싼 네티즌들의 의견을 전하면서 먼저 최 씨의 시신을 부검해야만 했는지에 대해 물어보았다. 4명은 부검 결정이 옳았다고 했고 2명은 부검을 할 필요가 없었다고 대답했다. 또 부검에 찬성한 4명도 모두 최 씨가 유명인이었기 때문에 부검이 불가피했지 만약 일반인이었다면 부검하지 않았을 것이라는 의견이었다. 검경에서도 발표했듯이 최 씨가 사회적 영향력이 큰 인물이었기 때문에 부검을 하지 않을 수 없었다는 주장과 일맥상통하는 대답이었다. 다음으로 아침에 발견된 최 씨의 시신을 그날 밤에 부검한 것에 대해서는 정서적으로 거부감이 없었는지 물어보았다. 4명은 거부감이 없었다고 대답했는데 그중 3명은 죽은 지 12시간이 지나면 부검을 하는 데 무리가 없을 것 같다고 했고, 1명은 아무 때라도 상관이 없다고 대답했다. 나머지 2명은 거부감이 있었다고 대답했다. 그중 1명은 부검은 최소한 저녁부터 아침까지 온전히 하룻밤이 지난 후에 하는 것이 좋을 것 같다고 했으며, 1명은 최소 24시간은 지난 후에 하는 것이 바람직하다고 대답했다.

부검 결정에 대한 나의 평소 생각은 단순하다. 자살로 보이는 사건이라도 모두가 수긍할 만큼 명명백백하지 않다면 부검까지 마치기를 권한다. 여기서 명명백백하다는 것은 살아 있는 사람의 진술이 아니라 시신과 현장이 보여 주는 움직일 수 없는 증거가 그러해야 한다는 것이다. 이 점은 최 씨 같은 유명인이 아니더라도 다를 바 없다. 변사 사건에서 어느 한 과정을 생략하면 죽음을 자칫 잘못 판단할 수도 있다. 당일부검이나 야간부검에 대한 생각도 간단하다. 우선 산 사람이 알 수 없는 사후 세계에 대한 최소한의 배려가 필요하다는 생각에서 사망 직후나 사망 당일 부검하는 것을 꺼림칙하게 느껴 왔다. 야간에 부검을 하는 것도 마찬가지다. 모든 사물이 휴식을 취하는 밤에 그의 몸에 칼과 톱을 대어 영혼의 안식을 방해하고 싶지 않다는 생각이 나의 의식에는 오래전부터 자리 잡고 있다(단, 살인이 명백하거나 타살의 가능성이 높은 사건 또는 긴급부검을 해야 할 만한 타당한 이유가 있는 경우는 예외일 수 있다). 하지만 이러한 감상(感傷)이 현시대에는 어울리지 않는 모양이다. 죽었다고 판단되면 시신을 곧바로 냉장고에 집어넣는 세상, 죽음에 대한 정서가 메마르고 과학적으로 증명되지 않는 것은 미신으로 치부되는 세상, 모든 것이 바쁘게 돌아가고 낮과 밤이 혼존하는 세상에서는 사망한 바로 그날 밤에 그의 몸을 가른다는 게 그다지 국민 정서를 거스르는 것 같지 않았다. 결국 나의 생각은 두 가지 사항에서 모두 네티즌이나 동료들과 엇갈리는 결과였다.

악마의 유혹,
약물 중독
_마이클 잭슨 사망 사건

　　2009년 6월 25일. 마이클 조지프 잭슨(Michael Joseph Jackson)이라는 사람이 미국 캘리포니아 주 로스앤젤레스(Los Angeles)에 있는 자기 집에서 갑자기 사망했다. 그는 인디애나 주 게리(Gary) 출생으로 1958년 8월 29일에 태어났으니 50세에 2개월 모자라는 나이로 삶을 마친 셈이었다. 사람들은 그를 '팝의 황제'라고 불렀으며 그는 '총 앨범 판매 7억 5천만 장' '가장 많이 팔린 뮤직비디오' '최연소 리드 보컬' '최연소 빌보드 차트 1위' '그래미상 19회 수상' 등 나열하기 힘들 만큼 많은 기록을 가지고 있는, 모두가 인정하는 세계 최고의 스타 마이클 잭슨이었다. 그는 한편으로 기부와 자선의 천사로 알려졌으며 한국을 네 번 방문한 인연도 있다. 하지만 그런 화려함의 이면에는 우리가 지나쳤던 어두운 면을 지닌 인물이기도 했다. 아버지로부터 육체적 학대를 당한 어린 시절, 얼굴이 변형될 정도의 반복된 성형수술, 아동 성추행 논란, 두 번의 결혼과 이혼, 3명의 백인 아이를 둔 흑인 아버지 등. 워낙 화제를 몰고 다녔던 인물이니 만큼 그의 죽음 이후에도 대중매체가 전하는 이야기는 끊일 줄 몰랐다.

그는 사망하기 이틀 전에도 LA 스테이플스 센터에서 10여 곡을 부르면서 콘서트를 준비할 정도로 건강한 상태로 알려졌던 만큼 그의 갑작스러운 죽음은 모두에게 당황스러운 사건이었다. 하지만 그의 죽음에 대해 다양한 조사가 진행되면서 그는 생전에 잠을 청하기 위한 목적으로 오랫동안 프로포폴 성분의 마취제를 투약받아 왔던 것으로 알려졌다. 경찰은 잭슨의 개인 주치의인 콘래드 머리(Conrad Murray)가 잭슨의 불면증을 치료하기 위해 매일 밤 프로포폴을 투여해 왔으며 숨지기 6주(일부에서는 6개월이라고 함) 전부터는 매일 밤 50mg의 프로포폴을 정맥주사로 주입했다고 밝혔다. 잭슨이 숨질 당시 머리는 혼자서 심폐소생술을 시행하고 있었으며 사망한 후 30분이 지나서 앰뷸런스를 불렀다. LA 카운티 검시소에서는 잭슨의 시신을 부검했으며 8주가 지나 잭슨의 몸에서 치사량 수준의 프로포폴을 검출했다고 발표했다. 경찰은 잭슨이 프로포폴 때문에 사망한 것으로 추정하면서 머리에게 과실치사 혐의를 적용했다. 하지만 그는 "전날 밤 두 차례 진정제 주사를 처방했지만 잭슨은 계속 잠을 이루지 못했다. 사망 당일 오전 10시 40분경에는 약물중독을 우려해 프로포폴을 기존 투여량의 절반인 25mg으로 줄였으며 다른 진정제와 섞어서 사용했다"며 자신의 결백을 주장했다.

마이클 잭슨의 죽음에 직접적 원인이 된 것으로 보이는 '프로포폴(propofol)'은 정맥마취제로서 디프리반(Diprivan)으로도 불린다. 프로포폴은 마취유도와 대사가 신속하고, 지속적으로 투여해도 축적 효과가 거의 없어 마취를 종료할 때 각성이 빠르다는 것, 또 오심이나 구토 같은 부작용이 적다는 장점이 있다. 반면 이 약물은 전신 혈관의 저항을 저하시켜 저혈압을 유발하는데 그 정도는 투여하는 용량에 비례한다. 프로포폴이 인체에 투여되면 중추신경계에 작용해 호흡을 억제하기도 하는데, 이 역시 용량에 비례한다. 또한 근육이완제와 함께 사용하면 근육이완의 효과를 강화한다. 마취를 유도할 때는 체중1kg당 약 2.0~2.5mg을 투여하는데 노인, 저혈량증 환자 및 심기능이 불량한 환자에게는 양을 줄이고 천천히 투여하도록 되어있다. 마취 유지의 목적으로 사용할 때는 임상 상황을 관찰하면서 1분에 체중 1kg당 150μg씩 투여한다. 대수술의 마취에는 2.5~6.0μg/ml, 일반적 수술의 마취에는 1.5~4.53μg/ml 정도의 혈중농도가 필요하다. 잭슨의 경우에는 프로포폴의 혈중농도가 얼마였는지, 다른 약물이 함께 발견되었는지, 발견되었다면 그 약물의 혈중농도가 얼마였는지, 또 부검소견이 어떠한지에 대해서는 명확한 자료를 입수하지 못했다.

마이클 잭슨의 죽음으로 사람들에게 알려진 '프로포폴'에 의한 사망 사건은 우리나라에서도 발생한다. 우리나라에서 프로포폴로 사망하는 사람들은 거의 대부분 직업적으로 손쉽게 이 약물에 접할 수 있는 병원의 직원들이다. 그중 상습적으로 프로포폴을 투여하다 사망한 사건을 통해 마이클 잭슨의 부검소견을 짐작해 본다.

25세의 여성 G는 산부인과 의원에서 간호조무사로 일하고 있었다. 동료 간호사에 따르면 G는 그날 아침 9시 30분까지 야간 당직근무를 하고 10시쯤 의원 내에 있는 기숙사로 잠을 자러 갔다. 동료가 G와 함께 점심식사를 하기 위해 기숙사로 갔는데 문은 안으로 잠겨 있는 상태였다. 동료는 가지고 있던 열쇠로 문을 살며시 열고 G의 이름을 불렀지만 안에서는 아무런 대답이 없었다. 동료는 G가 깊이 잠들었나 싶어 깨우려고 다가가 보니 반듯이 누워 있는 그녀의 얼굴은 하얗고 입술은 파랗게 질려 있었다. 이상한 생각이 들어 G의 어깨를 흔들며 이름을 불러 보았지만 여전히 아무런 반응을 보이지 않았다. 그녀의 동료들은 경찰 조사에서 G가 평소 잠이 잘 오지 않는다며, 병원에서 제왕절개 등의 수술을 할 때 사용하는 프로포폴을 주사기에 넣고 여러 번 투약해 왔다고 진술했다. 경찰은 숨진 G의 침대 밑에서 주사기를 발견했으며, 쓰레기통에서는 프로포폴 병과 누바인 병을 찾아냈다. 부검을 해 보니 오른쪽 엉덩이 위쪽에 14군데의 주삿바늘 자국이 있었다. 주사할 때 생긴 피하출혈 일부는 노란색으로 변색되어 있었고, 바늘 자국의 일부에는 가피가 형성되어 있었다. 양쪽 팔에는 오금부를 중심으로 위팔과 아래팔 앞쪽에 41군데의 바늘 자국이 산재해 있었다. 역시 동반된 피하출혈의 일부는 변색되어 있었으며 두 군데의 바늘 자국에는 피가 굳어 있었다. 발등과 발목에는 왼쪽에 16군데, 오른쪽에 12군데 등 모두 28군데의 바늘 자국이 있었다. 역시 동반된 피하출혈의 일부는 변색되어 있었다. 검체를 분석해 보니 프로포폴이 혈액에서 $13.9\,\mu g/ml$, 뇨에서 $3.6\,\mu g/ml$, 담즙에서 $20.8\,\mu g/ml$가 검출되었으며, 염산날부핀이 혈액에서 흔적량(미세한 분량)으로 나타났다. G의 몸에서 검출된 프로포폴의 혈중함량은 일반적으로 마취에 필요한 혈중농도를 훨씬 초과하기 때문에 G의 사인을 약물 과다로 판단하는 데는 별문제가 없었다. 그리고 수많은 주사 자국과 변색된 주사 자국 주변의 피하출혈은 그녀가 오랜 기간에 걸쳐 상습적으로 주사를 맞아 왔다는 것을 여실히 보여 주고 있었다. 이 사건은 자기가 스스로 주사한 것이기 때문에(물론 일부는 다른 사람이 주사했을 가능성도 있다) 다른 사람의 주사로 인해 사망한 마이클 잭슨과는 소견이 조금 다를 것이다. 하지만 이 사건에서도 잭슨 사건과 유사한 문제가 하나 남아 있다. 과실치사나 타살과는 거리가 있지만 G가 단순한 약물 과다 투여인지, 아니면 자살인지, 그것도 아니면 사고성 자살인지, 자살성 사고사인지 가늠하기 어렵다는 점이다. 잭슨이든 G든 모두 약물 사용에는 철저한 관리가 필요하다는 사실을 일깨워 준다.

법의학교실
졸피뎀

어느 해 가을날 오후. 68세의 한 남자는 여느 때와 같이 매일 소일하는 공원에 나가 또래들과 어울리며 시간을 보내고 있었다. 그러다가 화장실에 가서 볼일을 보고 나오는데 낯선 50대 후반의 중년 여인이 따라 오더니 "한 번 어떠냐?"면서 그를 꾀었다. 마음이 동한 그는 그녀와 함께 인근에 있는 허름한 여인숙을 찾았다. 그는 숙박비를 계산하면서 종업원에게 "여자는 조금 있다 갈 것이며, 나는 자고 갈 것이다"라고 했다. 다음 날 오후 종업원은 당연히 손님이 나갔으려니 생각하면서 방을 청소하려고 들어갔다. 그런데 방 안에는 남자 옷가지가 흩어져 있었다. "손님. 손님" 하고 불러보았지만 아무런 대답도 없었다. 종업원이 혹시나 하는 맘에 욕실 문을 열어 보니 그는 물이 가득한 욕조에 알몸으로 머리가 수면 밑으로 가라앉은 채 비스듬히 앉아 사망해 있었다. 경찰은 처음에 그가 욕조 안에서 목욕을 하다가 의식을 잃고 쓰러져 사망한 것으로 추정했다. 그런데 유족들은 그가 평소 지니고 다니던 통장과 반지 그리고 팔찌가 없어진 것 같다고 진술했다. CCTV가 없는 업소라서 여자가 언제 나갔는지는 확인되지 않았다. 결국 부검이 진행되었다. 여러 가지의 이상이 발견되었지만 가장 의미 있는 소견은 관상동맥 경화증이 심하고 욕조 내 물속에서 발견되었는데도 익사의 소견이 뚜렷하지 않다는 점이었다. 이런 경우는 드물지 않다. 잘 모르는 남녀가 숙박업소에 함께 투숙한 후 한 사람이 갑자기 허탈 상태에 빠지거나 죽으면 사건에 연루되는 것을 꺼려 그대로 현장을 빠져나와 버리는 것이다. 이 사건도 물건이 조금 없어진 것만 다를 뿐 남자가 목욕을 하던 중에 관상동맥 경화증으로 갑자기 사망한 것은 아닐까 하는 생각이 들었다.

    하지만 약물분석 결과가 나오면서 사건의 방향이 달라졌다. 그의 말초혈액 및 위내용물 그리고 현장에 조금 남아 있던 캔커피에서 졸피뎀이라는 수면제가 검출된 것이다. 말초혈중의 함량은 0.59mg/l에 달했는데 이는 치사농도에 미치지 못하지만 상용량은 훨씬 넘어서는 용량이었다. 결론적으로 졸피뎀이 단독적인 사인으로 작용했다고 할 수는 없어도 그를 사망에 이르게 하는 데 주요한 역할을 한 것은 틀림없어 보였다.

    피의자를 찾아내는 데는 그리 오래 걸리지 않았다. 그녀는 58세의 여인으로 남편과 이혼하고 혼자 살고 있었다. 그녀는 두어 달 전부터 그 공원에 놀러 오는 남자들에게 접근해서는 성관계를 맺자고 꾀어 여관으로 데리고 가서 수면제를 먹이고 잠이 들었을 때 현금과 귀금속을 들고 나오곤 했던 것이다. 수면제는 음료수에 3~4알 분량을 탔으며 범행 횟수는 전부 10회 정도 되었다. 사건 당일 그를 만나 여인숙으로 들어가자마자 남자는 몸을 씻는다며 옷을 다 벗었다. 여자는 욕조에 물을 받은 후 그 안에 들어간 남자의 머리를 감겨 주고 온몸에 비누칠을 해 닦아 주었다. 그러고는 여인숙에 들어올 때 사 온 캔커피에 미리 준비한 수면제 5알 분량을 넣은 후 욕조 안에 있는 그에게 건넸다. 그녀는 방으로 나와 그를 기다렸지만 그가 20분이 지나도 나오지 않자 욕실 안에 들어가 "빨리 나오라"고 하니 작은 목소리로 "알았다"면서 웅얼거렸다. 그는 곧 잠이 들었으며 기다려 보았지만 깨어나지 않았다. 그녀는 결국 금팔찌와 현금을 들고 나왔을 뿐 그가 사망했으리라고는 생각조차 못했다.

여인이 범행에 사용한 졸피뎀은 스틸녹스정(상품명) 등의 성분으로 불면증 등에 5~10mg을 경구 복용하는 단시간형 수면제다. 정신신경계 부작용으로는 격앙, 흥분, 졸음, 어지럼증, 피로감, 두통, 기억력장애, 전율, 야간에 깨어남, 인식장애, 몸 떨림, 우울 증상, 야간 불안, 불완전한 보행, 무력 및 운동실조 등이 보고되어 있다. 졸피뎀 5~10mg을 복용한 45명의 혈중 약물 농도는 1.6시간과 2.6시간 후에 각각 0.029~0.113mg/l와 0.058~0.272mg/l였다. 혈중 독성 농도는 0.5mg/l 정도다. 과량의 졸피뎀과 다른 약물을 함께 복용해 사망한 4명의 혈중농도는 1.1~3.2mg/l였으며, 졸피뎀 과량 복용으로 사망한 2명의 여성에서 검출된 약물의 농도는 각각 4.3과 7.9mg/l였다고 한다. 또 다른 보고에 의하면 졸피뎀과 더불어 알코올을 단시간 내에 지나치게 많이 마시고 사망한 2명에서 검출된 혈중의 졸피뎀 농도는 0.8~0.9mg/l였고 알코올 농도는 0.24~0.25%였다고 한다.

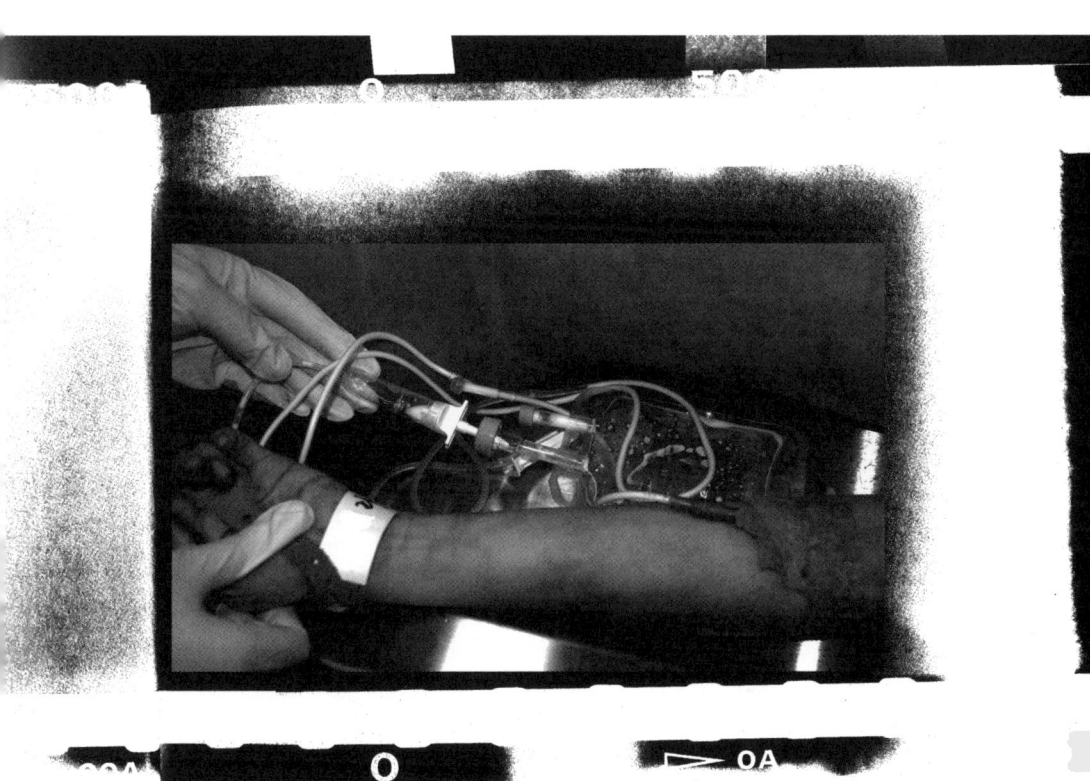

목을 매고 걷는 시체?
_자살 후 이동 사건

죽은 시체가 걸어서 돌아다닌다는 것은 영화 속에서나 가능한 일이다. 하지만 사건 현장에서는 종종 이러한 정황으로 인해 모두를 놀라게 만드는 일이 일어나기도 한다. 어떤 일이 벌어졌던 것인지 알아보도록 하자.

사례 1
이른 아침 길거리에서 21세의 병사가 엎드린 채 사망한 시체로 발견되었다. 목에는 끊어진 군화 끈이 한 가닥 묶여 있었는데 그 올가미는 피부 깊숙이 파고들어 있었다. 올가미의 매듭으로부터 줄이 끊어진 지점까지의 길이는 52㎝ 정도였다. 매듭은 끈이 고리를 통과하는 활강성 매듭이었다. 언뜻 보기엔 올가미에 목이 졸려 죽은 교사(絞死) 같았지만 끈의 한쪽 끝이 끊어져 있는 점이 특이했다. 끊어진 부위는 대부분 장력에 의해 절단된 형태로 보였지만 일부분은 목을 매기 전부터 이미 훼손된 상태였다. 부대원들을 동원해 인근 지역을 샅샅이 수색한 결과 사망 현장으로부터 직선거리로 31m 정도 떨어진 곳에서 그의 죽음에 대한 의문을 풀어 줄 사건 현장이 발견되었다. 250cm 정도 높이의 쇠파이프에 목에 감겨 있는 것과 동일한 끈 2.5cm 정도가 매달려 있었던 것이다. 병사에 대한 부검에서는 목이 졸린 것 외에 특별히 다른 소견은 찾지 못했다. 현장 증거와 부검 결과를 종합해 보면 그는 군화 끈으로 스스로 목을 매단 후 끈이 끊어졌지만 올가미는 목을 계속 조이는 상태에서 31m 이상을 이동하다 쓰러진 것으로 판단되었다. 그는 입대한 지 몇 개월 되지 않았는데 직무에 적응하지 못해 선임병은 물론 지휘관들에게도 심하게 질책을 받아 온 것으로 밝혀졌다. 그는 전날 저녁 동료와 외출을 나갔다가 그만 어떤 사고를 저지르고 말았다. 그는 동료에게 "부대로 돌아갈 것이 걱정된다"며 고민하다가 사라졌다고 했다.

사례 2

어느 날 저녁, 한 아파트의 옥상 출입문 앞에서 36세의 남자가 엎드려 죽은 채 발견되었다. 사망 현장은 아파트의 맨 위층에 살고 있는 주민이 발견했는데 죽은 남자는 같은 아파트에 사는 사람이었다. 그의 목에는 끊어진 빨랫줄 한 가닥이 감겨 있었는데 올가미는 접혀 있는 목살을 젖혀야만 보일 정도로 깊숙이 파묻힌 상태였다. 매듭으로부터 줄이 끊어진 곳까지의 길이는 135cm였다. 끊어진 줄의 나머지 부위가 발견된 곳은 쓰러져 있던 시체의 바로 앞에 있는 난간이었다. 그곳에는 나머지 끈이 20cm 정도 길이로 묶인 채 남아 있었다. 끈을 맨 곳으로부터 목을 맬 때 서 있었을 것으로 보이는 15층 계단 바닥까지의 높이는 272cm였다. 끈의 끊어진 부위는 장력에 의해 절단된 형상이었다. 첫 번째 사례와 마찬가지로 매듭은 활강성 매듭이었으며 부검에서도 목이 졸린 것 외에 특별한 소견은 찾지 못했다. 종합해 보면 그는 옥상 입구의 난간에 끈을 묶고 바로 아래의 15층 계단 바닥으로 내려뜨린 후 15층으로 내려와서는 올가미를 만들어 목을 걸었다. 체중이 실리자 끈이 끊어졌지만 올가미는 목을 계속 조이는 상태에서 그는 다시 시도를 하려고 한 건지 다시 옥상 쪽으로 올라가 쓰러진 것으로 판단되었다. 수사 결과 그는 오래전부터 우울증을 앓아 오고 있었다. 가정을 이룬 후 열심히 살아왔지만 최근 사업에 잇달아 실패하면서 생활비도 대지 못하게 되었다. 사건 5일 전에는 책상 위에 유서를 써 놓았다가 아내에게 들켰다. 아내가 따져 묻자 그는 그냥 써 본 것이라며 얼버무렸다고 했다.

사람이 자살하기 위해 목을 매었을 때 끈이 체중을 견디지 못하고 끊어지는 경우는 드물지 않다. 또한 무게를 지탱하지 못해 매듭이 풀리거나 끈을 고정한 곳이 파손되는 경우도 있다. 이런 상황은 목을 건 직후부터 상당한 시간이 지나는 과정까지 언제라도 일어날 수 있다. 사망한 후에 끈이 파손된다면 시체는 목을 맨 그곳에서 발견될 것이다. 사망하지는 않았지만 의식을 잃은 후라면 두 가지로 나누어 볼 수 있다. 만약 올가미가 지속적으로 목에 압력을 가한다면 그는 역시 목을 맨 곳에서 발견될 것이다. 한편 끈이 목에 더 이상 압박을 가하지 않는다면 뇌의 저산소성 손상과 목의 기계적 손상의 정도에 따라 시간이 지나면서 현장에서 사망할 수도 있고 의식을 회복해 움직일 수도 있을 것이다. 의식을 잃기 전이라면 역시 두 가지로 나누어 볼 수 있다. 끈이 더 이상 목에 압박을 가하지 않는다면 자살에 실패한 것이며 다시 시도할 수도 있다. 반면 앞에서 본 두 사례와 같이 올가미가 목을 지속적이고도 효과적으로 압박하는 경우에는 운동 능력이 남아 있기 때문에 현장에서 이동할 수 있지만 결국 그로 인해 죽음에 이르고 목을 맨 곳과는 거리가 있는 위치에서 발견되는 것이다.

목을 걸었을 때 끈에 가해지는 힘은 자세에 따라서도 달라진다. 첫 번째 사례는 끈을 맨 지점의 높이가 250cm이고 그곳에서 매듭까지의 길이는 54.5cm(52+2.5)이며 병사의 키가 174cm인 것을 고려하면 의사(縊死)의 형태는 몸이 허공에 떠 있는 완전형으로 판단된다. 이때는 체중이 모두 끈에 실린다. 같은 종류의 새 끈은 인장력이 93kg이었다. 하지만 목을 맨 끈은 이미 흠이 있었기 때문에 그 이하의 무게에서도 끊어졌던 것이다. 두 번째 사례는 끈을 맨 높이가 272cm이고 그곳에서 매듭까지의 길이는 155cm(135+20)이며 죽은 사람의 키가 170cm인 것을 고려하면 의사의 형태는 발바닥이 바닥에 닿고 무릎을 구부린 정도의 불완전형에 해당한다. 이때는 체중의 70% 정도가 목에 걸린다. 끈의 인장력은 142.7kg이었다. 정상적인 상태라면 끈이 끊어질 수 없지만 끈이 난간의 모서리 부분에 마찰되었기 때문에 쉽게 끊어졌다. 실제로 같은 장소에 동일한 재질의 끈을 묶고 비슷한 체중의 사람이 같은 자세로 매달렸을 때, 끈은 난간의 모서리 부위에 마찰되면서 2~3초 내에 끊어졌다. 일반적으로 목을 맨 후 의식을 잃는 데는 15초 내외가 걸린다. 그렇기 때문에 끈이 끊어졌을 때 두 사람은 의식을 완전히 잃지는 않았고 남아 있는 운동 능력으로 현장을 이탈할 수 있었던 것이다. 끈이 끊어진 이후에도 활강성 매듭이 이완되지 않아 올가미가 목을 지속적으로 조이는 기전은 두 가지로 생각해 볼 수 있다. 첫째는 체중을 가하기 전에 올가미로 자신의 목을 강하게 졸랐을 가능성이다. 이때는 마치 자교사(自絞

死)와 같이 끈과 고리 자체의 마찰력으로 쉽게 이완되지 않을 수 있다. 둘째는 체중을 가할 때 올가미가 조여졌을 가능성이다. 특히 목의 앞쪽에 있던 매듭이 체중에 의해 좌측 또는 우측으로 당겨져 올라가면서 조여졌을 가능성을 생각해 볼 수 있다. 매듭이 마찰열에 의해 눌어붙으면 더욱 이완되지 않을 것이다. 물론 두 가지의 기전이 동시에 작용할 수도 있다. 그러면 두 사람은 올가미를 풀 수 있었을까? 아마도 극도로 당황스러운 상태에서 의식과 운동 능력은 급격히 저하되어 갔을 것이다. 또 두 사람의 사인은 의사(縊死)인가, 교사(絞死)인가? 끈이 끊어진 이후에는 교사의 기전이 작용했다 할 것이고 부검소견도 의사보다는 교사에 가깝다. 하지만 올가미에 죽음을 초래한 힘을 가한 것은 두 사람의 체중이므로 사인은 의사로 분류하는 것이 합리적이라고 생각된다.

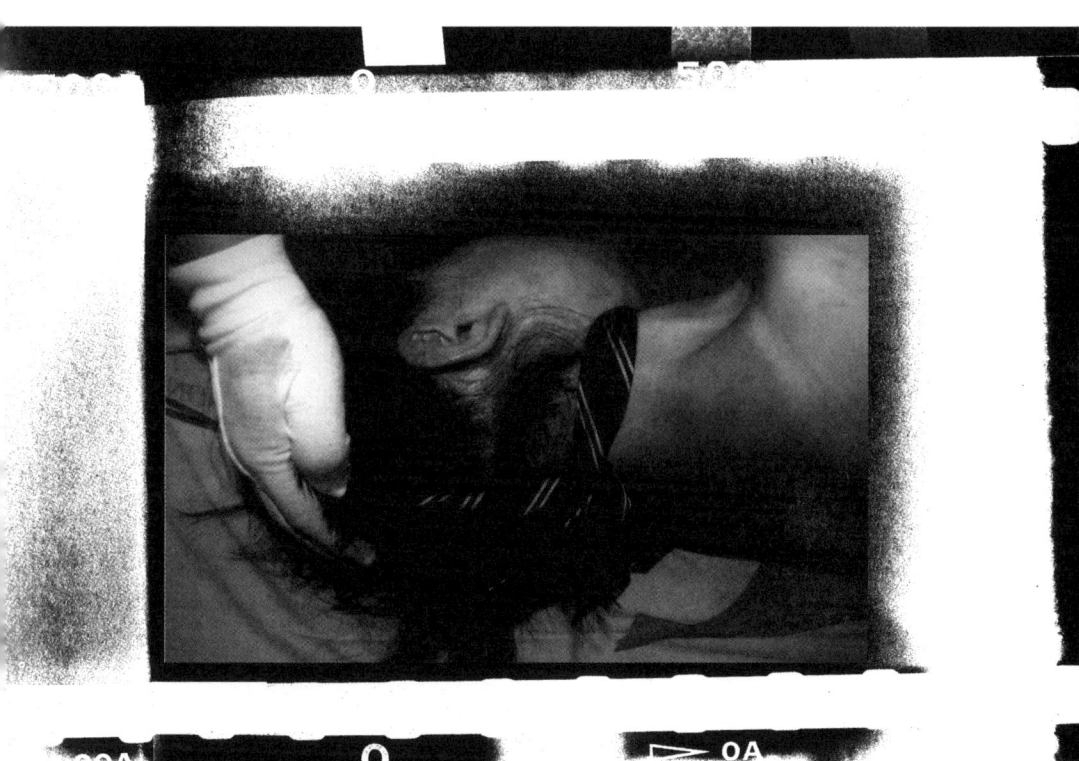

소금만으로도
가능한 살인
_소금 중독사

S는 48세의 여성으로 정신분열증을 앓고 있었다. 25년 전, S의 부모는 그녀의 정신이 이상하다는 것을 감추고 지금의 남편과 결혼시켰다. 하지만 그 사실을 알고 난 후에도 그녀의 남편은 S를 치료하기 위해 전국 곳곳을 돌아다녔다고 하며 지금까지도 S를 매달 한 차례씩 정신병원에 데리고 가서 진찰을 받게 하고 약을 받아 와 아침저녁으로 먹였다. 그러나 병은 조금도 나아지지 않아 한번 발작이 일어나면 마구 날뛰면서 닥치는 대로 물건을 집어 던지곤 했다. 그러던 중 시댁 조카의 결혼식이 있어 그 전날 남편과 함께 서울에 있는 시누이 집으로 올라왔다. S의 손아래 동서는 부엌에서 겉절이를 만들기 위해 굵은소금이 들어 있는 통을 바닥에 꺼내 놓았다. 그런데 잠시 자리를 비운 사이 소금통이 상당히 비어 있었다. 그 자리에 있던 S에게 혹시 소금을 어떡했느냐고 물어보니 "그래 내가 다 먹었다. 어쩔래?" 하며 험한 표정을 지어 더 이상 말을 건네지 않았다. 그때가 오전 11시경이었다. 가족들은 S 내외만 집에 남기고 모두 결혼식장으로 향했다. 오후가 되자 S는 작은방에 들어가서 잠을 자기

시작했다. S는 한번 잠이 들면 곤하게 자기 때문에 남편은 거실에서 TV를 보다가 가끔씩 방문을 열고 안을 들여다보았다. 그런데 잠을 자던 S가 한 번 구토를 해 남편이 토물을 치운 후 S의 손발을 주물러 주고는 다시 이불을 덮어 주었다. 식구들은 결혼식을 마치고 오후 늦게 집으로 돌아왔다. 식구들이 결혼식장에서 찍은 비디오를 보면서 술과 음식을 먹던 중 손아래 동서가 이불을 꺼내려고 S가 자고 있는 작은방으로 들어갔다. 그런데 S가 너무나 아무런 기척이 없어 자세히 살펴보니 손에는 푸른 기운이 돌았고 코 쪽에는 거품 같은 이물질이 보였다. 손을 잡아 보니 차갑게 느껴져 어깨를 흔들면서 깨워 보았지만 아무런 반응도 보이지 않았다. 동서는 방에서 나와 S의 남편에게 그녀가 이상하다고 알렸다. S의 남편이 119를 불러 병원에 후송했지만 S는 이미 사망한 상태였다. 그 시간은 23시 30분경이었다. 집 안에서 여성이 사망했다는 신고를 받은 경찰이 현장에 출동해 조사를 해 보았지만 특이한 점은 발견하지 못했다.

결국 그녀의 시신은 부검대에 올랐다. S는 키가 153㎝에 몸무게는 58㎏ 정도로 약간 비대한 편이었다. 신체 곳곳에는 크고 작게 긁히고 멍든 상처가 있었지만 사망과 직접적인 관계는 없어 보였다. 더욱이 서울에 올라오기 전에 S가 집에 불을 질러 딸과 몸싸움을 했으며, 나중에 이 이야기를 들은 남편이 화가 나서 S의 얼굴을 몇 대 때렸다는 진술로 보아 상처에 특별한 의미를 두기는 어려웠다. 그 이외에도 특기할 만한 이상은 관찰되지 않았으며 단지 위점막에서 국소적인 출혈과 괴사를 볼 수 있을 뿐이었다. 하지만 그녀가 소금을 많이 먹었을 가능성이 있다는 증언에 따라 눈에 있는 초자체액을 뽑아 검사해 보니 Na^+치는 232meq/l였다. 소금은 물과 마찬가지로 우리 몸에 없어서는 안 되는 필수적인 물질이다. 그러나 물중독에서 살펴본 것처럼 소금 역시 물과 마찬가지로 몸에 필요 이상의 농도로 존재하면 그로 인해 여러 가지 이상이 나타나고 심지어 사망에 이를 수 있다. 체내의 Na$^+$치가 높아지는 경우를 고나트륨혈증이라고 하는데 이는 탈수나 수분 공급의 부족으로 인한 경우와 소금을 과도하게 섭취한 경우로 나누어 볼 수 있다. 전자가 고나트륨혈증의 대부분을 차지하며 노인에게 많이 일어난다. 후자의 경우는 소금 자체, 소금물, 간장이나 액젓류 등이 모두 원인이 될 수 있다. 농도가 낮은 소금물을 지나치게 많이 마시면 소금중독과 물중독의 증상이 겹쳐 일어날 수도 있다.

　소금중독은 부주의하게 투여하는 경우와 남이 강제하는 경우 그리고 자신이 스스로 섭취하는 경우로 나누어 볼 수 있다. 부주의의 대표적인 사례는 소금이나 소금물을 구토제로 쓰는 경우다. 우리나라에서는 별로 알려져 있지 않지만 서양에서는 민간요법으로 널리 쓰인다. 현재는 금기시되지만 한때는 병원에서도 약물을 과량 복용하거나 음독한 환자의 위를 소금물로 세척하던 시대가 있었다. 다음으로는 어린아이가 소금과 설탕을 오인해 우유 등에 잘못 섞는 경우가 있으며 아주 드물지만 소금물을 마셔 낙태를 시도하는 경우도 있다. 남이 강제하는 경우로는 구마(驅魔) 의식의 일환으로 소금물을 먹일 때가 있으며 항문을 통해 주입할 수도 있다. 어린이를 학대하는 방법으로 쓰이기도 하고 때로는 고문의 수단으로도 이용된다. 스스로 소금을 섭취하고 사망하는 경우는 비록 스스로의 행위라 하더라도 자살로 분류하기는 애매하다. 왜냐하면 이들은 거의 대부분 우울증을 비롯해 S와 같은 정신질환자 또는 정신지체자로서 자기의 생명을 끊겠다는 의지가 있었다고는 보기 어렵기 때문이다. 또한 한 가지 특이한 사실은 이렇게 스스로 소금에 중독되는 사고는 거의 대부분 여자에게서 발생한다는 점이다.

또한 인간을 죽음으로 이끌 수 있는 소금의 양이 우리가 생각하는 것보다 훨씬 적다는 점도 흥미롭다. 몸무게 1kg 당 불과 1gm 정도만 섭취해도 사람이 사망할 수 있다. 일반적으로 성인의 체중을 60~70kg으로 잡는다면 한 움큼의 소금만 입 안에 털어 넣어도 죽을 수 있다는 이야기다. 사망 후 확정적인 진단은 물중독과 마찬가지로 안구의 초자체액을 뽑아 전해질을 분석한 후에 이루어진다. 즉 초자체액에서 일반적으로 나타나는 Na^+치는 $135 \sim 151 meq/l$인데 $175 meq/l$ 정도로 올라가면 거의 생존하기 어려워진다. 즉 $30 meq/l$ 정도만 초과해도 사망할 수 있다는 이야기인데 체중 1kg당 소금 1gm 정도면 이만큼 올라갈 수 있다는 뜻이다. 이론적으로 체중 1kg당 2gm이면 $205 meq/l$, 3gm이면 $235 meq/l$ 정도가 되는 셈이다. 그러나 소금을 섭취하는 속도와 흡수하는 속도, 구토 여부와 정도, 개인차, 연령 등에 따라 증상의 정도나 사망에 이르는지 여부는 천차만별이다. 하지만 확실한 것은 소금도 많이 먹으면 독이 된다는 사실이다. 소금중독을 진단하는 데 있어 부검을 해 보면 뇌부종을 보이거나 S와 같이 위점막의 울혈이나 출혈 등 자극적인 내용물을 섭취했을 때 나타나는 소견이 보이기도 하지만 소금중독이란 일반적으로 접하기 힘든 사례이기 때문에 만약 사망자가 소금을 과량 섭취했다는 사실을 모르고 부검에 임하면 이러한 소견을 놓칠 수도 있다. 따라서 부검을 해도 사인이 명확하지 않은 사례에서는 소금중독을 한 번쯤 고려해 초자체액을 분석해 볼 필요가 있을 것이다.

그녀는 정말 악마였을까?
_서래마을 영아살해 사건

 몇 년 전, 갓난아기의 시신으로 인해 온 세상이 발칵 뒤집어진 적이 있다. 가끔 쓰레기통이나 여자 화장실에 갓난아기가 버려진 사건은 발생하지만 아기의 시신이 이렇게까지 사회의 이목을 집중시킨 적은 일찍이 없었던 것 같다. 아마도 그것은 외국인, 서울 한복판, 두 구(具)의 시체, 가정집, 냉동고와 같이 일반인의 흥미를 끌 만한 여러 가지 요인이 함께 작용하지 않았나 하는 생각이 든다. 경악을 금치 못하게 만들었던 이 사건의 개요는 다음과 같다.

 2006년 7월 23일 낮 11시쯤 40세의 프랑스인 쿠르조 씨가 프랑스인 밀집거주지역인 서울 반포동 서래마을에 있는 자신의 빌라에서 신생아의 시신 두 구를 발견했다. 시신은 다섯 칸짜리 대형 냉동고의 네 번째와 다섯 번째 칸에 비닐봉지로 싸여 얼어붙은 채 들어 있었다. 쿠르조 씨는 한국에서 회사를 다니기 위해 2002년 8월에 부인과 함께 입국해 3년 남짓 서초구 방배동에 살다가 2005년 10월 이 빌라로 이사 와서 지금까지 거주해 왔다. 쿠르조 씨는 6월 말쯤 두 달 예정으로 가족들과 함께 휴가 목적으로 출국했다가 업무상 중요한 회의에 참석하기 위해 혼자 입국해 집에 머물던 중이었다. 많은 추측과 가설 가운데 진행된 조사 결과 국립과학수사연구소는 냉동고에서 시체로 발견된 두 아기는 살아서 출생했으며 그들의 부모는 쿠르조 씨 부부라고 밝혔다. 경찰의 수사 결과는 더욱 놀라웠다. 쿠르조 씨의 부인은 복막염을 앓아 오다 2003년 12월, 국내 병원에서 자궁을 제거하는 수술을 받은 기록이 남아 있었다. 그렇다면 쿠르조 씨 부부는 최소 3년 전에 쌍둥이를 출산한 뒤 냉동고에 보관해 왔고 이사를 하면서 두 아기의 시신도 옮겨 왔다는 이야기가 되기 때문이다. 시신이 발견된 후 쿠르조 씨는 곧바로 출국했으며 그 후로 프랑스에 머물고 있는 쿠르조 씨 부부는 그런 일은 절대 없었다고 강력히 부인했다. 또 자신들이 돌아와 한국 경찰의 조사를 받을 이유도 없다고 주장했다. 이쯤에서 소아살해에 대한 기본적인 내용을 알아본 후 쿠르조 씨 사건으로 돌아가 보는 것이 어떨까 한다.

사람이 태어나서 성장하기까지는 생존 능력, 방어 능력이 아예 없거나 있다 해도 현저히 떨어지기 때문에 누군가 아이를 먹이고 입혀 주어야 하며 외부의 위험으로부터 보호를 해 줘야만 목숨을 이어 나갈 수 있다. 이렇게 연약한 어린이를 대상으로 한 생명범죄는 일면 비인간성의 극단적인 형태라고 할 수도 있다. 반면 친모와 같이 어린이와 특수한 관계에 있는 사람에게는 때로 참작할 만한 사정이 있을 수도 있을 것이다. 이러한 개념에 따라 현대의 검시의학은 어린이를 죽이거나 유기 또는 학대로 죽음에 이르게 한 경우를 소아살해(小兒殺害, child murder, child homicide, Kindesmord)라는 용어를 사용해 성인의 경우와 구별하고 있다. 가해자와 희생자 사이에 특수한 관계가 없는 경우는 어린이가 사회적 약자이기 때문에 비난의 가능성이 더 크다거나 반대로 어린이는 사회적인 기여도가 낮기 때문에 비난이 경감되어야 한다는 두 주장이 있다. 하지만 두 가지 모두 그리 설득력을 지니지는 못한 주장들이다. 대상이 사회적 약자라고 할 수 있는 여자, 노인, 장애자 등이라고 해서 결코 일반적인 살인 행위와 다르지 않기 때문이다. 그러므로 소아살해라는 개념은 분만과 양육으로 특수한 상황에 처할 수 있는 친모, 친부, 직계 존속, 보호 중인 사람 또는 보호의 의무가 있는 사람들에게만 해당된다. 이 중 누구까지 소아살해의 주체로 인정할 것인가, 또 살해 동기를 어떻게 한정할 것인가 하는 문제는 의학을 기초로 한 입법적 사항이다. 소아살해의 객체가 되는 어린이의 연령 또는 출산 후 기간의 문제도 역시 의학을 바탕으로 한 입법적 사항이다. 소아과학 책을 보면 신생아(新生兒, neonate)는 생후 4주간(좁게는 1주간), 영아(嬰兒, infant)는 1개월 내지 1년(때로는 2년), 유아(幼兒, early child)는 1년 내지 6년, 학동(學童, late child)은 6년 내지 10년, 청소년(靑少年, adolescent)은 10년 내지 20년(남자는 12년 내지 20년, 여자는 10년 내지 18년)까지로 보고 있다. 각 나라의 법은 대체로 12개월 이내의 영아를 소아살해의 객체로 인정하고 있다. 그렇기 때문에 소아살해는 영아살해(infanticide)와 동의어로 쓰이기도 하지만 견해에 따라 그 범위가 얼마든지 달라질 수 있다. 신생아살해(neonaticide)는 영아살해의 한 부분이지만 따로 이해하는 것이 편리하다. 신생아살해와 영아살해를 구분할 때 신생아살해는 소아과학의 구분과는 달리 생후 24시간 이내에 일어나는 것으로 보는 것이 합당하다. 즉 출산이라는 충격적인 사건이 산모나 주변 인물에 직접적으로 강력한 영향을 미치는 시기다. 이 경우 가해자는 거의 대부분 친모로서 자식살해(filicide)에 해당한다. 그 이후에 이루어지는 영아살해는 주로 수유나 양육과 같은 문제가 발단이 된다. 가해자는 친모가 많기는 하지만 때로 친부나 가족, 친척 또는 친모의 남자친구가 개입하기도 한다.

다시 쿠르조 씨 사건으로 돌아가 보자. 현대 과학은 부모와 자식 간의 혈연관계를 무시해도 좋을 만큼의 오차 범위 내에서 가려내고 있다. 따라서 국과수의 감정 결과 자체를 부정하는 쿠르조 씨 부부의 주장은 설득력을 잃는다. 그렇다면 그들은 왜 거짓말을 하면서 한국으로 오지 않는 걸까? 우리나라의 형법 제251조(영아살해)는 일반 살인과는 달리 법정형을 크게 낮추면서 "……분만 중 또는 분만 직후의 영아를 살해한 때는……"이라고 규정하고 있다. 즉 제목은 영아살해지만 실제적으로는 분만 중 살해와 신생아살해에 한정되어 있는 셈이다. 따라서 쿠르조 씨 부부가 만일 분만한 지 며칠이 지난 후 아기들을 살해했다면 우리나라에서는 일반 살인과 같은 범죄로 취급된다. 하지만 영국에서는 영아살해를 12개월까지 인정하고 있다. 또 영국에서는 분만 중의 아이를 살해한 경우는 낙태로 취급하며 영아살해에서 제외하고 있다. 미국에서는 법적 규정에 의해 죽은 채 발견된 신생아는 일단 사산아로 추정하며 영아살해로 기소하기 위해서는 아기가 살아 있었고 가능한 의심의 여지가 없는(beyond any possible doubt) 타살의 증거를 요구한다. 그러나 우리나라에는 이러한 규정이 없다. 프랑스의 법 규정은 모르겠지만 영아살해에 대한 국가별 차이 때문에 쿠르조 씨 부부는 설사 진실이 밝혀진다고 하더라도 프랑스 법에 의해 재판받는 것이 유리하다고 판단했던 것 같다. 하지만 프랑스에서 진행된 DNA검사 결과에서도 두 아기는 쿠르조 씨 부부의 아이들로 판명되었으며 부인은 영아살해 혐의로 기소되어 8년형이 확정되었다. 한국의 법의학이 세계적으로 인정받는 계기가 되었지만, 어린 아기들이 목숨을 잃고 차가운 냉동고 속에 몇 년간 방치되어 있었다는 사실을 떠올리면 마음 한쪽이 답답하기만 하다. 자신이 낳은 자식을 죽여야 할 만큼 극한 상황은 무엇이며 종종 벌어지는 이런 사건을 우리는 어떻게 받아들여야 할까? 과연 악마의 짓일까?

법의학교실
영아살과 살인

동서를 막론하고 인간의 의식이 깨기 전 고대 국가에서는 에밀레종에 얽힌 전설처럼 종교적 목적으로 어린이를 희생시키는 행위가 흔히 자행되어 왔다. 그뿐만 아니라 인구가 많아지거나 먹을 것이 부족할 때는 아동부터 희생의 대상이 되었다. 이런 어린이 경시 현상은 아마도 어린이를 어른과 같은 하나의 인격체로 보지 않는 데서 비롯되었을 것이다. 옛날에는 자기 자식을 살해하는 것 역시 범죄로 취급하지 않거나 범죄로 본다 하더라도 대수롭게 여기지 않았다. 아이는 부모의 소유물로 인식되고 또 언제라도 다시 얻을 수 있는 대상으로 생각했기 때문일 것이다. 그러나 인본주의 사상이 일어나면서 서구에서는 남의 자식은 물론 자기 자식을 살해하는 것도 성인에 대한 일반적인 살인과 마찬가지로 취급되기 시작했다. 특히 그리스도교 사상이 꽃피면서 영아살해는 일반 살인과 같은 범죄로 확고하게 자리 잡았다. 프랑스에서는 두 소녀가 사생아를 낳은 후 죽였다는 죄로 기요틴에 의한 공개 사형을 당한 기록이 있으며 영국에서도 1922년까지는 어린이에 대한 불법적 생명침해는 어떠한 경우라도 살인으로 취급했기 때문에 사형에 처해지는 경우도 있었다. 이렇게 오래전에는 죄의식조차 없이 행해지다가 근대에 들어서는 여느 살인과 다름없이 똑같은 취급을 받던 어린이를 대상으로 한 생명범죄에 대해 영아살(嬰兒殺, infanticide)이라는 개념이 도입되었다.

정신의학이 발전하면서 18세기 후반부터는 어머니에 의한 영아살해는 일반 살인과 다른 관점에서 보아야 한다는 주장이 제기되기 시작했다. 즉 산모는 분만 후 일시적으로 산후우울증과 같은 정신적 균형의 파탄이 일어나 자신의 행위에 대해 전적인 책임을 질 수 없는 비정상적인 상태에 빠질 수 있기 때문에 자기 아이를 파괴하거나(작위) 태만하게 다루는 행위(부작위) 역시 일반 살인보다 그 책임을 낮게 보아야 한다는 이론이었다. 이런 주장이 설득력을 얻어 가자 영국에서는 1922년 처음으로 '영아살해법(The Infanticide Act)'을 제정했으며 그 후 수유(授乳) 중에도 일시적으로 심적 불균형이 있을 수 있다는 점이 고려되어 수정과 폐지를 거쳐 1938년 다시 제정되었다. 영국의 '영아살해법' 제1장에서는 "어머니가 출산에 의하여 또는 수유의 영향에 의하여 심적 균형이 파괴된 상태에서 어떠한 고의적인 작위 또는 부작위로 12개월 이하의 자기 아이를 사망케 한 경우는 모살(謀殺, 고의적인 살인)이 아닌 고살(故殺, 우발적인 살인)을 범한 것으로 취급될 수 있다"라고 규정하고 있다. 즉 일반 살인이나 유기치사와 구별되는 영아살해나 영아유기치사의 주체는 어머니로 국한되며, 그

어머니는 범죄 당시 출산이나 수유에 의하여 심적 균형이 파괴된 상태라야 하고, 객체인 어린이는 출생 직후부터 1년 이하라야 한다. 이를 의학에서는 영아살이라고 한다. 즉 영아살이라는 용어는 단지 영아를 살해했다거나 영아가 살해당했다는 뜻이 아니라 매우 한정적인 의학적 정의임을 알 수 있다. 영아살의 정의를 뒤집어 보면 어린이가 1년 이상이 되었거나, 1년이 되지 않았다 하더라도 가해자가 친모가 아닌 경우, 친모라 하더라도 심적 균형이 파괴되지 않았을 경우, 또 심적 균형이 파괴되었다고 하더라도 그것이 출산이나 수유의 영향에 의한 것이 아니라면 영아살이 아닌 일반적인 살인에 해당하는 것이다.

과도한
환락의 결말
_알몸의 남녀 변사 사건

어느 늦은 봄날. A는 창문을 열어 놓은 채 잠을 자다가 새벽녘에 옆집에서 들려오는 이상한 소리에 어렴풋이 잠이 깼다. 자리에 누운 채 귀를 기울여 보니 사람이 흐느끼는 소리 같기도 하고 무엇이 서로 부딪치는 소리 같기도 했다. 옆집에는 이사 온 지 얼마 안되는 30대 여자가 혼자 살고 있었기에 혹시 무슨 좋지 못한 일이라도 생긴 건 아닌가 하는 생각에 A는 옷을 주섬주섬 입고 집 앞 골목으로 나섰다. 담도 없이 접해 있는 옆집 안방 앞에 서서 귀를 기울여 보니 사람 목소리는 들리지 않았지만 남녀가 행위에 열중하는 소리가 어렴풋이 들렸다. 소리가 부엌 쪽에서 나는 듯해 다시 그쪽 창문에서 들어 보니 소리는 좀 더 또렷하게 들렸으며 어디선가 물 흐르는 것 같은 소리도 섞여 들렸다. A는 지방에 있던 여자의 남편이 돌아왔거나 내연의 남자를 불러들여 재미를 보는 것쯤으로 생각했다. 또 한편으로는 아무리 오래간만이기로서니 이웃집에 들릴 정도로 지나치게 큰 소리를 내는 것에 못마땅한 마음도 들었다. A는 자기 집으로 돌아와 다시 잠을 청했다. 그런데 한번 깬 잠은 다시 오지 않앉고 괜히 옆집의 남녀 일에 관심이 집중되었다. 그러나 얼마 지나지 않아 소리가 점점 잦아들더니 이내 조용해졌다. 특별히 하는 일이 없던 A는 늦잠에서 깨어나 남자의 정체를 알아내겠다는 호기심에 골목을 어슬렁거려 보았지만 옆집에서는 저녁이 다 되도록 아무런 인기척이 없었다. 밤이 되었는데도 전깃불도 켜지지 않자 A는 자기가 못 본 사이에 두 사람이 외출을 했나 하는 생각도 들었지만, 문득 자기가 들었던 소리가 남녀 행위 중에 난 소리가 아니라 사람을 해칠 때 난 소리일지도 모른다는 생각이 들었다. 신경이 곤두선 A는 집주인을 찾아가 자초지종을 이야기했고 결국 집주인과 A는 여자의 집으로 가서 문을 두드려 보았다. 안에서는 아무런 대답이 없었고 문은 안에서 잠겨 있었다. 두 사람이 부엌에 나 있는 창문을 밀자 창문은 힘없이 열렸다. A의 등에 올라탄 집주인이 컴컴한 집 안을 들여다보니 바닥에 사람 형상을 한 허연 물체가 엎어져 있었다.

신고를 받고 도착한 경찰의 조사가 시작되었다. 집의 구조는 방 하나에 부엌과 다용도실을 겸해 쓰는 공간이 전부였다. 집주인과 A에 의해 발견된 남녀는 모두 벌거벗은 채 부엌 바닥에 엎드린 자세로 여자는 아래에, 남자는 위에 포개져 있었다. 수돗물이 틀어져 있었는데 아래에 깔린 여자의 몸이 부엌의 수챗구멍을 막아 바닥은 온통 물바다를 이루고 있었다. 시체를 보니 딱히 외관상 사인이라고 짚을 만한 상처는 보이지 않았지만 두 사람 모두 온몸이 멍투성이였다. 여자는 얼굴이 부어오를 정도로 멍이 들어 있었고 팔과 다리, 팔꿈치와 무릎에 특히 심하게 멍이 들어 있었다. 가슴도 예외는 아니었다. 남자는 여자보다 덜했지만 팔꿈치와 무릎을 비롯해 여기저기에 멍이 들어 있었다. 왜 이런 상황이 벌어졌으며, 특히 왜 죽게 된 건지에 대한 의문이 풀리지 않았다. 혹시 무슨 단서가 있지 않을까 하는 마음에 현장을 철저히 수색해 봤지만 허사였다. 결국 부검이 진행되었지만 부검에서도 심하게 멍이 들어 있다는 것 이외에는 특별한 단서가 발견되지 않았다. 이처럼 두 사람 이상이 함께 죽었는데 현장에서 특별한 단서를 발견하지 못하는 경우는 대개 동반 음독 자살인 경우가 많다. 두 사람이 벌거벗고 온몸이 멍투성이가 된 모습으로 약을 먹고 함께 자살했다는 것은 설득력이 없다는 주장도 나왔지만, 이런 경우는 설사 자살이 아니더라도 역시 약물이나 독물에 중독되었을 가능성이 가장 높을 수밖에 없다. 약물검사 결과 두 사람 모두에게서 치사농도를 훨씬 넘는 메스암페타민이 검출되었다.

메스암페타민은 우리나라에서 남용되고 있는 대표적인 마약류의 하나로 '히로뽕(필로폰)' 또는 '뽕'으로 알려져 있는 향정신성 약물이다. 미국에서는 speed, meth, chalk, ice, crystal, crank, glass 등 여러 속어로 불리고 있다. 메스암페타민의 효과는 다양하지만 피로감이 없어지고 기분이 좋아지며, 성교할 때 사용하면 성감이 높아지고 자신의 힘이 좋아진 듯한 느낌도 나타난다. 하지만 한편으로는 공격성을 띠게 되어 충동적으로 남을 폭행하거나 심한 경우 살인을 저지를 수도 있다. 이 약물은 여러 형태로 만들어지기 때문에 담배처럼 피우기도 하고, 코로 들이마시기도 하며, 먹거나 주사제로 사용할 수도 있다.

이런 경우 죽어가는 상황을 머릿속에 그리며 추적해 볼 때가 있다. 그렇다면 두 남녀는 어떻게 죽어 갔을까? 둘 다 치사량이 넘는 양을 복용한 것으로 볼 때 두 사람은 아마 필로폰을 처음으로 사용해 본 사람들일 가능성이 크다. 또 현장에서 주사기가 발견되지 않았고 시체에서도 주삿바늘 자국을 못 찾은 것으로 보아 두 사람은 먹는 형태의 필로폰을 복용했을 것이다. 즉 두 사람은 병소와 다른 환락을 경험해 보기 위해 필로폰을 구했지만 처음이다 보니 적절한 용량도 모른 채 구입한 필로폰을 반씩 나누어 먹었을 것이다. 필로폰을 먹은 두 사람은 일단 처음에는 방에서 사랑의 행위를 시작했을 텐데 늦봄에 문을 닫고 행위를 하자니 몸이 더워지기도 했겠지만 필로폰의 효과 자체가 땀을 흘리게 하는 역할도 하니 부엌에 있는 수도를 틀어 몸을 식히려고 했을 가능성이 높다. 아니, 어쩌면 갑작스레 약 기운이 퍼져 정신이 몽롱해지자 정신을 차리려고 수도물을 맞았을 수도 있다. 그러고는 다시 여자가 엎드린 자세, 남자는 뒤에 올라탄 자세를 취하면서 타일 바닥 위에서 아픈 줄도 모르고 격렬하게 행위를 했을 것이다. 그러니 무릎과 팔꿈치에 멍이 심하게 든 것은 당연할 것이다. 또 환각 상태다 보니 서로를 바닥에 짓이기기도 하고 서로 때리기도 했을 것이다. 그러고는 점점 강하게 엄습해 오는 약 기운에 여자는 쓰러지고 남자는 자기 몸을 여자 위에 기댔을 것이다. 그러고는 그런 모습으로 죽어 갔을 것이다.

쾌락에 대한 욕구는 본능적일 수도 있다. 하지만 그것도 넘어서는 안 되는 선을 지켰을 때 의미가 있는 것이다. 육체적으로 과도한 쾌감을 위해 마약까지 사용했어야 했는지 모르겠지만 결국 처참한 대가를 치른 사건이다.

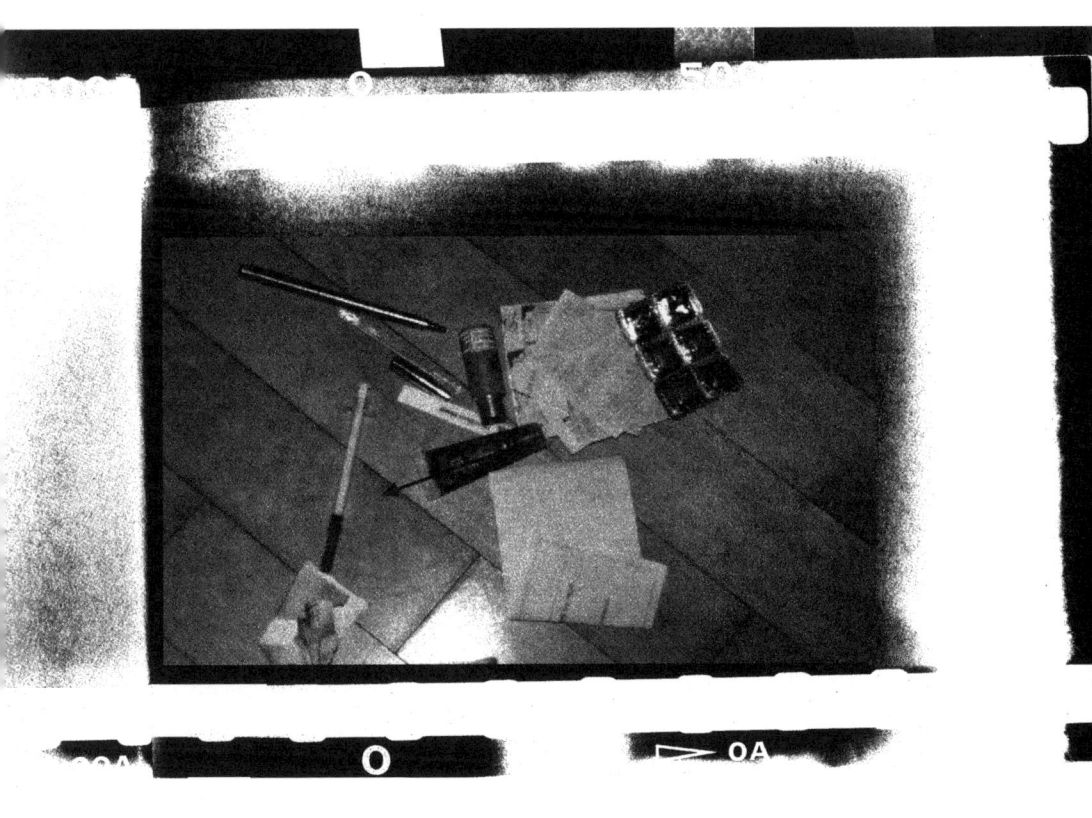

인체를 이용한
마약 밀수
_체내운반증후군

'보디 패킹(body packing)', 우리말로 하면 '몸 안에 집어 넣기' 정도로 해석할 수 있는 이 말은 마약 밀수에 사용되는 수단을 일컫는 용어다. 우선 마약을 작은 부피로 포장한 상태로 삼키고, 목적지에 도착하면 배변한 후 그 안에서 이 마약 포장을 골라내는 방법이다. 그런데 이 과정은 위험을 감수해야 하는 만큼 이따금 문제를 일으키는데 이를 '체내운반증후군(body packer syndrome)'이라고 한다. 체내운반증후군은 그 원인에 따라 두 가지로 나누어 볼 수 있다. 첫 번째는 마약을 포장한 재질 자체가 약해 몸속에서 터지거나, 불완전한 포장으로 인해 약물이 새어 나와 급성중독을 일으키는 경우다. 과거에는 포장 기술이 미숙해 이런 방식으로 중독되는 경우가 꽤 많았다고 한다. 또 일단 이 방식으로 중독되면 조금씩 복용해 중독되는 게 아니라 일시에 많은 양에 노출되기 때문에 사망하는 경우가 대부분이다. 그런데 요즘은 포장 기술이 좋아지면서 터지거나 새어 나오는 이유로 인해 중독되는 경우는 거의 사라졌다고 한다. 또 다른 원인으로는 포장 재질이 몸속에서 이물로 작용해 장을 폐색시키거나 천공을 일으켜 복막염으로 발전하는 경우다. 장천공을 일으킨 사례가 그렇게 많지는 않지만 사망하는 경우도 종종 있다. 미국의 문헌에 보고된 사례들을 통해 살펴보자.

A는 32세의 흑인이었다. A는 유럽에서 돌아오는 비행기를 타고 공항에 들어온 직후 대합실에서 쓰러졌다. 그는 곧바로 병원에 옮겨졌지만 이미 거의 움직이지 못하는 상태였다. 그런데 복부와 흉부 방사선사진과 뇌 전산단층촬영에서도 특별한 이상을 찾아볼 수 없었다. A의 상태는 점점 악화되어 결국 사망하고 말았다. 부검을 해 보니 위 속에는 난원형으로 모양이 일그러진 31개의 포장품과 이것들에서 흘러나온 분말이 엉켜 있었다. 약물과 포장은 모두 합해 338gm이었다.

B는 신원을 알 수 없는 남미계 남자였다. B는 시내 번화가의 한 주차장에서 사망한 채 발견되었다. 부검을 해 보니 복막염과 더불어 복강 내에 약 50㎖의 탁한 액체가 고여 있었다. 식도 중간에서 1개, 위에서 19개, 십이지장과 공장(空腸)에서 30개 등 모두 50개의 난원형 포장품이 발견되었으며, 무게는 모두 합해 538gm이었다. 여러 개의 포장품이 위의 유문부를 막고 있었으며, 십이지장은 찢어져 있었다.

C는 52세의 남미계 미국인이었다. C는 남미를 여행하고 돌아와 변비 증상을 호소했다. 그는 가족들이 보는 앞에서 갑자기 구토를 한 이후 곧바로 허탈 상태에 빠졌다. C는 병원으로 후송되던 중 사

망했다. 사후 검사에서 심한 복막염과 더불어 복강 내에 500㎖의 화농액이 고여 있는 것이 발견되었다. 직장의 위쪽 앞면에 1㎝의 파열이 있었다. 직장 내에서는 2개의 난원형 포장품이 발견되었다.

D는 42세의 아프리카 흑인이었다. D는 고국에 다녀온 후 8일 동안 복통과 변비를 호소하다가 점점 통증이 심해지면서 구토를 시작했다. 병원에 옮겨졌으나 곧바로 사망했다. 방사선사진에서 위장관 전체에 걸쳐 이물질이 발견되었다. 부검 결과 극심한 복막염과 더불어 소장은 팽창되어 있었고 공장의 말단부에는 파열이 있었다. 모두 57개의 난원형 포장품이 위의 유문부에서 직장에 걸쳐 발견되었다. 무게는 모두 458gm이었다.

A의 피와 소변에서는 대량의 약물이 검출되었지만 B, C, D는 모두 음성이었다. A의 사인은 당연히 급성중독이었다. 포장품 하나의 크기가 B는 4.5×1.9㎝, C는 4.6×1.6㎝, D는 3.8×1.9㎝ 정도로 장을 폐색시킬 정도로 크지는 않았지만 작은 물질이라도 여러 개가 한꺼번에 취약한 부위를 막으면 장은 팽창되어 파열될 수 있다. 위의 유문부, 회맹부, S자 결장, 직장처럼 내경이 좁은 부위는 특히 취약하다. 또 포장품이 닿는 부위에 압박이 가해지면 점막이 괴사되고 이런 변화가 전층으로 퍼져 장이 터질 수도 있다. 그 결과 B는 십이지장, C는 직장, D는 공장이 파열된 것이었다.

'체내운반증후군'을 진단하기 위해서는 변사자의 행적이 가장 중요하다. 외국 여행 후에 특별한 원인 없이 급작스럽게 사망했다면 의심해 봄직하다. 이런 변사자의 경우에는 포장 재료에 따라 방사선사진에 나타나지 않을 수도 있으므로 방사선사진을 너무 신뢰해서는 안 될 것이다. 부검을 했는데 복막염이 있을 경우 파열 부위만 확인한 후 단순한 장파열로 처리할 게 아니라 식도와 위는 물론 십이지장에서 직장까지 모두 열어 보고 확실한 결론을 내릴 수 있도록 온 신경을 써야 할 것이다.

대변이 증언한 죽음
_트럭 운전사 변사 사건

어느 해 늦가을, 지방의 한 마을 길가에 건축 자재를 가득 실은 4.5톤 대형 트럭이 주차되어 있었다. 그런데 정오가 다 지나도록 트럭이 움직이지 않자 동네 사람 하나가 받침대를 딛고 올라가 차 안을 들여다보았다. 그런데 뜻밖에도 차 안에는 발가벗은 한 남자가 운전석과 조수석에 걸쳐 비스듬히 누운 채 죽어 있었다. 차량의 문은 안으로 잠겨 있었으며 창문도 단단히 닫혀 있었다. 신고를 받고 출동한 경찰이 문을 열고 차량 안을 조사했다. 차량 열쇠는 키 박스에 꽂혀 있었으나 시동은 꺼져 있는 상태였다. 잡다한 기기류와 더불어 옷가지와 잡동사니가 여기저기 널려 있었으며 대변을 싼 팬티가 한구석에 버려져 있었다. 죽은 사람의 시체에는 엉덩이와 다리를 중심으로 많은 상처가 나 있었는데 피가 흐르지는 않았으며, 오른쪽 발바닥에서만 찢어진 상처에서 흐르다 말라붙은 피 흔적이 남아 있었다. 그리고 항문에는 대변이 조금 나와 있었다. 사망자의 신원은 곧바로 밝혀졌다. S는 58세로 대구에 살면서 트럭을 운전해 물건을 전국 각지에 운반하며 살아왔다. S는 사흘 전 아침에 서울에 간다며 차를 몰고 집을 나섰다고 했다. 그리고 사망한 채 발견되기 바로 전날 밤 10시쯤 휴대전화로 아내와 통화를 했는데 이때도 특별한 내용은 전혀 없었다는 것이다. 전날 S를 본 목격자도 나타났는데 밤 10시쯤 S가 옷을 입은 채 차문을 열고 이불을 털고 있어서 그는 S가 차안에서 잠을 자려는가 보다 생각했다고 했다. S는 지방으로 다닐 때 운전석과 그 뒤의 공간을 이용해 잠을 자며 식사도 직접 만들어 해결하는 경우가 많다고 했다. S는 그날 아침 7시까지 주차된 장소에서 그리 멀지 않은 신축 공사장에 물건을 배달하기로 되어 있었다.

그가 평소 고혈압을 앓고 있었다는 정보를 입수한 상태에서 부검을 시작했다. S는 약 168cm의 키에 몸무게는 79kg 정도인 단단한 체구였다. S에게서 발견된 상처는 다양한 길이와 모양을 가진 선상(線狀) 또는 띠 모양의 피부박탈로 둔탁한 모서리에 긁힌 듯했으며 부위에 따라서는 조금 깊이 파인 곳도 있었다. 그러나 그 어느 상처도 사인이 될 만한 것은 없었다. 심장은 무게가 510gm으로 비대한 편이었다. 또 관상동맥은 세 분지가 모두 고도로 경화되고 곳곳이 완전히 막혀 있었으며 심근은 여러 군데에서 간질성의 섬유화를 보였다. 간은 알코올성 간염을 동반한 고도의 지방변성을 보였다. 다른 장기에 대한 검사와 이화학적 분석에서는 특이한 점이 발견되지 않았다. S의 경우 사인에서 지방간을 완전히 배제할 수는 없지만 사건 내용으로 볼 때 그 가능성은 떨어져 보였다. 결국 S는 심장질환으로 사망했다고 보는 것이 가장 합리적이었다.

그런데 S가 심장병으로 사망했다면 왜 발가벗고 있었을까? 또 왜 온몸이 상처투성이며 발바닥 이외의 상처에서는 피가 흐르지 않앉을까? 일단 발가벗은 모습으로 사망한 채 발견되면 대개 성(性)과 관련된 죽음이 아닌가 하는 의심이 언뜻 들게 마련이다. 그러나 막상 우리 주변을 살펴보면 팬티만 입고 지거나 심지어 빌가벗고 사는 사람이 그리 드물지 않은 것 같다. 아내의 말에 따르면 S 역시 평소에는 거의 러닝과 팬티 차림으로 잤다고 했다. 다음으로 왜 S의 온몸이 상처투성이며 까진 상처에서 피가 흘러내리지 않았을까? 먼저 짚어 볼 수 있는 것은 상처가 사망 당시 생긴 것이 아니고 그 이전에 생겼을 가능성이다. 그러나 그의 아내에 의하면 사흘 전 집을 나설 당시 S의 몸에는 아무런 상처가 없었다고 했으며 그 이후에도 하루 세 번씩 통화를 했는데 다쳤다는 이야기는 전혀 들은 바 없고 이상한 느낌도 받지 못했다고 했다. 또 전날 S를 목격한 사람도 S가 그런 정도의 상처를 입었다고 볼 만한 이상은 보이지 않았다고 했다. 그렇다면 결국 그의 온몸에 남아 있는 상처는 사망 당시에 생겼다고 보는 것이 합당할 것이다. 그러면 이 모든 정황과 특이한 현장의 모습은 어떻게 해석해야 할까? 답은 바로 대변에서 찾을 수 있을 것 같다. 아마도 S는 평소처럼 팬티만 입고 잠을 자던 중 심장병증으로 인한 가슴의 통증을 심한 복통으로 느꼈을 것이다. 그런데 S는 이미 자기 통제력이 장애된 상태였기 때문에 팬티를 입은 채 변을 보았을 것이다. 그리고는 간신히 팬티를 벗어 구석에 놓은 후 지속되는 통증으로 인해 차 안에서 몸을 뒤틀었을 것이다. 그러는 과정에서 몸을 차 안에 어지럽게 널려 있는 기기류의 모서리에 비벼 대며 상처를 입었을 가능성이 높다. 하지만 이때는 이미 혈압이 상당히 떨어진 상태이기 때문에 피부가 까져도 피가 흘러나오지 않았던 것으로 판단된다.

사망 사건에서는 변사자의 몸에 남아 있는 증거가 모든 것을 말해 주기도 하고, 현장에 남아 있는 증거물이 범행을 밝혀 주기도 한다. 하지만 이처럼 때로는 뜻밖의 물체가 중요한 증거가 되어 죽음의 원인과 상황을 밝히는 데 도움을 주기도 한다. S의 죽음은 현장에서 사소한 부분 한 가지도 놓쳐서는 안 된다는 것을 잘 말해주는 사례다.

법의학교실
현장과 검시의사

변사 현장은 시간이 지나면 지날수록 훼손되고 파괴되며 사람은 죽는 순간부터, 아니 때로는 죽기 전부터 이미 변화하기 시작한다. 따라서 변사 사건이 일어나면 가능한 한 빠른 시간 내에 변사 현장에서 전문가들이 역할을 분담하고 조직적으로 협력하는 것이 변사 사건의 해결에 필수적이다. 전문가라면 발견할 수 있는 소견이나 증거물을 비전문가들은 놓치는 경우가 많다. 한번 잃어버린 것은 회복이 불가능하다. 현장에서의 검시의학적 조사는 매우 중요한 의미를 지닌다. 특히 범죄 현장이나 범죄의 의심이 있는 경우 또는 상황이 의심스럽거나 애매한 경우, 검시의사는 반드시 현장에서 정보를 수집하고 증거를 채취하지 않으면 안 된다.

그러나 검시의사의 현장 참여나 역할은 나라마다 차이가 많다. 미국이나 영국 등에서 경찰은 의무적으로 변사 사건을 검시의사에게 연락해야 하며 검시의사나 그를 대리하는 검시조사관은 경찰과 함께 또는 별도로 변사 현장에 가게 된다. 우리나라에서는 변사 현장에 대한 검시의학적 조사를 수사관이 하는 일로 돌리고 있고, 수사관들 역시 전문적인 지식은 없지만 그들의 일로 생각하며 처리하고 있다. '사법경찰관리 집무규칙'에는 "검시를 할 때에는…… 의사로 하여금 시체검안서를 작성하게 하여야 한다"라고 하여 검시의사는 단지 시체검안서를 작성하는 것으로 보고 있다.

그러면 검시의사는 변사 현장에서 무엇을 해야 하는가? 검시의사는 시체의 자세, 시체와 주변 물체 및 환경과의 관계, 시체 자체를 관찰함으로써 사망의 원인, 종류, 상황 및 시각 결정에 도움이 되는 근거를 찾는다. 이러한 현장조사를 통해 반수 이상은 별로 어렵지 않게 사고사, 자살 또는 병사로 판단할 수 있으며 타살의 가능성을 배제할 수 있다. 이는 매우 효과적이고 비용을 절감하는 방법이다. 왜냐하면 변사 사건이 발생하면 많은 경찰인력과 장비, 차량이 동원되는데 검시의사의 현장조사를 통해 이러한 경비를 절약할 수 있기 때문이다. 검시의사로서는 현장조사를 요청받는 경우 즉시 대응할 수 있도록 적절한 장비와 기구를 준비하고 있어야 한다.

현장에서 죽은 지 얼마나 경과되었는지 알아보는 방법은 체온과 시강(屍剛) 및 시반(屍斑) 정도다. 가장 문제가 되는 것은 직장체온을 현장에서 재는 것이 좋은지, 시체실로 옮긴 후 재는 것이 좋은지 하는 문제다. 물론 현장에서 재는 것이 정확하나 바지를 벗기는 등 착의 상태를 훼손해야 하며, 직장과 회음부를 오염시킬 염려가 있다. 따라서 직장체온을 일찍 측정함으로써 얻어지는 효과와 이로 인해 나중에 겪을 수 있는 어려움을 비교할 필요가 있다. (이러한 어려움을 피하기 위하여 나라에 따라서는 간(肝)의 온도를 잰다)우리나라의 경우는 모든 것을 현장에서 처리할 수밖에 없는 실정이다.

　　변사 현장에 임하는 의사로서 주의할 점이 몇 가지 있다. 현장에서는 온몸을 보호복으로 감싸야 하며 시체에 접근할 때는 지정된 길을 이용해야 한다. 흡연을 하거나 물품을 떨어뜨리거나 침을 뱉거나 하는 등의 행위를 해서는 안 된다. 또한 수사관이나 범죄실험 전문가가 검체를 채취할 수 있도록 도와주어야 한다. 마지막으로 주위 사람들의 기대에 부응하려고 또는 자신을 과시하려고 비의학적인 사항에 대해 근거가 없는 이야기를 하거나 박약한 근거를 과도하게 해석해서는 안 된다. 주어진 환경에서 최선의 현장검시가 끝나면 증거가 훼손되거나 없어지지 않도록 시체를 잘 수습하여 시체실이나 부검실로 옮기는 것도 원칙적으로 검시의사의 몫이다. 필요하면 양쪽 손을 종이 백으로 덮고 손목은 끈으로 묶는다. 얼굴 역시 마찬가지다. 마지막으로 시체를 '보디 백(body-bag)'에 옮기고 봉한다.

　　요약해 보면 검시의사는 전문가 팀의 일원으로 변사 현장에 참여해, 현장 통제에 따라 검시의학적 조사를 시행하며, 다른 전문가와 협조하고, 시체를 운송할 때 증거의 멸실을 방지하며, 합리적인 판단을 기초로 하여 죽음에 대한 의견을 제시하고, 후일 부검소견과 종합해 변사 사건의 해결에 기여하는 것이다.

죽음을 부르는 호기심
_기절놀이

2008년 2월 15일 한 신문에 〈죽음을 부르는 목조르기 게임〉이라는 제목으로 미국 질병예방통제센터(CDC, Centers for Disease Control and Prevention)에서 발표한 내용을 담은 기사가 실렸다.

1995년부터 2007년까지 13년 동안 미국에서 최소 82명의 아이들이 목조르기 게임을 하다가 사망했는데 6세에서 19세에 걸쳐 분포되어 있는 사망자 중 11세 내지 16세가 대부분이었고, 사내아이가 87%를 차지했다. 95.7%는 아이들이 혼자 있을 때 발생했으며 부모들의 92.9%는 아이들이 사망할 때까지 아이들이 목조르기 게임을 하는지 알지 못한 것으로 나타났다. 심각한 점은 1995년에서 2004년 사이에는 보고된 사망 사고가 매년 3건 이하였지만 2005년과 2006년에는 각각 22건과 35건으로 급증했고 2007년에도 10월까지 9건이 발생한 것으로 나타났다.

좋은 일이든 나쁜 일이든 미국에서 유행한 것은 우리나라에도 반드시 들어오는 것 같다. 2007년 7월 2일 한 일간지에 〈목 조르는 기절놀이, 초등학생 숨져〉라는 제목의 기사가 실렸다.

전북 군산시 모 초등학교 4학년에 다니는 10세 남자아이가 6월 28일 오후 9시쯤 거실에서 목에 줄이 감긴 채 정신을 잃고 있는 것을 어린이의 아버지가 발견하였다. 아버지는 어린이를 곧바로 병원으로 옮겼지만 어린이는 다음 날인 29일 오전 6시쯤 숨졌다. 어린이의 아버지는 아들이 평소 줄을 가지고 목을 조르는 놀이를 하는 것을 보고 여러 차례 꾸짖었다고 한다.

이른바 목조르기 게임, '기절놀이' 또는 '실신놀이'라고 불리는 이 놀이는 구미에서는 오래전부터 동네나 학교 운동장 또는 캠프장 등을 막론하고 청소년 사이에서 행해져 왔다고 한다. 그런데 언제부터인지 혼자서 이러한 놀이를 즐기는 경우가 부쩍 늘었다. 남자 어린이가 압도적으로 많은 것으로 나타났지만 여자 어린이나 어른들 중에 이 놀이를 경험해 본 사람이 없는 것은 아니다. 전형적인 놀이 방법은 경부압박, 즉 목조르기로 말 그대로 손이나 끈으로 목을 조르는 것이다. 손을 사용할 때는 양쪽의 엄지손가락으로 양쪽의 경동맥을 누른다. 자신의 손으로 목을 누르면 의식이 떨어지면서 지속적으로 목에 힘을 가할 수 없기 때문에 죽음이나 영구적인 뇌손상을 초래하지 않는다. 하지만 다른 사람이 손으로 목을 누르거나 자기든 남이든 간에 끈을 사용하는 경우에는 이야기가 달라진다. 더구나 어린이들의 경우에는 질식을 중단시켜야 할 시기를 놓치는 경우가 있다. 이런 기절놀이를 즐기는 다른 방법으로는 과호흡(hyperventilation) 또는 자기유도 저이산화탄소혈증법(self-induced hypocapnia)이란 것이 있다. 일정한 시간 동안 또는 혈중의 이산화탄소 분압이 떨어져 머리가 어지러워지고 몸이 아려 오는 증상이 나타날 때까지 과호흡을 한 후 숨을 한껏 들이마시고 참는 방법이다. 혈중의 이산화탄소 분압이 떨어지면 피가 알칼리화되는데, 알칼리혈증은 전체적으로 신체의 혈관을 확장시키지만 뇌의 혈관은 수축시킨다. 이에 더해 숨을 들이마시고 참을 때 나타나는 급작스러운 혈압상승 효과 때문에 뇌의 혈관은 더욱 수축해 뇌에 저산소증을 일으킨다. 이러한 방법만으로도 소기의 목적을 달성할 수 있지만, 다른 사람이 뒤에서 가슴을 꼭 껴앉거나(bear-hug) 머리로 가슴을 압박하면 효과가 커진다. 이런 방식으로 초래된 뇌저산소증도 재빨리 교정되지 않으면 뇌의 영구적인 장애나 죽음을 초래할 수 있다. 때로는 과호흡과 경부압박을 같이 사용하는 경우도 있는데 도대체 이렇게까지 해 가면서까지 이런 놀이를 시도하는 이유가 무엇일까?

일반적으로 뇌로 가는 산소를 차단함으로써 뇌가 저산소증에 빠지면 행복감이나 성적 쾌감을 느낀다고 한다. 비록 잠시 동안이지만 꿈을 꾸는 것 같은 환각 세계에 빠져든다는 것이다. 자기의 선택에 따라 행하는 경우는 친구들 사이에서 남이 못하는 것을 자기는 할 수 있다는 영웅심리도 작용한다. 다른 사람이 주도하는 경우는 희생자가 의식장애를 일으키고 비정상적인 행동을 하는 데서 즐거움을 찾는다고 한다.

미국에서는 '목조르기 게임'과 상통하는 '초킹 게임(choking game)'이라는 용어를 쓰다가 근래에는 '기절놀이' 또는 '실신놀이'라는 의미를 가진 '페인팅 게임(fainting game)'이라는 용어를 주로 쓰고 있다. 그 이유는 이미 설명한 바와 같이 뇌의 저산소증을 유발하는 방법이 목조르기에 국한되지 않기 때문이다. 하지만 기절놀이나 실신놀이 역시 적절한 용어라고 볼 수는 없다. 자칫 기절이나 실신만 잠시 경험하는 것이지 영구적인 뇌장애를 일으키거나 죽지는 않는다는 오해를 초래할 수 있기 때문이다. 놀이(game)라는 용어는 판단력이 성숙하지 않은 아이들에게 엄청나게 잘못된 생각을 갖게 할 수 있다. 즐겨도 된다는 어감을 줌으로써 잠재적인 위험성을 얕잡아 보게 하는 것이다. 영어로는 그 외에도 수많은 용어를 쓰고 있지만 우리말로 번역했을 때 마땅히 와 닿는 단어를 찾지는 못했다. 또 다른 문제는 미국에서만 13년 동안 82명의 사망자가 보고되었지만 실제로는 이보다 훨씬 더 많을 것이라는 게 전문가들이 추측이라는 점이다. 왜냐하면 목을 졸랐다거나 목이 졸린 상태에서 발견되면 대부분 자살 또는 타살로 처리되고, 과호흡으로 사망하면 사인불명으로 판단될 가능성이 높기 때문이다. 어떤 이들은 미국에서만 매년 250명 내지 1,000명이 이른바 기절놀이로 사망한다고 주장한다. 다행히 우리나라에서는 그리 성행하거나 심각하게 문제가 되지는 않는 것 같다. 나도 아직 실무에서 이에 해당하는 전형적인 사례를 경험한 적이 없다. 하지만 앞으로는 사인이나 죽음의 내력이 명확하지 않은 경우, 특히 어린이나 청소년의 사망 사례에서 뚜렷한 자살이나 타살의 동기가 명백하지 않거나 죽을 만한 질병이 증명되지 않는 경우는 더욱 더 기절놀이로 인한 사망 가능성을 고려해 보아야 할 것이다.

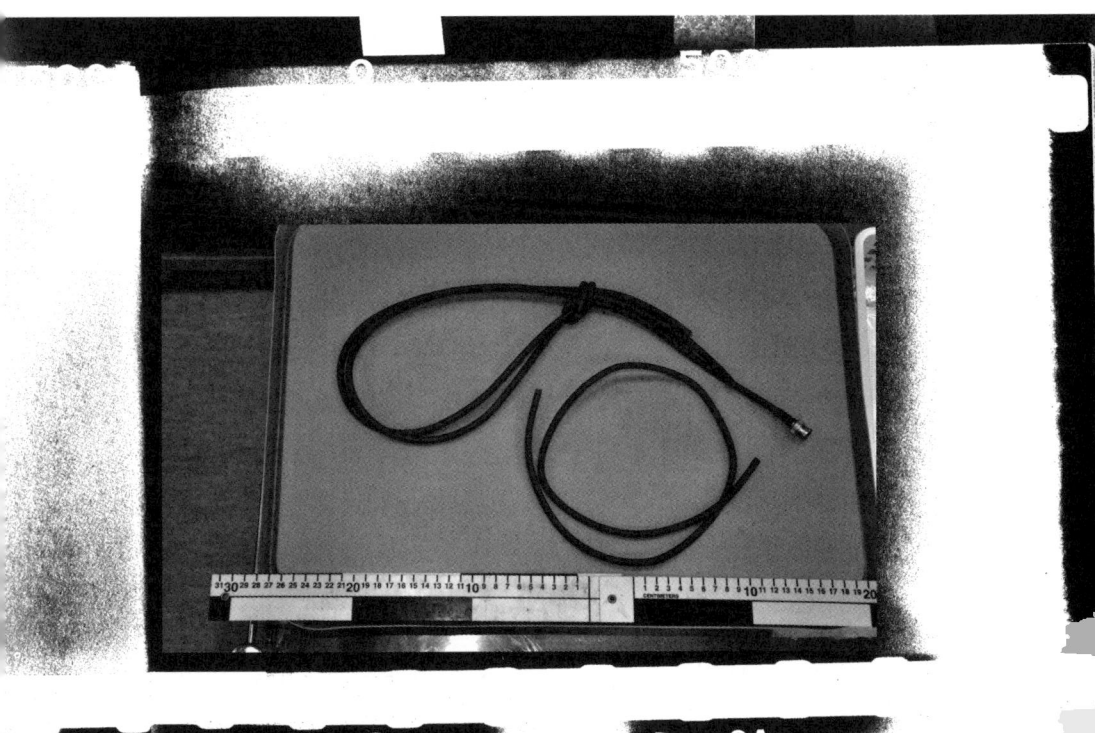

치명적 급소의 실체
_원발성 쇼크사

정지하라는 신호를 보내지도 않았는데 검문초소 앞에 시외버스 한 대가 다가와 멈췄다. 얼굴이 벌겋게 흥분되어 내린 버스 운전사는 초소에서 근무 중이던 K경사에게 한 승객이 술에 취해 큰 소리로 떠들고 다른 손님들을 집적거려서 제지해 봤지만 도무지 말을 듣지 않아 신고한다는 것이었다. K경사는 버스에 올라가 술에 취한 채 혼자서 떠들고 있는 Y라는 30세 청년을 버스에서 끌어 내렸다. 초소 안에 데리고 들어가 의자에 앉혀 놓았지만 Y는 막무가내로 더 큰 소리로 떠들며 욕을 해 댔다. 그러다가 갑자기 K경사에게 달려들어 멱살을 잡고 행패를 부리기 시작했다. 동료 경찰관이 제지해 봤지만 Y의 반항은 더욱 심해질 뿐이었다. 결국 더 이상 참지 못한 K경사가 Y의 얼굴과 목 부위를 주먹과 손바닥으로 몇 차례 쳤다. 그러자 Y는 푹 고꾸라지는가 싶더니 그대로 미동도 하지 않았다. 당황한 K경사 일행은 Y를 인근 병원으로 옮겨 응급치료를 받게 했지만 Y는 의식을 회복하지 못한 채 그대로 사망했다. 부검을 해 보니 Y는 K경사에게 주먹으로 얻어맞은 얼굴과 목에 약간의 멍이 들었고 팔다리가 몇 군데 까진 것 외에는 아무런 상처도 없었다. 심장을 비롯해 내부 장기에서도 죽음을 설명할 수 있는 아무런 손상이나 질병을 찾지 못했다. 약물이나 독물은 전혀 검출되지 않았다. 혈중 알코올 농도가 0.26%로 높게 나오기는 했지만 그 정도를 사인으로 보기에는 힘들었다. 결국 사인이 될 만한 소견이 없는 상황이 되어 버린 것이었다.

그러면 Y가 사망하게 된 직접적 사인은 무엇이었을까? 이런 상황을 검시의학에서는 '원발성 쇼크'라고 진단한다. 원발성 쇼크는 '정상적으로는 전혀 문제가 되지 않는 단순하고 경미한 외력이나 자극이 가해졌을 때 심장이 반사적으로 정지하는 것'을 말한다. 이는 외력이나 자극이 가해진 후 몇 초 내지 길어야 1~2분 내에 사망하므로 '즉시성 생리사(卽時性 生理死)'라고도 한다. 그러면 이런 원발성 쇼크는 왜 일어날까? 우리 몸은 뇌와 척수에서 나오는 신경의 지배를 받는다. 뇌에서는 12개의 신경이 나오는데 그 열 번째 신경이 미주신경(迷走神經)이다. 이 신경은 뇌에서 나와 목을 거쳐 흉부와 복부에 분포하며 여러 개의 가지를 친다. 심장에도 그 가지를 뻗어 심장 기능에 영향을 미치고 있는데 자극을 받으면 심장의 박동은 떨어지게 된다. 즉 목과 같은 특정 부위에 급작스러운 자극을 가하면 이 자극이 뇌에 전달되고 뇌에서는 미주신경을 통해 반사적으로 심장의 정지를 명령하는 경우가 있는 것이다. 미국에서는 한때 경찰관에게 반항하는 범인을 체포하는 방법으로 프로 레슬링에서 하듯 범인의 목을 겨드랑이에 끼는 이른바 '암록(arm-lock) 또는 넥홀드(neck-hold)' 기술을 가르친 적이 있었다. 이는 뇌로 가는 혈관을 막거나 숨을 못 쉬게 해 일시적으로 뇌의 산소 공급을 중단시킴으로써 범인의 정신을 잃게 만들어 제압하는 데 목적이 있었다. 그런데 이로 인해 여러 명의 사망자가 발생하자 사회적으로 문제가 되었다. 이런 경우는 물론 목에서 뇌로 가는 혈관이나 기도가 막혀 사망했을 수도 있지만 이보다는 반사적 심장정지로 사망한 경우가 많았던 것이다.

사례를 하나 더 들어보자. T경찰서에서 근무하던 S전경이 갑자기 사망했다. 경찰관들이 S의 동료들을 상대로 수사한 결과 S는 저녁식사까지 정상적으로 마쳤으며 잠을 자러 가기 전에 화장실에서 소변을 보다가 갑자기 신음 소리를 내며 쓰러져 황급히 병원으로 옮겼으나 사망했다는 것이었다. 부검을 했지만 S에게서는 치명적인 손상이나 질병은커녕 아무런 소견도 볼 수 없었다. 단지 가슴에 아주 작은 멍이 들어 있을 뿐이었다. 가슴에 든 멍은 구타에 의한 것일 수도 있고 심장마사지에 의해 생겼을 수도 있지만 원발성 쇼크나 심장진탕의 가능성이 있으니 좀 더 수사해 보라고 일러 주었다. 원점에서 수사를 다시 진행한 결과 그는 소변을 보다 쓰러진 게 아니라 고참 전경이 얼차려를 시킨다고 주먹으로 가슴을 3대째 쳤을 때 푹 꼬꾸라지면서 사망한 것임이 밝혀졌다. 이러한 사례는 전경을 비롯해 군인, 고등학생과 같은 젊은이들 사이에서 드물지 않게 일어나며, 때로는 이른바 안수기도, 어린이 학대 등의 경우에서도 나타난다. 명치, 음낭 부위도 가격하면 같은 기전으로 사망할 수 있다고 한다.

이런 원발성 쇼크는 타격이 가해졌을 때뿐만 아니라 다른 여러 상황에서도 일어날 수 있다. 팔로 목을 조르는 경우는 이미 설명했지만 손으로 목을 졸랐을 때에도 원발성 쇼크로 사망하는 경우가 적지 않다. 심지어 영국에서는 한 군인이 댄스파티에서 여자친구와 춤을 추다가 목을 장난으로 가볍게 쥐고 흔들었는데 그대로 바닥에 쓰러진 후 영영 일어나지 못한 사건도 있었다. 끈으로 목을 조르는 경우와 목을 매는 경우에도 흔하지는 않지만 볼 수 있다. 또 음식을 먹다가 갑자기 사망했는데 부검을 하면 목구멍에 고깃덩어리나 떡 조각, 삶은 달걀 덩어리가 걸려 있는 경우가 있다. 이 역시 음식물 덩어리가 목 속에 있는 점막을 자극해 나타나는 현상이다. 물에 빠졌을 때 차가운 물이 갑자기 목구멍을 자극하면 반사적으로 심장이 멈춰 물을 마시지 않고도 사망할 수 있으며 또 폭포와 같이 강한 물살이 자극을 주어 사망할 수도 있다. 또 무허가 의사가 낙태수술을 할 때 마취도 제대로 하지 않고 자궁경관에 조작을 가하면 갑자기 사망하는 경우가 있는데 이 역시 같은 기전이다.

물론 이런 부위에 타격이나 자극을 가했다고 해서 모든 사람이 죽는 것은 결코 아니며 그 수는 극소수에 불과하다. 또 그 사람이 그런 자극을 처음 받는 것도 아닌 경우가 대부분이다. 그래서 이런 기전이 이른바 과민성 체질에 기인하는지, 아니면 모든 사람에게 언제나 일어날 수 있는 것인지는 확인되지 않고 있다. 하지만 아무튼 사람의 목이나 가슴, 명치, 성기 부위는 건드리지 않는 것이 상책이다. 이러한 부위는 '급소'이기 때문이다. 급소는 무협소설이나 영화에만 나오는 이야기가 아니고 실제로 존재하는 것이다.

예전에, 아침에 침대 위에서 사망한 채 발견된 젊은 여성의 시체를 부검한 적이 있다. 그녀의 남편은 술에 취한 채 집에 들어와 아내와 성행위를 했던 사실만 희미하게 기억하고 있었으며, 아침에 일어나 보니 아내가 죽어 있더란 것이었다. 나는 여자의 목에서 어렴풋하게 피부가 까진 상처를 보았을 뿐이다. 원발성 쇼크를 강력히 의심했지만 이를 명확하게 입증할 수는 없었다. 즉 원발성 쇼크는 목격자가 없거나 사실을 감출 때, 가해자가 속이거나 기억을 하지 못하면 의심할 수 있을 뿐 증명할 수 없는 검시의학의 함정이다.

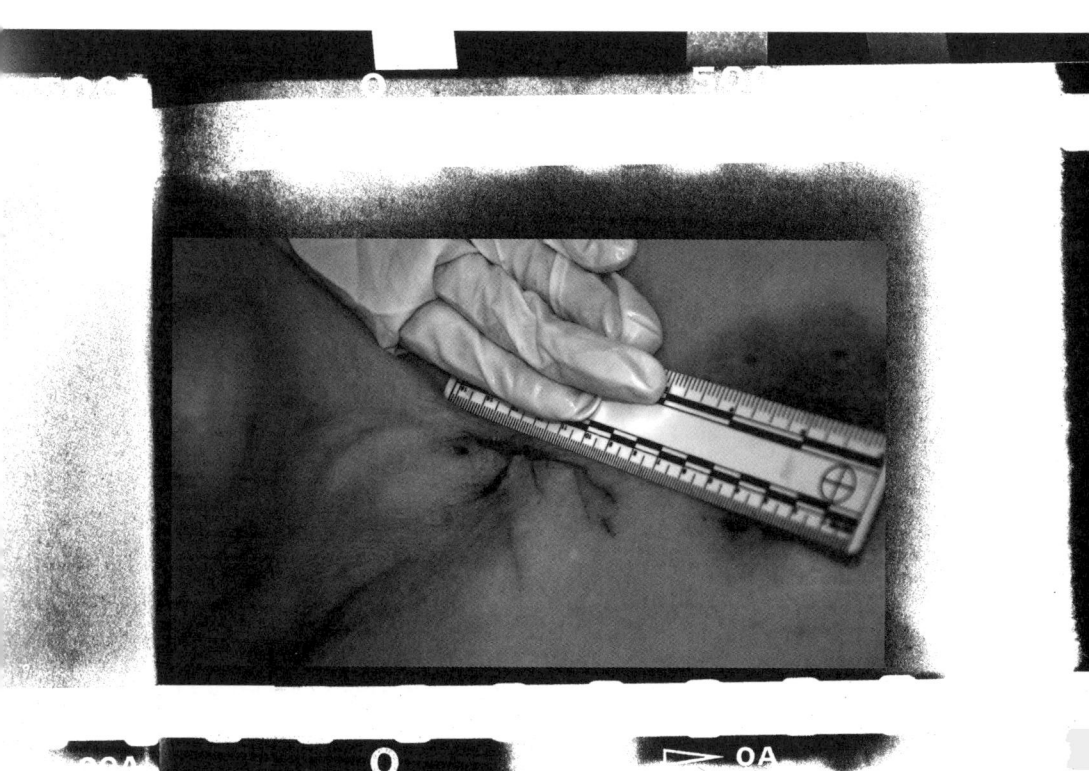

열여섯 개의 칼자국
_음주폭행 사건

50세의 중년 남성인 O는 중풍을 앓은 적이 있어 걸을 때는 돌잡이 어린애가 걸음마를 하듯 뒤뚱거렸으며 말도 제대로 하지 못했다. O는 언제부터인지는 모르지만 직업은 물론 일정한 주거도 없이 구걸로 살아왔으며 항상 술에 취한 상태로 지냈다. 그런데 O는 술만 먹으면 남에게 욕설을 하고 때리거나 귀찮게 하는 버릇이 있었다. 어느 이른 봄날, 비슷한 처지에 있는 P(남/33)는 리어카를 끌고 고물을 주우며 다니다가 저녁 6시쯤 O가 생각나서 소주 몇 병과 과자를 사 들고 O가 거처하는 버려진 포장마차로 향했다. O와는 평소 잘 모르는 S(남/33)도 합석해 술을 마시다가 몇 순배가 돌아가자 O는 P와 S에게 갑자기 "이 ×할 놈들, 개새끼들아"라고 욕을 하며 P의 뺨을 때렸다. 기분이 나빠진 P는 O의 얼굴을 주먹으로 여러 번 때렸고, O가 뒤로 넘어지자 이번에는 발로 얼굴을 여러 차례 밟았다. S는 P와 합세해 O를 주먹으로 때리고 발로 밟다가 갑자기 점퍼 안주머니에서 칼을 꺼내 쓰러져 있는 O를 여러 차례 찔렀다. 칼은 재활용품을 수집할 때 사용하기 위해 휴대하고 다니는 것이었다. 그러던 와

중에 O가 움직이지 않자, P와 S는 O를 이불로 덮어 놓고 포장마차를 빠져나왔다. 이들은 O의 상태가 궁금해 다음 날 오후 2시쯤 다시 포장마차를 찾았다. 그런데 O는 옆으로 누운 채 몸이 이미 굳어 있었다. 경찰에 검거된 P와 S는 O가 자신들을 무시해서 혼내 주려고 그런 것이지 죽일 마음은 없었다고 주장했다.

부검을 진행했다. 가슴에는 4개의 자절창이 있었는데 길이는 0.4~1.5㎝ 정도였고 모두 피하지방층에 멈춰 있었다. 오른쪽 복부 상방에는 절창이 1개 있었는데 표재성으로 길이는 3.2㎝ 정도였다. 등 왼쪽에는 3개의 절창이 있었는데 이것들도 모두 표재성이었으며 길이는 0.3~0.9㎝ 정도였다. 왼쪽 손목에는 6개의 표재성 절창이 있었는데 길이는 1.3~2.0㎝ 정도였다. 왼쪽 손등과 손바닥에는 각각 1개의 표재성 절창이 있었고 길이는 각각 1.5㎝ 정도였다. 칼자국 외에는 다음과 같은 손상이 있었다. 머리에는 비교적 넓은 표피박탈과 두피하출혈이 있었다. 양쪽 볼과 턱 부위에도 비교적 넓은 표피박탈과 피하출혈이 있었으며, 입술은 아래와 위가 모두 찢어져 있었다. 왼쪽 손목에는 피하출혈과 근육간출혈이 있었다. 가슴과 배를 열어 보니 가슴 중앙과 왼쪽에 피하출혈과 근육간출혈이 있었고, 복부 왼쪽에는 10×8㎝ 정도의 피하출혈이 있었다. 오른쪽 제5, 6번 늑골이 골절되어 있었으며, 그 주위에는 근육간출혈이 있었다. 병변으로는 심장의 근육에서 비후와 국소적인 간질성 섬유화가 보였으며, 간은 지방변성과 경변이 고도로 진행되어 있었다. 혈중 알코올 농도는 0.09%였다.

부검소견을 해석해 보았다. 얼굴과 머리 그리고 목에서 보이는 손상은 "얼굴을 주먹으로 여러 번 때리고 발로 여러 차례 가격했다"는 진술 내용에 합당했다. 오른쪽 제5, 6번 늑골 골절과 그 주위의 근육간출혈, 가슴 중앙 및 왼쪽과 복부 왼쪽에서 보이는 피하출혈 및 근육간출혈은 흉복부에도 둔력이 가해졌다는 것을 뜻했으나 사인과는 거리가 있었다. 문제는 칼자국이었다. 가슴과 배 그리고 등에 8개의 자절창 또는 절창이 있었지만 직접사인으로 보기에는 그 정도가 너무 경미했으며 현장에 흐른 피도 미미했다. S는 경찰 수사에서 죽이려고 칼로 찌른 것이 아니라 겁을 주려고 꾹꾹 눌렀다고 진술했는데 칼자국의 모양으로 보아 S의 말이 거짓말은 아니었다. 왼쪽 손목과 손에서 보이는 8개의 표재성 절창은 방어손상으로 생각되었지만 그 역시 사인과 연결시키기에는 지극히 경미했다. 결론적으로 손상 자체가 사인이라고 보기는 어려웠다. 그러면 사인은 무엇인가? 지방색전증이나 저체온을 염두에 두고 조사해 보았으나 아무런 근거를 찾을 수 없었다. 결국 이 사건은 두어 가지의 다른 가능성을 완전히 배제할 수 있는 것은 아니었지만 심장이나 간의 병변으로 인한 사망이라고 볼 수밖에 없었다. 16개의 칼자국을 남기고 죽었지만 그의 사인은 아이러니하게도 병사로 판가름 난 것이다.

법의학교실
원사인(原死因)은 무엇인가?

치료를 받던 환자가 죽든, 변사체를 검안하든 해부하든 간에 의사로서 가장 중점을 두게 되는 것은 사인이다. 시체검안서나 사망진단서에서는 사망 원인을 직접사인(direct cause of death), 개입선행사인(중간선행사인, intervening antecedent cause of death), 원선행사인(선행사인, underlying antecedent cause of death)으로 분류하고 있다. 또한 근원선행사인(originating antecedent cause of death) 등을 더해 사망의 과정을 4단계 이상으로 분류할 수도 있다. 이렇게 하나의 죽음을 놓고 사인을 3단계 이상으로 분류하는 이유는 실제로 세 가지 이상의 사인이 있어서가 아니고, 죽음이 어떠한 과정을 거쳐서 일어났는지 명확히 알기 위한 것이다. 즉 말기에 같은 양상을 보이면서 사망하더라도 원인질병이나 임상적 과정은 다를 수 있으며, 반대로 원인질병이 같더라도 임상적 과정과 사망하는 이유는 서로 다를 수 있는 것이다. 그러나 어떠한 죽음이든 거의 대부분 한 가지 원인에 의해 촉발되며 이를 '원사인(原死因, underlying cause of death)'이라고 한다.

제6차 국제개정회의(the Sixth Decennial International Revision Conference)에서 원사인을 "the disease or injury which initiated the train of morbid events leading directly to death or the circumstances of the accident or violence which produced the fatal injury"라고 정의했다. 즉 "사망을 직접 초래한 일련의 병적 사건을 촉발한 질병이나 손상 또는 치명적 손상을 발생시킨 사고나 폭력의 상황"이다. 법의학에서 원사인이라고 하면 '치명적인 일련의 과정을 촉발한 최초의 원인이 된 의학적 상태'를 말한다. 따라서 합병증이나 2차적인 생리적 변조는 원사인이 될 수 없다. 국제회의에서 정한 원사인의 범위에는 법의학적 정의에 '사고나 폭력의 상황'이 추가되어 있는 것을 알 수 있다. 이런 차이는 법의학적으로는 교통사고로 사망했어도 어디를 다쳐 사망했는지, 또 자살을 했다면 어떤 방법을 택했는지가 중요하지만, 사인 통계에서는 교통사고 사망자가 몇 명이고 자살이 몇 명이라는 숫자가 중요할 수 있기 때문일 것이다.

　　원사인을 과거에는 제1차 사인(primary cause of death), 주사인(principal cause of death), 기초사인(fundamental cause of death) 또는 단순히 사망의 원인(cause of death) 등으로 다양하게 불렸으나 제6차 국제개정회의에서 원사인으로 용어를 통일했다. 원사인은 의학적으로는 물론 사인 통계상 매우 중요하다. 의사들이 원사인에 대한 개념을 가지고 문서를 작성해야 한 나라의 사망 통계가 제대로 나올 수 있는 것이다. 3단계 분류에서는 직접사인, 개입선행사인, 원선행사인 중 하나에 원사인을 반드시 기재해야 한다. 직접사인이 '당뇨병'으로 되어 있으면 원사인은 당뇨병이 된다. 직접사인을 '당뇨병성 혼수', 원선행사인을 '당뇨병'으로 기재해도 원사인은 당뇨병이 된다. 배를 칼에 찔린 사람이 현장에서 사망했다면 직접사인은 복부자창이 되나, 병원에 입원해 치료를 받다가 패혈증에 빠졌다면 직접사인은 '패혈증', 원선행사인은 '복부자창'이 된다. 그러나 패혈증이라는 합병증은 원사인이 될 수 없기 때문에 어느 것이든 원사인은 복부자창이 된다. 이러한 것까지는 별문제가 없다. 조금 복잡한 사례를 보자. 간염이 간경변증을 일으키고, 경변이 문맥 혈압을 상승시켜 식도정맥류를 형성한 후, 정맥류가 파열되어 토혈을 하고, 토한 피를 기도로 들이마시고 죽었다고 하자. 이때 원사인은 간경변증이다. 그러므로 직접사인을 질식, 개입선행사인을 토혈, 원선행사인을 식도정맥류 파열이라는 식의 진단서를 작성해서는 안 된다. 그러면 직접사인, 개입선행사인, 원선행사인을 무엇으로 해야 할까? 정답은 없으며 의사의 재량에 속한다고 할 수 있다. 그러나 간경변증이 빠져서는 안 된다.

성욕을 위해
목을 매는 사람들
_자기색정사

　　　목을 매어 죽는 경우는 거의 대부분 자살이다. 이러한 사람들에게는 대개 생활고, 실연이나 이혼, 사업 실패, 정신적 좌절이나 질환, 불치병과 같은 자살의 동기나 배경이 있다. 유서가 있다면 자살이라는 것이 더욱 확실해진다. 그런데 비록 이런 자살의 동기나 배경을 알아내지 못한다 하더라도 목을 맨 상황이나 수사 내용을 검토해 보면 거의 대부분 자살로 보아도 큰 문제가 없다. 그러나 이상한 점이 전혀 없어 보이더라도 때로는 자살이 아닐 수도 있다는 점에 유의할 필요가 있다.

　　　P는 43세의 중견 회사원으로 아내와 단둘이 살고 있었다. 성격은 내성적이었으나 대인관계에 문제가 있을 정도는 아니었다. 그런데 P의 아내는 허리디스크로 심한 고통을 받고 있었기 때문에 남편과의 성생활을 기피해 왔다. 그날도 P는 아내에게 다가가 애무를 하면서 아내의 눈치를 살폈으나 아내는 별로 응하고 싶지 않은 눈치였다. P는 허리로 고통 받는 아내를 생각하는 마음에서 그날도 그냥

아내 옆에서 잠을 청했다. 그런데 새벽에 눈을 뜬 P의 아내는 옆에서 자고 있어야 할 P를 볼 수 없었다. 아내는 집 안에서 P를 찾아보았지만 아무런 대답이 없었다. 바람을 쐬러 나갔나 싶어 대문을 확인해 보았지만 빗장이 걸려 있는 것으로 보아 밖으로 나간 것 같지는 않았다. 아내는 혹시나 하는 마음에서 베란다를 일부 막아서 창고 삼아 쓰고 있는 문을 열어 보았지만 문은 열리지 않았다. 방으로 돌아온 아내는 무섭기도 하고 불길한 예감이 들어 여동생에게 전화를 했고 결국 여동생이 남편과 함께 왔다. 여동생의 남편이 창고 문고리를 부수고 문을 열어 보았다. 아니나 다를까, P는 목을 맨 채 죽어 있었다. P는 잠들 때 입고 있던 잠옷을 그대로 입고 있었으며 등은 벽에 기댄 채 발은 바닥에 닿아 있고 무릎은 구부리고 있었다. 신고를 받고 달려간 경찰에게 P의 아내는 이렇게 말했다. "아마도 제가 허리가 아파서 남편 요구에 응해 주지 못하니까 자살한 것 같습니다. 병원에서는 수술을 권했지만 겁도 나고 물리치료만으로 나았다는 사람도 있고 해서 견뎌 보려고 했던 게 잘못인 것 같습니다." 그런데 자살 동기로는 너무 허술하지 않은가? 경찰은 좀 더 명확한 자살 동기를 찾아보기 위해 가족은 물론 회사 동료, 친구들에게까지 근래에 P에게서 이상한 점을 발견하지 못했느냐고 물어보았지만 그럴듯한 이유를 찾지 못했다. 그럼 대체 P는 왜 목을 매었을까?

정상적인 성행위 이외에 자신의 성욕을 만족시키기 위해 가장 많이 선택되는 방법이 자위행위다. 성적으로 가장 민감한 부위를 주로 손으로 자극하는데, 때로는 기구를 이용하기도 한다. 그런데 보통 사람이 잘 이해할 수 없는 방법으로 자위행위를 하는 경우가 있다. 그중 가장 대표적인 것이 바로 목을 매는 것이다. 이런 행위의 정신의학적 배경은 완전히 알려져 있지는 않으나 피학증(被虐症)의 일종으로 보고 있다. 성적 만족을 얻는 기전도 명백하지는 않지만 끈으로 목을 지나가는 혈관을 막으면 뇌로 가는 피가 줄어들어 뇌가 일시적으로 저산소증에 빠지며, 이런 상태에서 어떤 사람들은 성적 흥분을 일으키는 환각 상태에 도달하는 것으로 보인다. 어쨌든 목을 매는 행위가 죽음을 목적으로 하는 것이 아니라 성적 쾌감을 얻기 위한 것이기 때문에 발은 반드시 바닥에 댄 상태에서 무릎을 굽혀 끈에 체중을 실리게 하며 목적을 달성하면 의식이 사라지기 전에 다시 무릎을 펴 목에 가해지는 압박이 느슨해지도록 한다. 그런데 그 정도가 지나치거나 조작에 실수가 생겨 일단 의식을 잃게 되면 그대로 죽음으로 이어지는 것이다. 또 다른 방법으로 끈을 목에 감고 몸의 앞쪽 또는 뒤쪽을 지나 양쪽 발 또는 발목에 묶는 경우도 있다. 이때는 엎드리거나 누운 자세에서 다리를 쭉 펴면 목이 끈에 의해 압박된다. 이 경우도 끈이 너무 짧으면 다리를 굽혔을 때에도 목이 지속적으로 압박되어 사망할 수 있다. 어떤 경우이건 목을 감는 끈과는 별도로 양 손목이나 양 발목 또는 성기나 사타구니를 묶는 경우도 있다. 마스크를 쓰거나 재갈을 물고 있는 경우도 있으며, 입에 반창고를 붙여 막거나 눈을 천으로 가리는 경우도 있다. 머리에 비닐봉지를 뒤집어쓰기도 한다. 이렇게 스스로 성적 만족을 얻기 위한 행위가 원인이 되어 사망하는 경우를 '자기색정사(autoerotic death)'라 한다. 자기색정사는 대부분 질식의 기전을 취하기 때문에 '자기색정적 질식사(autoerotic asphyxia)'라고도 한다.

 전형적인 자기색정사는 대부분 독신 남성인 20~40대 청장년층에서 주로 나타난다. 사망 현장은 대개 사망자의 집이며 침실, 욕실, 지하실과 같이 은밀한 곳을 택한다. 문은 대개 안에서 잠겨 있다. 때로는 숙박업소나 외딴 숲 속을 선택하기도 한다. 성기를 드러내거나 벌거벗고 있는 경우가 많으며, 옷을 걸쳤을 때는 남자가 여자의 차림새를 하는 경우도 있다. 또 겉에는 남자의 옷을 입었다 하더라도 속에는 브래지어, 여자 팬티와 스타킹을 입고 있는 경우도 있다. 사망자의 시야 내에서 이성의 나체사진이나 음란한 그림 등을 볼 수도 있으며 때로는 자기 자신의 행위를 볼 수 있도록 거울을 앞쪽 또는 밑에 놓기도 한다. 이와 같이 사망자의 환경이나 현장 상황이 자기색정사에 합당한 경우는 그 죽음의 실체를 판단하는 것이 그리 어렵지 않다. 그러나 이렇게 사망한 사람 중에는 여러 명의 아이를 두고 행복한 결혼생활을 하고 있는 경우도 있다. 평상복이나 잠옷을 제대로 입고 있는 경우도 있으며 주변에 성적 쾌감을 높여 줄 만한 물건들이 없는 경우도 드물지 않다. 이런 경우는 사용한 끈의 종류와 재질, 끈을 고정한 지점과 올가미의 높이, 올가미의 형태, 올가미와 목 사이에 완충물이 있는지 여부, 과거 행위에 의한 목의 미세한 진구성 손상 등에 특히 유의해야 한다. 단순한 의사와 자기색정사를 구별해야 하는 이유는 전자는 자살이며, 후자는 사고사이기 때문이다. 우리나라에서도 요 몇 해 사이에 드물기는 하나 전형적인 자기색정사가 간혹 눈에 띈다. 그러나 문제는 항상 우리의 상식을 벗어나는 경우에 있다. 더욱이 가족들은 사망자나 집안의 명예 때문에 현장을 훼손하거나 진실을 감출 수도 있다. P의 경우는 단순한 자살이었을까, 아니면 자기색정사였을까?

법의학교실

정액은
성교 중 사망의 증거?

밤에 자다가 갑자기 사망한 34세의 남자를 부검한 적이 있다. 그 남자는 당시 일에 쫓겨 2~3주 동안 거의 매일 야근을 했는데 그날은 저녁 9시경 집에 돌아와 식사를 마치고 샤워를 한 뒤 밤 12시가 되어 잠자리에 들었다. 새벽 2시경 아내는 옆에서 자고 있는 남편이 이상한 신음을 내면서 괴로워하는 소리에 잠이 깨었다. 불을 켜 보니 남편의 얼굴이 새파랗게 질려 있었다. 아내는 남편을 흔들어 보고 꼬집어 보기도 했으나 깨어나지는 않고 신음 소리마저 점점 작아졌다. 옆집으로 달려가 도움을 청하고 119에 신고했다. 구조대원이 인공호흡을 시키면서 차로 약 10분 거리에 있는 병원의 응급실에 도착했지만 남편은 이미 사망한 상태였다. 병원에서는 심폐소생술을 시행해 보았지만 아무런 효과가 없었다. 병원에서는 사망 원인을 알 수 없다며 경찰에 신고했다. 아침에 경찰관이 영안실 냉장고에 있는 시체를 꺼내 검사했다. 아무런 이상도 발견하지 못했지만 팬티를 벗겨 보니 요구(尿口)에 희뿌연 정액이 보이고 팬티에도 묻어 있었다. 경찰관은 무릎을 쳤다. '이 사람은 분명히 아내와 성교하다가 절정에 달한 후 복상사(腹上死)를 했다. 그렇지 않고서야 정액이 나와 있을 이유가 없지 않은가?' 경찰관은 아내를 조사하면서 성교를 하다가 남편이 잘못된 것이 아니냐고 물어보았다. 그러나 아내는 "남편은 팬티를 입은 상태로 잠이 들었으며, 매우 피곤해해서 성교를 하지 않았다"고 했다. 경찰관은 아마도 남편이 성교하다가 죽었다고 인정하면 나중에 떠돌 소문이 무서워 사실대로 말하지 못하는 것이라고 짐작했다. 그러나 아내에게 남편의 성기에 정액이 나와 있더라는 말은 차마 하지 못했다.

　　담당 경찰관은 부검을 하는 나에게 "성교를 한 게 분명한데 여자가 잡아떼고 있으니, 선생님이 제 말을 근거로 성교하다가 사망했다는 것을 증명해 주십시오"라고 말했다. 그래서 이 사건에서 성교를 한 것과 성교를 하지 않은 것이 무슨 차이가 나느냐고 물어보았더니 경찰관은 별로 문제가 될 것은 없지만 사건은 명확히 해야 하지 않겠느냐고 대답했다. 과연 옳은 대답이었다. 그렇다면 이 사람은 정말로 성교를 하다가 또는 그 직후에 사망한 것일까? 물론 그럴 수도 있다. 그러나 요구(尿口)에서 정액이 보인다고 해서 성교했다거나 사망 직전 오르가슴(orgasm) 상태에 있었다는 근거는 되지 못한다.

　　그렇다면 왜 성교를 하지 않은 사람에게서 정액이 흘러 나올까? 이는 사람이 사망한 후에 일어나는 시체경직(屍體硬直) 현상의 하나다. 사람이 죽은 후 일정한 시간이 지나면 몸이 뻣뻣해지는데 심하면 마치 나무토막같이 단단해진다. 시체경직은 골격근은 물론 심장이나 횡격막과 같이 근육으로 이루어진 장기나 근육이 함유된 조직에서는 모두 일어난다. 그렇기 때문에 음낭(陰囊)에 있는 거고근(擧睾筋, dartos muscle)이 강직되면 음낭이 수축되어 고환과 부고환을 압박하며, 이에 더하여 정낭과 전립선에 분포하고 있는 근섬유에도 경직이 일어나 정액이 밀려 나오게 된다. 밀려 나오는 정도가 충분하지 못하면 요구 밖으로까지 나오지 못하고 요도(尿道)에 머무를 수도 있다. 즉 시체에서 보이는 정액 유출은 사후(死後)에도 일어날 수 있는 현상으로 어떤 형태의 죽음에서도 나타날 수 있기 때문에 사망 직전에 성교를 했다거나 극치감에 달했다거나 하는 판단의 근거가 될 수는 없다. 또한 목을 매거나 목이 졸려 죽는 경우와 같이 질식의 기전으로 사망하면 죽어 갈 때 극치감을 느껴 정액이 나온다는 속설이 있으나 이 역시 근거 없는 이야기다. 따라서 시체에서 정액이 흘러나와 있으면 호기심을 자극하기에는 충분하겠지만 여기에 그 어떤 법의학적 의미도 부여하지 않는 것이 바람직하다.

이와 비슷한 현상의 하나로 모낭(毛囊)에 붙어 있는 입모근(立毛筋, erector pili)에 강직이 일어나면 털을 밀어 올리는 아피(鵝皮, goose skin) 현상이 일어나 털이 두드러져 보일 수 있다. 이런 현상은 사후에 일어나는 피부의 건조와 위축 현상으로 더 뚜렷하게 보일 수도 있다. 예를 들어 아침에 이발소에서 면도를 깨끗이 한 사람이 변사체로 발견되었는데 수염이 약간 두드러져 보인다고 해서 면도를 한 후 상당한 시간이 지나 사망했다고 단정한다면 오류를 범하는 것일 수 있으므로 주의가 필요하다.

epilogue 1
법의학과 검시의학

　　법의학이라고 하면 제일 먼저 머리에 떠오르는 것은 아마도 변사체일 것이다. 그다음은 각종 사건으로 매스컴에 오르내리는 국립과학수사연구소 또는 TV나 영화에 나오는 법의관을 연상하게 될 것 같다. 우리나라는 10여개 의과대학에 '법의학교실'이 설치되어 있는데, 학교마다 연구 분야가 서로 다르다. 어떤 사설기관에서는 법의학이라는 간판을 걸고 DNA 등을 이용해 친자감별을 비롯한 개인식별에 중점을 두며, 또 어떤 의사는 〈법의학연구소〉라는 이름으로 사무실을 차려 놓고 의료사고 문제를 다루기도 한다. 법의학이 정확히 무엇을 하는 분야인가에 대해서는 '법의학'을 전공하는 나로서도 가끔 혼란스러울 때가 있다. 백과사전에 나오는 법의학의 개념은 다음과 같다.

　　법의학(法醫學, forensic medicine)은 응용의학의 한 분야로서 법률상 문제 되는 의학적, 과학적 사항을 연구하여 이를 해결함으로써 법 운영에 도움을 주고 인권옹호에 이바지하는 학문이다. 법의학은 법의병리학(法醫病理學), 법의혈청학(法醫血淸學), 임상법의학(臨床法醫學)의 세 분야로 나눌 수 있다. 법의병리학이란 외인사와 돌연사 또는 사인을 알 수 없는 사례에 대하여 검안 또는 부검을 실시하여 사망의 종류, 사인, 사후 경과시간, 치사 방법, 사용된 흉기 및 독물 등을 규명하는 학문을 말한다. 법의혈청학은 혈액을 비롯하여 인체의 분비물 또는 조직을 재료로 개인을 식별함으로써 범인색출, 친생자감정 등에 기여하는 학문을 말한다. 임상법의학은 의료사고가 일어난 경우 질병 또는 손상과 사인과의 관계, 의료행위와 사인과의 관계를 분석하여 의료행위의 과실 유무를 판단하는 학문이다.

위의 설명을 들여다보면 세 가지 분야가 법 운영에 기여한다는 점에서는 같으나 그 뿌리가 전혀 다르다는 것을 한눈에 알아볼 수 있다. 영어로 보면 그 뿌리를 더욱 알기 쉽다. 법의병리학은 forensic pathology, 법의혈청학은 forensic serology, 임상법의학은 clinical jurisprudence를 번역한 것인데 병리학은 의학의 한 분야이며, 혈청학은 넓은 의미에서 생물학의 한 분야이고, 의료법학은 법학의 한 분야다. 즉 세 분야는 한 뿌리에서 갈라져 나온 학문이 아니라 뿌리가 완전히 다른 학문이 법의학이라는 이름으로 같이 통용되기 때문에 혼동을 초래하는 것이다. 또 빼놓을 수 없는 것이 생체법의학(生

體法醫學)이다. 즉 살아 있는 사람의 손상이 어떻게 형성되었는지 해석하고, 음주나 약물중독 여부를 판단하며, 성행위가 있었다고 주장하는 경우 이에 대한 증거를 수집하는 분야다. 또 진단서를 비롯한 의료문서의 작성, 노동력 상실 정도의 판정 등도 궁극적으로 법적 효과를 발생시키기 때문에 법의학이라는 이름 아래로 끌어들이기도 한다.

현실에서 발생하는 여러 가지 혼동을 피하기 위하여 '법의병리학(forensic pathology)'만 법의학이라고 하자는 이도 있고, 어떤 사람은 forensic pathology를 검시학(檢屍學) 또는 검시의학(檢屍醫學)이라고 번역하기도 한다. 나는 '법의병리학'은 의학을 기본으로 하되 의학 외적인 요소가 많이 가미되어 있으므로 그냥 '검시학'이라고 하는 것이 좋다고 생각한다. 하지만 의학의 일부가 아니라는 오해를 불러일으킬 염려가 있으므로 현실적으로는 '검시의학'이라는 용어가 적절하지 않은가 생각된다. 나는 검시의학을 전공했지만 과거에는 법의학이라고 부르는 몇 가지 분야에도 이름을 걸어놓고 있었는데 이것은 나뿐만 아니라 법의학을 하는 많은 사람의 경우도 마찬가지였다.

우리나라에서는 법의학을 전공하는 사람이 별로 없다 보니 이러한 현상이 벌어지지 않았나 생각한다. 근래에 와서는 각 분야별로 실무와 연구에 전념하는 검시의사, 분자생물학자, 의료법조인이 많이 양성되고 있어 앞으로는 각 분야에서 장족의 발전이 이루어질 것으로 기대된다.

epilogue 2
검시의학의 동료들

검시의학은 변사사건에서 사망의 원인, 사망의 기전, 사망의 종류, 사망의 상황, 사망후 경과시간 등을 밝혀내는 의학의 한 분야이며 변사체의 신원을 알 수 없는 경우 그 사람이 누구인지 알아내는 개인식별을 담당하기도 한다. 그런데 이러한 임무를 수행하는 것이 검시의학 단독의 힘만으로는 불가능할 때가 많아 의학의 다른 분야나 법과학 분야의 다양한 도움과 기여가 필수적이다. 따라서 검시의사는 이러한 유관 학문에 대한 기본적인 지식을 습득하고 사안에 따라서는 그들과 한 팀을 구성해 일할 필요가 있다.

사인을 밝히는 데는 '병사(病死)'의 경우라면 해부병리학이나 임상병리학이 큰 역할을 한다. 즉 병리학을 기초로 질병의 유무와 질병이나 이상의 정도가 사인이 될 수 있는지를 판단하게 되는 것이다. 또 질병이 어떤 외인(外因)과 관계되는지도 밝힐 필요가 있다. 만약 의료행위가 사망의 원인이 되었을 가능성이 있다면 각 분야의 임상의학적 지식을 빌릴 필요가 있고, 약물이나 독물이 관여된 죽음이거나 그 가능성을 내포하고 있다면 혈액을 비롯한 체액, 위내용물, 장기 또는 그 조직에 대한 약학적, 화학적 분석이 절대적이다. 또한 감전의 가능성이 있을 때는 감전원에 대한 전기학적 판단이 중요하며, 시체가 물속에서 발견되었다면 플랑크톤검사가 필수적일 것이다. 사망의 종류, 즉 자·타살 및 사고사의 판정에는 현장, 사망의 원인, 손상의 유무, 종류, 정도, 성인(成因), 위치, 방향 등 검시의학적 판단이 중요하지만 특수한 경우에는 인체는 물론 의복이나 주변 물체에 대한 각 분야별 분석과 해석이 필요할 때도 있다. 예를 들어 총기에 의한 사망이라면 총기학이나 탄도학과 더불어 탄흔에 대한 화학적 분석, 변사자와 착의, 총기 및 현장에 산재한 혈흔에 대한 혈청학적 분석과 분포에 대한 물리학적 분석이 중요하다.

또 사망의 종류를 판단할 때는 정신의학자나 심리학자의 도움도 종종 필요하다. 사망의 상황은 치사 방법이 가장 중요하다. 예를 들어 길거리에서 머리에 손상을 입고 죽은 채 발견된 시체를 부검해 봤지만 교통사고인지 추락에 의한 사망인지 구별하기 곤란하다고 하자. 이때는 타이어 자국을 비롯한 의복의 손상에 대한 물리학적 분석과 의복에 묻어 있는 이물에 대한 화학적 분석 등이 중요한 역할을 한다. 성범죄가 의심된다면 질내용물 등에 대한 생물학적 검사가 절대적으로 필요하다.

사후 경과시간을 알기 위해서는 사후에 진행되는 인체의 물리학적, 화학적 변화에 대한 지식이 필수적이며 시체와 그 주변에서 발견되는 구더기를 비롯한 곤충의 애벌레나 번데기 또는 성충도 큰 도움을 준다. 만약 이미 골화(骨化: 사망 후 시간과 상태가 경과돼 뼈로 변모된 상태)된 상태라면 법의인류학자의 도움이 필요하다. 신원을 파악하려면 성별, 연령, 키 등을 추정하고 변사체의 특징을 살펴 실종자의 생전 특징과 비교해야 하므로 유전학적 특성에 대한 검토가 필수적이다. 또한 변사자가 입고 있는 의류와 신발 그리고 소지품에 대한 검사도 수행해야 한다. 그러므로 개인식별에는 법의인류학, 해부학, 영상의학, 치과학의 도움은 물론 DNA, 물리학 등 그야말로 모든 분야의 협조가 필요한 것이다.

검시의학의 고유 분야는 아니지만 변사 현장에서 발견되는 음식물이나 분변, 소변, 토물, 모발, 혈액, 정액, 타액, 골편, 치아, 장기 조직편 등에 대한 검사도 필요하다. 그 이외에도 지문, 장문, 족문, 족적 등에 대한 기본적인 지식도 필요하다.

이렇게 볼 때 임상의학이 수많은 분야의 도움을 받아 환자의 치료라는 목적을 향해 나아가는 것과 마찬가지로 '검시의학'은 다양한 학문이 어우러져 변사사건의 공정한 해결이라는 목적을 이루는 '종합학문'이라고 할 수 있다.

타살의 흔적

초판 1쇄 발행일 2010년 6월 15일
초판 9쇄 발행일 2022년 11월 10일

지은이 국립과학수사연구소 법의관들과 강신몽

발행인 윤호권
사업총괄 정유한

편집 최안나 **디자인** 홍지연 **마케팅** 윤아림

발행처 ㈜시공사 **주소** 서울시 성동구 상원1길 22, 6-8층 (우편번호 04779)
대표전화 02-3486-6877 **팩스(주문)** 02-585-1755
홈페이지 www.sigongsa.com / www.sigongjunior.com

글 ⓒ 강신몽, 2010

이 책의 출판권은 ㈜시공사에 있습니다. 저작권법에 의해
한국 내에서 보호받는 저작물이므로 무단 전재와 무단 복제를 금합니다.

ISBN 978-89-527-5872-9 03840

*시공사는 시공간을 넘는 무한한 콘텐츠 세상을 만듭니다.
*시공사는 더 나은 내일을 함께 만들 여러분의 소중한 의견을 기다립니다.
*잘못 만들어진 책은 구입하신 곳에서 바꾸어 드립니다.

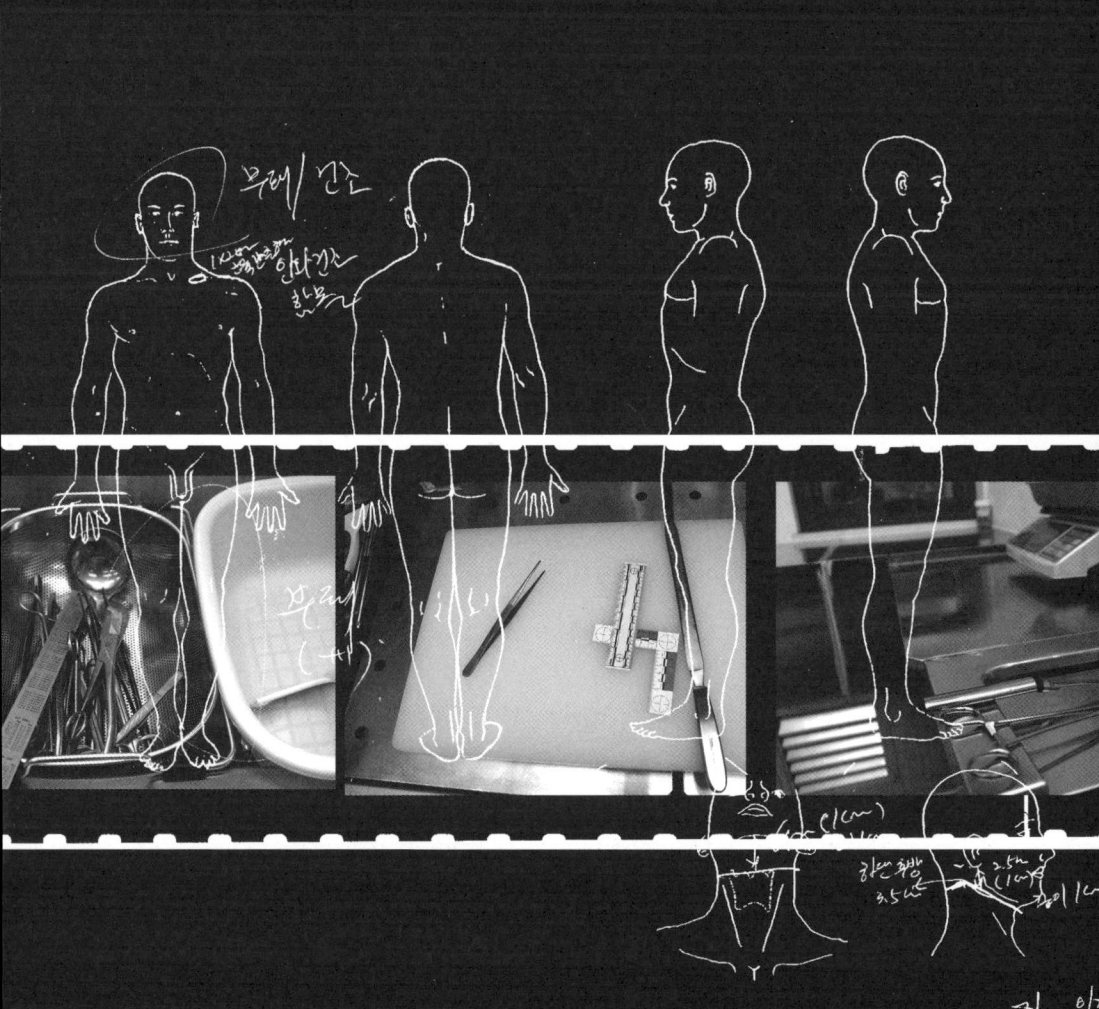

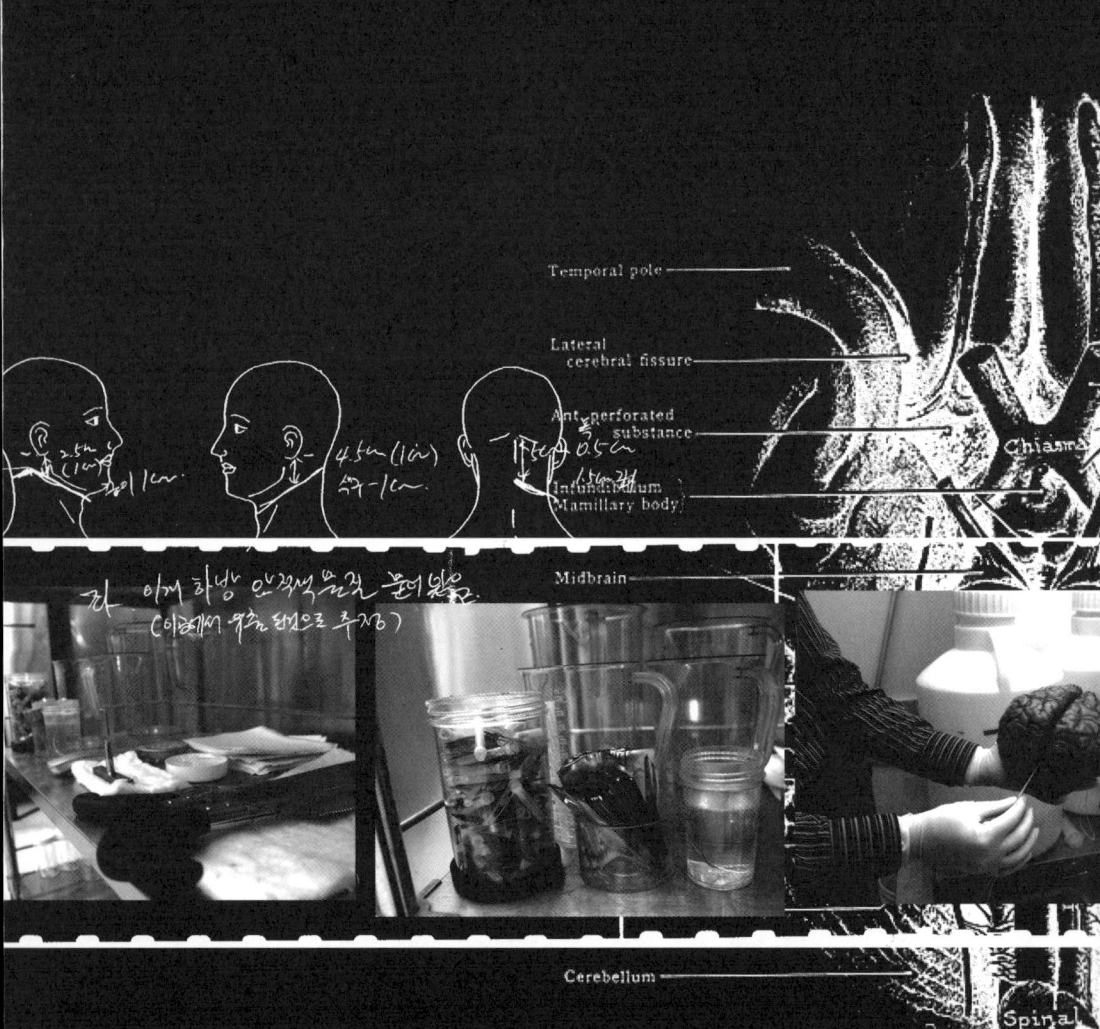